GAOXIN JISHU QIYE
YUANGONG ANQUAN JIXIAO YANJIU

# 高新技术企业
# 员工安全绩效研究

程慧 著

中山大学出版社
SUN YAT-SEN UNIVERSITY PRESS

·广州·

**图书在版编目（CIP）数据**

高新技术企业员工安全绩效研究/程慧著 .—广州：中山大学出版社，2023.10

ISBN 978 - 7 - 306 - 07936 - 7

Ⅰ.①高…　Ⅱ.①程…　Ⅲ.①高新技术企业—企业安全—企业绩效—研究—中国　Ⅳ.①F279.244.4

中国国家版本馆 CIP 数据核字（2023）第 214002 号

GAOXIN JISHU QIYE YUANGONG ANQUAN JIXIAO YANJIU

出 版 人：王天琪
策划编辑：嵇春霞　陈霞
责任编辑：陈　霞
封面设计：林绵华
责任校对：凌巧桢
责任技编：靳晓虹
出版发行：中山大学出版社
电　　话：编辑部 020 - 84111996，84113349，84111997，84110779
　　　　　发行部 020 - 84111998，84111981，84111160
地　　址：广州市新港西路 135 号
邮　　编：510275　传　　真：020 - 84036565
网　　址：http://www. zsup. com. cn　E-mail：zdcbs@ mail. sysu. edu. cn
印 刷 者：广东虎彩云印刷有限公司
规　　格：787mm×1092mm　1/16　17.75 印张　313 千字
版次印次：2023 年 10 月第 1 版　2023 年 10 月第 1 次印刷
定　　价：48.00 元

肇庆学院学术著作出版资助金资助

# 前　言

根据国际劳工组织的统计数据，全球每年约有 31.2 万人死于工作事故，202 万人死于职业病。工作中的事故可能会夺去劳动者的生命，导致劳动者的家庭陷入贫困，同时也会影响企业的生产效率，重大伤亡事故还会给社会发展带来负面影响。全球每年因工作事故或职业病造成的直接或间接经济损失约占全球 GDP 总量的 4%。

在我国，安全生产一直备受重视。党的二十大报告首次用专章对"推进国家安全体系和能力现代化、坚决维护国家安全和社会稳定"作出论述，并就如何提高公共安全治理水平作出部署，战略性、策略性地指出："坚持安全第一、预防为主，建立大安全大应急框架，完善公共安全体系，推动公共安全治理模式向事前预防转型。"① 企业安全生产是社会公共安全体系的重要组成部分，安全第一是我国企业生产的一贯要求和基本准则。安全生产问题不但在实践层面受到重视，而且在理论研究领域，也有国内外大批学者展开广泛而深入的探究，为促进企业提高安全生产水平提出了诸多有益的建议。企业不断在规范安全生产流程、优化安全管理、提高安全技术和改善工作条件等方面加大投入；同时，政府的监管要求也愈加科学严密，在预防和减少安全事件的发生方面取得了较大进步。然而，我国企业的安全生产问题依然不容忽视，各类安全生产事故的发生率依然较高，对人民的生产生活和社会的和谐稳定构成较大威胁。

一个世纪以来，国内外学术界对导致企业发生各种安全事故的原因进行了大量的研究，将其大致分为组织因素、个人因素和管理因素三大类。虽然

---

① 郭声琨：《推进国家安全体系和能力现代化》，载《人民日报》2022 年 11 月 24 日 06 版。

理论研究对企业安全管理实践的指导有一定帮助，但全球事故和伤亡数量仍然巨大，说明还有一些较为复杂的因素未被发掘或没有得到足够的重视，也说明企业在安全管理实践中可能未选择正确的管理模式及缺乏有效的执行机制，这对安全管理理论研究和管理实践的持续提出了新的挑战。

当前，对安全领域的研究呈现出两种趋势：一是专注于单一因素，如个人因素、组织因素或管理因素；二是专注于单一体例，如实证研究或展示安全事项实践操作。专注于单一因素有助于精准定位问题，从而把细分的主题讲清楚，这是基础理论研究所必备的学术素养，也为广大学者提供了大量富于针对性的研究资料。实操性的安全知识通俗易懂，充分体现了专业书籍的现实指导价值。然而，笔者发现，相较于学者和基层员工，企业管理者（高层和中层管理者）对安全管理的实践层面认知较浅，根据相关实证研究，这也是导致企业安全事故频发的重要隐性因素之一，但该问题却被长期忽略。基于此，本书对安全管理理论和管理实践的相关探索和讨论兼具理论解析和实操指导作用，以期为安全领域相关研究抛砖引玉，建言献策。

本书分为上下两编。上编为实证研究，检验了企业员工安全绩效的影响因素。数据采集自粤港澳大湾区城市的 13 家高新技术企业，使用 MPLUS 统计软件对数据进行分析处理，并对假设模型进行科学验证。由于一手数据的信度、效度和实证分析的工具精准度较高，得出的结论也具有较强的现实意义。目前已有相关高新技术企业依据笔者的研究结论重新调整其当前的安全管理机制和措施。下编为安全管理实践，梳理了安全管理在高新技术企业的发展和未来，其中既梳理了环境、社会和治理（environmental, social and governance, ESG）视角下安全管理在高新技术企业的发展与变革，也回顾了安全科学与工程作为一个成熟学科在高校的发展情况，同时对国内外企业安全管理模式进行了对比研究。本书内容的编排不仅回应了现行安全管理领域理论与实操严重脱节的现实，也满足了关注安全问题的企业管理者的阅读需求。

安全生产是企业的生命线，是社会和谐发展的基石。安全事故对家庭造成巨大的痛苦和灾难，带来生命和财产的损失。每一次或大或小的事故都牵动着全社会的心弦。从安全管理理论研究和管理实践建设层面出发，尽量减少事故的发生，是笔者愿终生投身安全研究的最大动力。

本书能顺利出版，首先感谢中山大学出版社的嵇春霞副总编辑，其次感谢多次提出宝贵修改意见的陈霞编辑。没有她们的辛苦付出，没有她们的支持和帮助，没有她们的督促和鼓励，本书将无法面世。愿此书能为关注安全生产的学者、企业家、管理者和员工提供一个新的视角，能为减少事故发生尽绵薄之力。然终因笔者学术水平有限，疏漏在所难免，书中观点不妥之处，敬请广大读者批评指正，不吝赐教。

程慧　于东湖书斋
2023 年 7 月 27 日

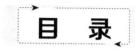

# 目　录

## 上　编
## 企业员工安全绩效的影响因素
### ——来自高新技术企业的实证研究

下　编
高新技术企业的安全管理

上 编

企业员工安全绩效的影响因素

——来自高新技术企业的实证研究

# 第一章　绪　　论

工作场所中的安全事故不仅会造成人员伤亡和经济损失，还会对社会稳定产生不良影响（Wang，Wang & Xia，2018）。随着现代科技的快速发展和社会经济的快速增长，组织对生产效率的要求越来越高，人们工作和生活的节奏越来越快。在全球一体化和数字经济日益发展的时代背景下，竞争不断加剧，时间及资源分配愈发紧张，推动着员工和组织之间出现大量的经济交换关系形式（Dejoy et al.，2011）。当社会需求和企业发展对员工提出严苛的绩效要求时，员工在工作场所面临的安全问题是否得到妥善解决？有哪些关键因素在影响着员工的安全绩效和结果？

在 2023 年的全国两会上，习近平总书记多次发表重要讲话，强调要着力推动高质量发展。新征程上，我们要立足新发展阶段、贯彻新发展理念、构建新发展格局，一步一个脚印扎实推动经济社会高质量发展。① 实现高质量发展，必须充分发挥创新的作用，而高新技术企业作为科技创新的主体，是技术创新的中坚力量，高新技术企业的高质量发展对经济社会的高质量发展至关重要。近年来，国家和各地方政府积极培育并扶持高新技术企业，高新技术企业发展的速度与效益均得到明显提升。创新方面的指数不断增长，对产业结构优化升级、经济高质量发展有明显的推动作用。同时，推动高新技术企业的高质量发展，须坚决守牢安全生产底线。安全生产是保护国家财产和劳动者的安全、健康，促进社会生产力发展的基本保证，也是保证社会主义经济发展的基本条件和实现高质量发展的重要基石。《高新技术企业认定

① 《全国两会上，总书记这样谈高质量发展》，见新华社网站（www. news/ politics/ 2023 – 03/ 07/ c_1129419696. htm），引用日期：2023 年 4 月 10 日。

管理办法》第三章第十一条"认定条件"之第八项规定："企业申请高新认定前一年内未发生重大安全、重大质量事故或严重环境违法行为。"① 据此可知，高新技术企业对安全的要求更高、更严格。本研究梳理文献后发现，当前学术界对高新技术企业的研究主要集中在科技创新、内部管理、竞争策略等方面，对安全行为和安全绩效方面的研究相对缺乏。这体现出在经济繁荣发展的趋势下，人们普遍追求效率和效益，忽视安全和人本问题。

广东省高新技术企业达 6 万多家，数量居全国之首，行业涵盖电子信息技术、生物及新医学、航空航天技术、新材料技术、新能源及节能技术、高技术服务等领域，具备企业数量多、覆盖行业全、分布城市广、高技术人才多等特点，适合在全省各城市进行分层取样，为本研究的一手数据采集提供了天然优势。

本章将在介绍研究背景和研究问题的基础上，提出研究的理论框架和思路。

# 第一节　研究背景

关于工作场所中的安全问题，有的学者认为其是伴随着工业化生产的进程而日益凸显，属于一种社会经济问题（William & Deborah，2012）。纵观历史发展，工业化生产方式的推进曾极大地提高了劳动生产率，改善了人类的生存和生活环境，改变了社会结构。工业化生产方式以大规模的机器生产为主要特征，逐渐替代了手工作业，给劳动者带来便利的同时也带来了一系列人身伤害（主要包括死亡、受伤和职业病三类）。安全问题一直是管理界和企业界的重要议题，这既关系企业的健康发展和企业社会责任的履行，也关系企业员工的生命和健康保障；若大型严重事故处置不善，还将有可能影响

---

① 《高新技术企业认定管理办法》，见中华人民工和国科学技术部网站（https://www.most.gov.cn/xxgk/xinxifenlei/fdzdgknr/fgzc/gfxwj/gfxwj2016/201602/t20160205_123998.html），引用日期：2023 年 4 月 10 日。

社会的安定和谐（Wang et al.，2018）。但是，生产技术的进步和经济的发展并没有显著缓解安全问题带来的困扰，甚至在某些行业、某些地区、某些时段，安全问题造成了更严重的恶劣影响。全球每年因工作相关事故产生的伤亡和职业病造成了多达 2.68 万亿欧元的经济损失，占全球每年 GDP 的 3.9%（吴大明，2017）。在美国，每年报告的工作场所致命伤害和非致命伤害事故分别超过 700 起和 20 万起①（Pandit et al.，2019），造成巨额经济损失，引起社会的广泛关注。在中国，每年因安全生产事故引起的经济损失高达 140 亿元人民币（Bian et al.，2019）。

　　当前，中国经济正处于高速发展时期，经济总量迅速增加，综合国力持续增强，主要表现在三个方面。第一，从经济总量来看，根据国家统计局发布的 2019 年资料，中国经济总量约为 100 万亿元，按照年平均汇率换算成美元，大约是 14.4 万亿美元，居世界第二位。第二，中国企业规模也越来越大。2019 年，中国的世界 500 强企业数量（129 家）首次超越美国（121 家），跃居全球第一。第三，企业从业人口数量庞大。国家第四次经济普查数据统计显示，全国第二产业和第三产业法人单位从业人员达到 38323.6 万人，约占全国总人口的 1/3。在经济全球化背景下，中国成为名副其实的"世界工厂""世界市场"。然而，在经济繁荣发展的同时，安全生产形势依然严峻，成为威胁企业员工生命和健康的重要因素；企业各类伤亡事故的绝对数量也一直居高不下，引起社会各界的广泛重视（Sawhney，2016）。一些学者对安全研究领域的安全生产问题展开广泛而深入的探究，为促进企业的安全生产提出了诸多有益的建议和对策（Christian et al.，2009）。同时，企业在规范安全生产流程、优化安全管理、提高安全技术和改善工作条件等方面不断加大投入，在预防和减少安全事故的发生方面取得了一些进步和效果（Cheung et al.，2021）。但是，总体来说，中国企业的安全生产问题仍较严重，各类安全生产事故数量依然庞大。

　　根据中华人民共和国应急管理部组织编写的 2007—2021 年《中国安全生

---

　　① 引自美国劳工统计局资料。

产年鉴》的权威调查，2007—2021 年中国企业安全生产事故的统计情况如表 1-1 所示。

表 1-1　2007—2021 年中国企业安全生产事故统计①

| 年份 | 事故总量（起） | 死亡人数（人） |
|---|---|---|
| 2007 | 506208 | 101480 |
| 2008 | 413752 | 91172 |
| 2009 | 379248 | 83200 |
| 2010 | 363383 | 79552 |
| 2011 | 347728 | 75572 |
| 2012 | 336988 | 71983 |
| 2013 | 309295 | 69434 |
| 2014 | 305677 | 68061 |
| 2015 | 281576 | 66182 |
| 2016 | 63205 | 43062 |
| 2017 | 52988 | 37852 |
| 2018 | 49000 | 34600 |
| 2019 | — | 29519 |
| 2020 | 38000 | 27412 |
| 2021 | — | 26307 |

　　根据表 1-1 可知，一方面，十几年来，我国各类生产安全事故总量呈逐年下降趋势，说明我国企业在创造安全条件和增强安全意识方面采取的措施取得了一定的效果；同时也应注意到，企业生产的安全问题并没有发生根本性好转，事故发生数量和死亡人数的绝对数字仍处于高位，对社会和企业都

---

　　① 数据整理自 2007—2021 年《中国安全生产年鉴》（中华人民共和国应急管理部组织编写，煤炭工业出版社出版）。

造成了巨额损失，严重影响了企业员工工作、生活的安全感和幸福指数。这些数据提醒企业应时刻保持对安全生产问题的高度关注。另一方面，安全事故发生数量降低的趋势比较缓慢，反映出现阶段用于预防安全事故的技术和方式对降低安全事故发生数量的帮助不大。近年来，国家出台了一系列安全生产方面的法律法规，行业和企业也制定了相关的安全生产条例，并安排企业进行安全教育及培训提高员工的安全意识，使安全生产事故数量在总体上有了较大的改善。研究安全事故并不仅仅是关注其表征特点，如发生事故时的人员伤亡数及经济损失数，还要找到更深层次的、导致工作场所伤亡事故发生的、来自外部的和内部的种种原因，这些深层次原因及其发生的具体机制才是现阶段亟待解决的关键问题，同时也是解决和预防安全事故发生的根本。因此，研究应从导致安全生产事故发生的原因入手，分析现阶段导致安全事故发生的关键要素。

导致工作场所各种安全事故发生的原因众多，如：组织因素，包括安全氛围、安全文化、雇佣关系、团队成员关系及管理层安全优先级等（Shore et al.，2006；Beus，Dhanani & Mc-Cord，2015；Christian et al.，2009；Clarke，2010）；个人因素，包括安全意识、安全动机、安全知识、管理承诺、心理压力、角色冲突、组织内公民行为等（Laurent，Chmiel & Hansez，2018；Smit，Beer & Pienaar，2016；Shore et al.，2009）；管理因素，包括安全制度、安全沟通、安全设备及安全培训等（Burke et al.，2011；Yu & Li，2019；Casey，Krauss & Turner，2018）。赫伯特·威廉·海因里希（Herbert William Heinrich，1931）的报告指出，88%的工业事故主要是由人的不安全行为引起的，10%是因为暴露在不安全的条件下导致的，还有2%是不可抗力因素。据此，他构建了最早的事故因果模型。随后一个世纪以来的安全研究从关注个人因素转到组织因素上，并取得了一定成果。然而，全球事故和伤亡数量仍然巨大（Hofmann，Burke & Zohar，2017），因此，后续研究仍聚焦于通过发现和验证更多的综合因素和模型来探究导致安全事故发生的各种原因。许多学者在研究中关注组织因素在安全生产过程中的重要作用时，开始重视以社会交换理论的视角探讨安全问题（Shore et al.，2006，2009；

Buch，2015；Berg，2017；Laurent et al.，2019）。这类研究主要集中在对社会交换关系方面的探究，基于员工－组织关系的经济交换关系视角的与生产安全相关的文献并不多。单纯的员工－组织经济交换关系只关注经济效益，忽略了员工的身心健康，容易造成不必要的安全问题。而安全关注本质上带有社交属性，属于员工－组织社会交换的研究范畴，因此，研究员工－组织经济交换关系与安全绩效的关系，对进一步挖掘工作场所安全问题产生的深层次原因非常重要。基于以上思考，本研究综合个人因素和组织因素加以考察，以期为本研究奠定更坚实的理论基础。

中国坚持"以人为本"的科学发展观，特别重视安全生产。首先，安全生产是建设和谐社会的重要方面，社会的和谐稳定是发展经济的基础和前提，人民的健康福祉是国家发展的重要目标。其次，权力机关体系对安全生产采取了很多严厉措施。中国对企事业安全生产的指导方针是"安全第一，预防为主"，针对安全问题突出的高危行业，更是制定各种规章制度给予保障，比如：主管部门对建筑施工企业实行安全生产许可证制度，对煤矿安全实行监察制度，把严重违规行为纳入刑法范畴。

事实上，安全问题不仅存在于上述高风险行业，而且还普遍存在于各行各业，如制造业（Oah，Na & Moon，2018）、贸易行业（Lu & Yang，2010）、教育行业（Dollard & Bakker，2010）以及其他各类企事业单位等（Bronkhorst，2015；Taylar & Snyder，2017）。在有的行业中，监管的不足和行业的失范意味着普通企业不但存在各种性质的安全问题，有些表现得还比较严重（刘素霞、梅强、沈斌，2010）。目前学界和业界都普遍缺乏针对普通企业安全生产的研究和建议，导致普通企业长期受安全问题困扰却一直没找到有效的解决方案。而在各类企业工作的员工数量约占全国总人口的1/3，他们的生命安全和健康福祉对国家稳定和社会和谐影响重大，值得研究者重点关注。

科学技术是促进社会发展的重要内在推动力，高新技术企业是发展高新技术产业的重要基础，是调整产业结构、提高国家竞争力的生力军，在我国经济发展中占有十分重要的战略地位。十几年来，高新技术企业一直受到各级政府的高度重视，国家和地方政府主要采取减免税收、股权激励、科技计划、项目用地、金融保险、出口信贷等多种政策措施，鼓励和支持高新技术企业的发展。我国已初步形成了培育高新技术企业发展的良好环境和综合政策体系。2022 年，广东全省高新技术企业存量超 6 万家，连续 7 年居全国首位；广东高新技术企业营业收入超 10 万亿元、出口总额约 2 万亿元，拥有全广东约 85% 的发明专利有效量和约 90% 的《专利合作条约》（*Patent Cooperation Treaty*，PCT）国际专利申请量；广东 A 股上市企业中高新技术企业占比超过八成，超 5 万家高新技术企业分布在广东 20 个战略性产业集群，成为广东构建现代产业体系、实现产业链供应链自主可控的重要力量。即便是在经济下行压力加大的情况下，高新技术企业仍表现出良好韧性和较强创新驱动力。鉴于高新技术企业对国家经济转型发展和广东创新发展的重要驱动作用，本研究选取广东省高新技术企业作为调查对象，研究其可能存在的安全管理问题，以期帮助这些走在科技尖端的企业减少安全事故，提升管理效能。

通过对组织因素和心理感知等因素的研究，进一步增加企业对安全问题的认知，是降低企业安全事故发生率的重要环节。笔者在粤港澳大湾区选择几十家高新技术企业，从员工 - 组织经济交换关系和工作压力等角度出发，研究安全风险感知与角色超载在安全绩效过程中的作用机理，构建交换关系视角和压力视角下的安全绩效模型，通过实证研究方法检验各要素之间的影响关系，研究结果对丰富和发展安全绩效理论及促进企业安全管理决策具有重要参考意义。

# 第二节　研究问题

安全问题的重要性已被许多学者重申（Neal & Griffin，2006；Clarke，2010；Hofmann et al.，2017；Xia et al.，2017），学界对职业安全进行了长达一个世纪的研究和实践，为拯救成千上万人的生命作出了重大贡献（Hofmann et al.，2017）。随着工艺技术的提高、工作设计的改变、个人防护设备的使用以及组织安全文化的普及，工作场所安全情况总体上有所改善。尽管如此，工作场所仍然有很多的伤亡事故发生（Bian et al.，2019）。从 20 世纪早期至今，关于职业安全与健康的研究经历了从关注员工个体差异到关注工作环境和条件的演变。早期的安全问题主要在心理学领域受到研究者的关注，正如 Quinlan 等人（2010）所指出的，之前的心理学研究倾向于关注少数几个问题领域，这些领域的主要关注点是对个体层面原因的探究和预防，而不是社会群体或工作环境。随着研究的深入和拓展，研究者也在反思和转变研究的焦点，Wallace，Popp 和 Mondore（2006）注意到个体因素导致安全事故发生的理念已被取代，新的发现认为，人类的不安全行为其实只是问题的症状和表现，而不是导致问题的直接原因。近年来，研究重点开始转向关注多因素、多层次的研究方面（Hofmann et al.，2017），倾向于认为安全问题应归因于个体和组织等因素的综合作用以及动态系统等因素。

　　本研究通过梳理安全领域的文献，发现当前研究的重点集中在以下几个主题：安全氛围、安全领导、团队与安全、文化与安全等。在安全氛围方面，很多元分析已经充分验证了安全氛围是安全绩效有效的预测因子（如，Beus et al.，2010；Christian et al.，2009；Nahrgang，Morgeson & Hofmann，2011）。Clarke（2010）、Neal 和 Griffin（2006）的多项元分析研究支持多层级安全氛围，并表明安全氛围在不同的公司、行业、个体研究范式和不同地理区域对安全绩效的影响都是稳定存在的。在安全领导方面，最新的研究侧重以领导成员交换和变革型领导来提高安全绩效（Lu，Weng & Lee，2017；Clarke，2013），并分别验证了交易型领导对安全合规、变革型领导对安全参与均有积极影响。领导在团队和组织层面对安全管理优先级的承诺，有助于为员工提供一种关于期望、重视、奖励和支持的行为类型的完形感知（Hofmann et al.，2017）。Clarke（2010）的一项元分析检验了团队对于安全绩效的正向预测，而强调团队凝聚力、成员归属感和信息共享的高绩效工作系统，也从旁支持了组织内工作团队对安全结果的积极预测作用（Zacharatos，Barling & Iverson，2005）。相对于以上研究方向的统一认知，学者关于安全文化方面的研究却略有分歧，在概念上与安全氛围相混淆，并且研究热点主要集中在组织氛围、公司文化等层面（Zohar & Hofmann，2012），缺乏对社会环境、个体与组织关系等方面的探究。在国内研究领域，目前关于安全领域的文献的研究主要集中在建筑和煤矿业等事故高发行业，大多聚焦且关注对情绪（冯涛，2017）、心理资本（He et al.，2019）和安全态度（Yu & Li，2019）等个体心理因素的研究。总体来说，国内安全领域的文献数量相对较少，主题不够广泛，样本类型也趋于雷同。

除了面向企业员工的个体研究和面向组织或团队层面的研究，还有一些研究者聚集包含个体、组织、团队在内的多层次研究，扩展了安全绩效的理论模型。Neal 和 Griffin（2006）考察了个人和团队层面的安全氛围、安全动机和安全绩效，并通过一项历时 5 年的纵向研究证明了安全氛围和安全动机、安全动机与安全绩效之间存在着正向的滞后关系。Curcuruto，Griffin，Kandol 和 Morgan（2010）从个人、团队、组织三个层级的调查考察了英国铁路行业的安全氛围对安全绩效的影响，揭示了组织安全氛围、主管安全沟通、主管安全监控的三因素结构。Wang，Sun，Du 和 Wang（2018）在研究中辨析到，安全意识和安全绩效属于个人层面，安全氛围属于组织层面，他们的研究通过多层线性模型（hierarchical linear model，HLM）验证了组织安全气氛在个人安全意识和安全绩效中间起到调节作用。Lu，Weng 和 Lee（2017）基于社会交换理论，探讨了领导 – 成员交换关系（leader-member exchange，LMX）对组织安全氛围和员工安全公民行为的关系，而 Laurent，Chmiel 和 Hansez（2018）基于工作需求资源理论（Jobdemand-resources，JD-R），从社会交换关系视角检验了安全公民行为对安全绩效的积极影响。以上这些安全领域的文献为本研究提供了丰富而坚实的理论基础，推动本研究综合个人和组织因素方面的探讨，并选取社会交换理论为视角，展开对安全绩效影响因素的探究。

根据文献可知，员工和组织之间的经济交换关系对员工的行为选择具有显著的影响力（Pan，Sun & Lam，2017）。现代化企业以规章制度作为管理基础，实行劳动合同制的雇佣关系形式和以关键绩效指标（key performance index，KPI）为基础的企业绩效管理制度，员工 – 组织经济交换关系成为现代企业的常态形式。根据制度理论，制度的规则、规范以及文化认知的同一性等特征，对个体的行为具有显著的塑造功能（Scott，2014），因而笔者推测，侧重经济利益交换的员工－组织经济交换关系在强大的制度环境惯性下，可能会把员工的行为视作单一的利益追求者和工作机器，对工作中的其他事项（如安全事项）反应不够灵敏，进而影响员工的安全行为选择。尽管现有的一些安全文献涉及雇佣关系对安全绩效的影响研究，但大多是基于员工－组织经济交换关系中社会交换关系层面进行的探讨，较少涉及经济交换关系层面。员工－组织社会交换关系层面，更加关注交换的双方在精神和情感层面上的沟通，导致明确界定双方的责任和义务变得困难；而员工－组织经济交换关系层面则侧重强调以清晰的责任与义务条款来明确界定和约束双方各自应当承担的职责（徐云飞、席猛、赵曙明，2017）。而根据工作需求资源理论（J-DR），员工与组织间的经济交换关系带来的是更倾向于一种障碍性的需求和工作挑战，对企业员工产生消极影响。因此笔者发现，相对于社会交换关系中的不确定性，经济交换关系对义务和责任有所约束和限制（Coyle-Shapiro & Shore，2007），侧重于对经济利益和财务方面的关注，导致员工对规定的责任和义务之外的事务缺乏重视，如对安全风险的感知迟钝和对安全绩效的关注不够。从雇主的角度来看，在员工－组织经济交换关系情景下，雇主只关心经济效益，只关注企业员工为企业贡献的工作绩效、创造的经济价值，而把员工的健康与安全视作义务和责任之外的事情，漠不关心。从企业员工的角度来看，当其感知企业的这种期望，必然会影响其自身的关注点，容易忽视经济利益之外的其他工作准则，也可能在遵守安全规章制度方面重视不足。同时，经济交换关系并不像社会交换关系那样意味着承担长期导向的、情感方面的交流（Coyle-Shapiro & Shore，2007），强调经济利益交换的组织环境会使员工忽略与同事间的情感交流和对组织的情感承诺，缺乏组织内公民行为，这种与同事和领导及团队交流匮乏的状态难以推动企业员工积极主动地参与安全活动。本研究据此推测，员工－组织经济交换关系将可能对员工的安全绩效产生负面影响。

由于全球竞争加剧、成本降低及组织发生变革，时间和资源将变得更为紧张，工作压力很可能会引起工作场所安全问题（Flin et al., 2000）。近年来，现代信息技术的飞速发展和经济发展方式的变革促使人力资源管理模式随之发生变革，普遍存在的灵活就业和项目分包方式使得目前的雇佣关系不再是单一的长期和固定形式，员工与组织之间的关系表现出显著的短期与利益导向。根据社会交换理论，员工－组织经济交换关系重视利益和物质方面的交换，必然导致企业侧重追求经济利益，用最少的时间和人工成本换取最大化的企业利益，给员工造成巨大的工作压力。从员工角度看，工作压力的主要来源是时间和任务目标的冲突。Podsakoff 和 LePine（2005）发现员工经受时间压力时会不断地判断自己和目标任务的差距，产生工作压力，然后会做出不同的行为选择。根据文献可知，工作压力将会引发员工的不安全行为（Bronkhorst, 2015；Wu et al., 2018；Lu & Yang, 2010）。目前，现有专门讨论工作压力的安全领域的文献为数不多（Flin et al., 2000），关于压力与安全之间关系的研究缺失，以及工作压力在企业的盛行是本研究将要讨论的重点。

组织对个体行为的影响通常受到个体心理因素的影响。员工－组织经济交换关系情景下的企业偏重金钱利益关系，追求以较少的时间和金钱成本获取较大的经济利益，这就给员工造成了巨大的压力。因此，在这些企业里，员工－组织经济交换关系和工作压力通常是同时存在的，二者属于紧密相连又各自独立的两个因素。因此，本研究把作为组织因素的员工－组织经济交换关系和作为个体因素的工作压力，作为双自变量共同纳入社会交换理论框架下综合考虑，既符合企业的现实，又有利于更细致地观察个人和组织之间的关系具体是如何影响个体行为决策的。社会交换理论本质上是个人与社会之间的关系理论，其基本内容是阐述人和社会之间的互动关系性质，最终目的是促进人和组织之间的良性交流。因此，由企业的经济交换关系属性给员工带来的工作压力，应纳入社会交换理论的整体框架综合考虑。

组织氛围和工作压力都是安全绩效重要的预测因子，但它们并不直接对安全绩效产生影响，而是通过员工个人感知影响安全绩效（Seo, 2005；Bosak, Coetsee & Cullinane, 2013），因此，笔者把安全风险感知纳入模型考虑。除此之外，员工在感知到安全风险的情况下，员工的安全绩效高低并不相同，这表明安全风险感知的作用存在边界，这个影响过程中可能存在着调节因素。对个体感知起到调节作用的因素，最常见的是个体心理因素（Oah，Na & Moon，2018）。角色超载作为个体常见的心理表现，其大小和程度的不同通常会导致安全绩效的不同，然而学界关于角色超载对不安全绩效的影响只有少量研究支持（Smit et al.，2016；Gracia & Martinez-Córcoles，2018）。之前的研究已经证明了角色超载在结构模型检验中起间接调节作用，如Brown、Jones 和 Leigh（2005）的研究证明，在目标水平通过个人效能感对工作绩效产生影响的过程中，角色超载起到了显著的调节作用。因此，笔者也把角色超载作为调节因子纳入模型，综合考察其对员工安全绩效的作用机制。

综上可知，尽管国内外学者在安全领域作了诸多努力，当前关于安全绩效的研究仍存在以下五个方面的不足：第一是关于个体因素和组织因素研究的分离，侧重单方面的研究难以全面揭示事故原因；第二是对工作压力方面的忽视，难以适应现阶段全球经济进入高速发展时期人们的工作、生活节奏变化以及心理感受等现实；第三是作为个体心理因素的安全风险感知和角色超载如何在影响安全绩效的过程中发生效应的，具体机制仍不清楚；第四是关于中国情景下安全绩效的实证研究较少，作为世界人口大国和重要的新兴经济体，未在中国情景下取得广泛验证的安全模型缺乏说服力；第五是现有的安全研究主要集中在建筑、煤矿、交通等高危行业，缺乏来自其他领域和行业的研究检验。

# 第三节　研究目的

安全问题对于企业的重要性不言而喻，然而相对于管理文献中其他研究文献的数量，管理文献中关于职业健康与安全的文献却仍显不足（Zanko & Dawson，2012）。基于现有安全研究中存在着上文所述的五点不足之处，本研究将从以下四个方面来解决这些问题。一是通过员工－组织关系的视角，结合影响安全绩效的个体因素和组织因素，选取员工－组织经济交换关系作为前因变量之一，探讨对安全绩效的影响机制。二是结合当前经济和社会发展的实际，针对员工工作压力普遍较大的现实，把工作压力作为共同前因变量，探讨其如何通过安全风险感知和角色超载对安全绩效产生影响，检验它们在影响安全绩效的过程中各自的作用机制。三是立足本土企业，探讨在中国文化背景下企业员工的安全表现及形成机制。四是选取制造型企业和高新技术企业等多种类型的企业为研究对象，检验安全理论和模型在非高风险行业的适应情况。

如前所述，科技和经济的高速发展推动企业人力资源关系发生结构上的变革，经济的全球化和劳动力外包情景催生了大批的合同工和临时员工（Dejoy et al.，2011），他们与企业之间的雇佣关系更趋向于经济交换关系，即注重财务的和有形的交换（Pan，Sun & Long，2017）。根据社会交换理论的互惠和公平原则，组织仅注重工作绩效和经济利益的交换，员工也只回报以协议内的工作义务，只注重追求工作效率，不关注安全事务（Laurent et al.，2018），对潜在风险漠不关心，因此笔者推测：员工－组织经济交换关系与安全风险感知之间呈负相关。快速发展的社会需求推动着企业要求员工在更短的时间内完成更高的绩效目标，工作压力的增大带来一系列身体和心理的倦怠，使员工更容易出现感知障碍，对工作中的安全风险出现感知迟钝（程慧，2021；Han et al.，2014），据此笔者推测，工作压力与安全风险感知之间呈负相关。安全风险感知高的员工更倾向于采取安全行为（Pandit，et al.，2019；Ji et al.，2011），因此笔者推测安全风险感知与安全绩效行为呈正相关。组织关系和工作压力并不直接对安全绩效产生显著影响，常常通过心理感知气氛发挥作用（Christian et al.，2009），而感知到的风险水平是安全绩效的近端影响因子（Pandit，et al.，2019），因此笔者推测安全风险感知在员工－组织经济交换关系和工作压力对安全绩效的负面影响关系中起到中介作用。

工作内容的丰富化和当前对组织内公民行为（organization citizenship behavior，OCB）的普遍提倡，容易使员工产生角色超载负荷感（Gracia &

M-Córcoles，2018），组织环境和工作压力也是催生角色超载的众多原因之一。这增加了员工在工作场所产生不安全绩效的可能（Smit et al.，2016；Laurent et al.，2018）。根据角色理论，个体将通过社会化的调节过程，在维持社会稳定和社会秩序方面发挥作用（Biddle，1979）。而角色超载通常会引起个体心理上的紧张和焦虑（Huffman et al.，2014），这种紧张和焦虑的情绪会强化个体对特定关系的认知，增强引发某种行为的可能性。据此笔者推测，角色超载将增强员工－组织经济交换关系和工作压力通过安全风险感知对安全绩效的负面影响，起到正向调节作用，即角色超载水平高比角色超载水平低时，员工－组织经济交换关系和工作压力通过安全风险感知对安全绩效的间接作用更强。

综上所述，本研究将通过员工－组织经济交换关系和工作压力视角，探讨其在安全绩效影响机制中对安全风险感知的中介作用和角色超载的调节作用。本研究的假设将把影响安全的个人因素（风险感知、角色超载、工作压力）和组织因素（员工－组织经济交换关系）综合在一起加以考察，并把雇佣关系和工作压力作为共同的前因变量，检验它们对安全绩效的双重影响机制，力求拓展安全绩效的理论模型，为以后的研究者提供新的理论依据，为企业解决安全问题提供新思路。基于此，本研究提出的假设模型见图1－1。

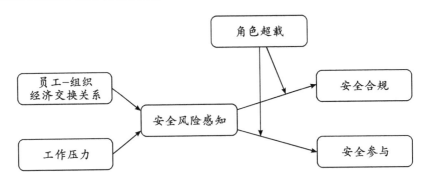

图1－1 假设模型

本研究选取粤港澳大湾区13家企业的员工作为调查对象，通过分期分次随机发放问卷，并要求员工匿名填写问卷的方式来收集数据。本研究将采用SPSS 23.0和MPLUS 8.0等统计软件来检验各变量的信度和效度、模型的拟合度及其中介调节效应。

# 第四节　研　究　意　义

通过前述对研究背景、研究问题的介绍以及研究目的的阐述，可以得出本研究在安全领域研究方面的理论意义和实践意义。

## 一、理论意义

首先，以往关于员工－组织经济交换关系的研究大都集中在对社会交换关系的层面进行探讨，对经济交换关系的研究反而被严重忽视了（Loi et al.，2009）。在当前全球化经济形势下，经济交换关系形式表现越来越多（Dejoy et al.，2011），经济交换关系应当引起研究者的重视。本研究基于社会交换理论和角色理论，探究员工－组织经济交换关系对安全绩效的影响机制，这既响应了 Loi 等人（2009）与 Panagiotis 等人（2019）提出的应加强考察员工－组织经济交换关系在工作场所可能起到的作用之建议，充实了经济交换关系的研究文献，也促进了社会交换理论在安全研究领域的应用，填补了经济交换关系在研究中的缺失。

其次，关于安全绩效的理论文献主要来源于外国学者的研究，调查对象和样本也主要来自国外企业，关于中国情景的研究数量不多。现有的中国学者文献也都集中在煤矿企业、建筑企业和交通等高风险行业，缺乏来自其他行业的数据。Seo（2005）希望未来研究能进一步检验在其他国家的不同行业和时代中导致不安全绩效的因素。本研究选取粤港澳大湾区企业为样本，响应了 Seo（2005）的建议，既检验了安全绩效模型在中国企业的普适性，拓展了安全理论的研究范畴，也增加了安全绩效理论在各行业的检验依据，为后来的研究者提供了新的研究视角和研究平台。

最后，目前国内关于安全理论的研究，多数都是采用访谈形式的质性研究，甚至有些研究采用二手资料进行分析，实证研究数量不足（胡少培，2015）。本研究采用实证分析方法，科学收集第一手数据，提高了数据的真实性，增加了样本的信度和效度。

## 二、实践意义

在实践方面，首先，由于企业生产活动是发生在多主体、多环节、多任务序的动态复杂系统中的活动，员工与企业的关系、企业的工作压力、员工对安全风险的感知和角色超载体验以及安全绩效同时存在于这个复杂的开放系统中，因此研究其内在关系和效应作用，可多角度促使企业提高对安全问题的重视，拓展企业管理者对安全绩效的认知，增加对安全管理的投入，合理配置安全资源，提高企业和员工关注安全事务的积极性。

其次，本研究可促使企业组织通过调整员工与企业的关系模式，了解到工作压力对安全事务的负面影响，从而优化企业内部的安全文化和氛围，关注员工的身心健康，帮助员工提高对安全风险的感知能力，减少角色超载感知，以期提高企业安全绩效。基于安全风险感知起到的中介作用，企业还可加强对员工进行提高安全风险感知水平等方面的培训，帮助员工增加安全知识，增强安全意识，提高预防安全事故的能力。

再次，笔者发现安全监管部门的工作重点主要集中在两个方面：一是事故发生前，通过检查安全设备的操作规范和安全工作流程的遵守情况来预防和减少安全事故的发生；二是事故发生后，通过惩处事故责任人、企业管理者和罚款通报等行政手段来严惩违规肇事企业。这两个方面忽略了安全管理工作中的一个重要的可操作性原则：监管者没有告诉企业，企业也没有告诉主管和员工，除了遵守安全工作规章制度，到底还要注意哪些因素才能更有效避免事故的发生。本研究补充了一些在安全管理文献中被忽略的元素，以期为安全监管部门的工作提供新的思路。例如，监管部门可通过制定一些参考指标以限制事故高发企业的产能；通过了解企业是否存在过严的工作绩效要求，检查企业内部劳资关系是否过于倾向于经济交换形式；通过了解企业员工是否长期处于高压负荷状态，了解员工在常规工作中对安全风险的感知水平。同时，以上数据可供安全监管部门预测企业的风险水平，对超出风险预估水平的企业提出预警，减少事故发生。

最后，本研究有助于员工多途径检查和了解所在企业的安全管理水平，主动觉察和检测自身的风险感知水平，改变对经济利益的盲目追求，加强对安全事务的重视，努力提高安全绩效。

# 第五节　研究思路

## 一、研究内容安排

本研究围绕员工－组织经济交换关系、工作压力与安全绩效之间关系来展开，基于社会交换理论和角色理论，引入了安全风险感知和角色超载两个中间变量，探讨员工－组织经济交换关系是如何通过安全风险感知和角色超载的作用，对员工安全绩效产生影响的。本研究上编一共分成六个章节。

第一章：绪论。首先介绍研究的背景，提出研究问题，然后针对研究问题提出研究的动机和目的，并说明本研究有安全领域上的理论与实践研究意义和价值，随后阐述本研究的框架和内容安排及技术路线。

第二章：文献综述。首先对本研究的关键研究变量：员工－组织经济交换关系、工作压力、安全风险感知、角色超载和安全绩效等概念的内涵、发展脉络等作较为全面的梳理和总结，然后对以上概念的内涵及相关研究进行简要的回顾，最后对现有的研究状况、不足之处以及本研究的努力方向进行探讨。

第三章：理论基础和研究假设。本章概述了研究所基于的两个理论——社会交换理论和角色理论，在此基础上，提出本研究的理论模型和研究假设。

第四章：研究方法。首先介绍本研究中各变量的测量及信度，然后介绍本研究的问卷编制方法和设计过程，提出尽可能减轻和避免在调查过程中产生的共同方法偏差和社会称许性偏差的办法，随后对研究中采用的统计分析方法进行简介。

第五章：研究结果。介绍了数据收集过程及样本信息，主要采用描述性统计分析、相关性分析、验证性因素分析和结构方程模型等分析方法，综合运用 SPSS 23.0 和 MPLUS 8.0 等统计分析软件来检验安全风险感知的中介作用以及角色超载的调节作用，分析检验员工－组织经济交换关系和工作压力对员工安全绩效的影响机制。

第六章：研究结论与展望。总结本研究的主要结论、取得的理论进展和主要的创新点，基于研究过程和结论并结合现实提出可能的管理启示；客观讨论本研究的局限性及其不足之处，并对未来研究提出展望，提出下一步可能的研究方向。

## 二、研究流程

本研究首先拟定研究主题，收集、阅读和整理文献，完成理论回顾，明确研究内容，设定研究目标。其次根据已有的研究，明确员工－组织经济交换关系、工作压力、安全风险感知、角色超载和安全绩效等要素在本研究中的概念界定，并讨论安全风险感知在经济交换关系和工作压力与安全绩效之间的中介作用，及角色超载在其中的调节作用。同时，在完成上述研究的基础上，借鉴国外的成熟量表，根据中国企业员工和企业情景的具体情况，对量表进行修正，最终确定调查问卷，向粤港澳大湾区地区设厂的 13 家大型企业进行正式调查。再次，根据研究目标，综合选取运用合适的统计软件如 SPSS 23.0、MPLUS 8.0 等对数据进行处理，验证分析结果对假设的支持程度。最后，对研究结论进行总结和探讨，检查自身研究的局限性并对未来的研究提出建议。

研究流程如图 1-2 所示。

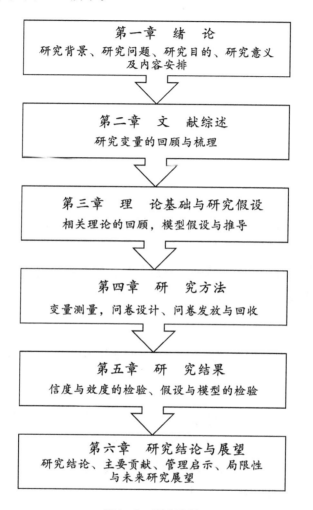

**图1-2　研究流程**

# 第二章 文 献 综 述

本章的主要目的是在广泛而深入的文献综述基础上，对本研究的相关变量的概念进行梳理和界定，并对其内容和研究现状进行评述，揭示目前研究的不足，从而为本研究奠定扎实的文献基础。本章包括以下五个方面的内容：一是关于员工－组织经济交换关系的文献综述，并且对员工－组织经济交换关系的定义和相关理论进行回顾；二是关于工作压力的文献综述；三是关于安全风险感知的文献综述；四是关于角色超载的文献综述；五是关于安全绩效的定义和模型的综述。

## 第一节 员工－组织经济交换关系

根据 Blau（1964）的社会交换理论，社会交换分为社会交换关系和经济交换关系两类，其中社会交换关系侧重长期的情感承诺，经济交换关系侧重财务和有形物质的交换。在管理和组织学领域，社会交换理论长期被广泛引用，但是现有的文献偏向于探讨社会交换关系层面的研究，很少有深入探讨经济交换关系的文献。本研究尝试讨论经济交换关系在安全问题上的影响和作用机制。

### 一、员工－组织经济交换关系的内涵

员工－组织关系（employee-orgnization relationship，EOR）的研究是学者对雇佣关系的深入研究。Barnard 在 1938 年提出，雇佣关系是一种雇主和雇员间的交换关系，雇主提供诱因和期望，雇员做出贡献，二者进行交换。这

种交换的核心在于交换物的数量和质量，即雇主提供的诱因（如薪资、福利、其他待遇等）和雇员获得的相应回报在数量和质量上提前做了约定，组织的成功运转所依赖的正是对这种交换关系的科学预设和管理。1958 年，March 等在 Barnard 有关"交换"论点的基础上，拓展出了一个关于"诱因－贡献"的理论模型，本质上还是基于"雇佣关系是组织提供的诱因和员工做出的贡献之间的相互交换"。综合前人研究，一些学者从不同的理论视角对 EOR 的内涵进行了各自的阐述。例如，Tsui，Pearce，Porter 和 Tripoli（1997）的观点是基于雇主视角，认为 EOR 是一种雇主与雇员之间正式与非正式的联系，这种联系可能来自经济的、文化的，也可能是来自双方心理上的。Hon 和 Grunig（1999）从组织的公共关系视角出发，认为 EOR 是一种组织公共关系中的重要类型，把 EOR 视作动态的、可测量的概念，并在此基础上构建出了包括承诺、信任、满意度、相互控制、共同关系和交换关系这 6个维度在内的理论模型。还有学者从员工与组织的整体出发，提出了新型的EOR 框架，比如 Masterson 和 Stamper（2003）认为 EOR 是一种可感知的组织成员关系，这个框架包含需求满足、被重视和归属 3 个维度。国外学者对EOR 的研究热情也带动了国内学者的积极性，有的国内学者尝试以新的视角和内容来界定和理解 EOR 。比如，陈维政、刘云与吴继红（2005）等认为，EOR 涉及的是雇主和雇员双方，只从雇主或者雇员的单一视角来解释 EOR是不全面的，应从员工与组织的双向视角来建立 EOR 模型。后来，Shore 等人（2006）在综合了关于 EOR 的各种研究基础上，提出了一个相对宽泛的概念，认为 EOR 既包括个体层面的心理契约，也应包括组织层面的雇佣关系。虽然学者们对于 EOR 的理解各有侧重，但是不难发现其中的共同点，即认为 EOR 是一种在员工与组织之间的均衡的相互交换关系。

有很多实证研究支持用社会交换理论来理解雇佣关系（Aryee，Srinivas & Tan，2005；Shore et al. ，2006，2009；Loi et al. ，2009；Buch，2015；Berg et al. ，2017；Berkery，2019）。在员工－组织关系的文献中被频繁引用的社会交换理论主要来自 Banard（1938），March 和 Simon（1958），Blau（1964）等。Barnard（1938）将组织看作一个整体协作的系统，在这个系统里，员工

的贡献是出于对组织诱因的回报。Blau（1964）正式提出社会交换理论的概念，该理论指出员工与组织的关系从根本上来讲是一种交换关系，这种交换关系包含两个方面：社会交换和经济交换。它还具有三个基本特征：关系、互惠和交换。在这三个特征里，互惠是其中最基本的原则，即员工是否提供回报，取决于他能否在与组织的互动中获得相应的报酬和资源。根据 Blau（1964）的观点，社会交换需要承担一些不明确的义务，比如，当一个人帮助了另一个人时，就会对其抱有未来回报的期望。然而，对方什么时候回报，以及以什么方式回报，往往是不清楚的。因此，社会交换关系又依赖于信任（Blau，1964）。相反，对特定交换伙伴的义务、信任、人际依恋或契约均不属于经济交换关系。经济交换指的是各方之间的交易是一种离散的、面向金融的相互关系，而不是长期导向的或持续承诺的。

理论界对员工－组织经济交换关系的研究被大大忽视了，这是因为根据传统观点，员工－组织间的交换关系是一个单一的连续体，是一种从低质量到高质量的关系（Sparrowe & Liden，1997）。这种传统观点认为，员工－组织经济关系是一种低质量的交换关系，经过一定的时间和条件变化，会转变为高质量的员工－组织社会交换关系，因而学者们认为只需聚焦于关注高质量的关系研究足矣。然而，Shore，Tetrick，Lynch 和 Barksdale（2006）对此提出了不同的观点，区分了二者的不同，在这个开创性工作的基础上，Kuvaas 等人（2012）明确提出了一种替代传统观点的交换关系，即员工－组织经济交换关系和员工－组织社会交换关系是两种完全不同的关系，并不是一个单一的连续体。Buch 等（2014）还强调，之前的 EOX（或 EOR）研究只注重考察与员工绩效相关的社会交换关系，而忽视了对经济交换关系的细致探究。这个发现吸引了一些研究者的关注，因此，本研究重点讨论员工－组织经济交换关系。

## 二、员工－组织经济交换关系的内容

全面理解员工－组织经济交换关系的内涵，须辨明其与社会交换关系的区别和联系。二者的关系既紧密相关，又在性质和具体内容上存在显著差异。

社会交换关系侧重于关注交换双方在情感和精神上的互动，具有长期导向，涉及社会情感利益与开放式义务的交换（Coyle-shapiro & Shore，2007）。因而，交换双方的责任和义务很难被明确界定。而经济交换则侧重以合同协议来明确规定责任与义务，对双方各自所应承担的职责进行清晰的规范（徐云飞、席猛、赵曙明，2017），并且经济交换关系更注重短期导向。鉴于研究中对互惠规范的过分强调，可能大大忽略了经济交换在交换关系中的存在、表现和作用机制（Coyle-Shapiro & Shore，2007）。经济交换关系大量存在于现实中的各类组织，起着不容忽视的作用，有着鲜明的特征。Coyle-Shapiro和Shore（2007）指出经济交换关系侧重于有限的义务，反映了对雇佣关系的基本期望。经济交换关系也不意味着承担那些长期的、无限制的、分散的义务，而是着重强调经济协议，如绩效工资，它强调关系之间的财务和有形的物质回报（Pan，Sun & Long，2017）。Berg等人（2017）把社会交换关系与经济交换关系的主要区别概括成四点：第一，信任被看作在社会交往基础上重新建立关系的基础（Blau，1964），而经济上的变化并不是由个人单方面决定的，因此不强调相互之间的信任。第二，关系的投资对社会交换至关重要，但它不属于经济交换的一个方面。第三，社会交流需要一个长期的方向，因为这种交流是持续的、基于义务的（Blau，1964）。经济上的交流是短期的、受到协议约束的，它强调经济利益的约定，如绩效工资。因此，员工对变革持续时间的预期，如长期的和无限制的（社会交换）或狭义的无长期影响的财务义务（经济交换），是这两种交换形式的重要区别。第四，对财务（如工资和福利）和社会情感（如给予和索取，依恋组织的照顾）方面的重视。综上，员工－组织经济交换关系是指员工与组织之间被协议或合同固定了的、被明确界定了权利和义务的交换关系，交换中强调的是薪水和福利等狭隘的经济方面的义务，不强调社会情感方面的长期投资，与社会交换关系有着不同的影响机制。

员工－组织经济交换关系对员工来说，意味着一种组织自身利益的形式，这种形式和社会交换关系的运作不同，因其不需要大量的组织投资或承诺。这并不是说交换的性质不重要，而是要关注交换发生的背景（Coyle-Shapiro

& Shore，2007）。Wong 等人（2005）在一项研究中指出，当员工不能明确感知到组织对成员的长期义务时，他们倾向于关注短期和狭义的利益。员工与组织进行经济交换，在于他们努力工作是为了换取实时的和有形的物质回报。随着中国经济形态从计划经济转型到市场经济，中国员工比美国员工更注重自己在组织内能获得的经济目标和物质回报（Chen，1995）。Miller, Gia-cobbe-Miller 和 Zhang（1998）认为，尽管中国的文化价值观强调长期的社会和谐，但经济考虑在短期内仍旧是优先的。外资企业内这种情况更为突出，它们通常提供较高的工资吸引有能力的技术工人（Nee & Cao，2005）。在劳动合同制度下，外企和私企的员工都被要求签订有限年限的定期合同，规定他们在工作中的权利、义务和利益，根据员工的表现和企业的需求，合同期满可以终止或续签合同（Ding & Warner，2001）。目前，这种灵活、离散的雇佣关系已经成为企业中进行人力资源管理的主流。雇佣关系在本质上是跨国界的，经济交换关系情景下的员工更具工具性和计算性（Wong et al.，2005）。可见，经济交换关系成为当前企业中员工与组织关系的突出形式。

员工与组织间的经济交换关系出发点为合同关系，在企业的制度形式下建立，根据制度理论（Scott，2014），组织环境对员工的行为具有极强的塑造功能，偏重经济追求的企业会产生一种强大的环境压力和惯性，导致员工所有的行动都是为了完成任务，以期合格。目前，全球企业在进行绩效考核和管理时普遍采取的是 KPI 考核体系，即运用关键绩效指标来考核绩效，以此为基础计算工资，这表明现代企业普遍存在员工－组织经济交换关系形式。关键绩效指标包含的只是一些直接指向公司业绩和利益的业务指标，不包含引导员工关注安全相关问题的事项。

尽管在企业实践中普遍存在员工－组织经济交换关系形式，然而纵观现有的员工－组织交换关系的文献，普遍缺乏对经济交换关系方面的研究（Loi et al.，2009；Berg et al.，2017），显示出学术界对交换关系领域的研究不够全面。最初的社会交换理论业已明确指出交换关系既包括经济交换关系，也包括社会交换关系（Blau，1964），员工可能同时与工作组织产生两种形式的交换（Loi et al.，2009）。当今的时代背景和社会大环境已与半个世纪前社会交换理论建立初期不同，政治经济形势发生了天翻地覆的变化，人力资源结构亦须作出相应调整（Dejoy et al.，2011）。经济的全球化和信息化发展，使得越来越多的公司强调雇佣关系的灵活性以应对当今世界的动态环境，组织经济交流在工作场所变得比以前更加突出：公司为努力保持雇佣关系的灵活性，雇用大量的合同工（Loi et al.，2009），这些合同工基于短期经济利益存在于组织中，与企业之间以经济交换关系为主。这与 Gakovic 和 Tetrick（2003）在研究中的预测一致：一些员工可能会基于短期的经济利益导向而发展与组织的交换关系。综上所述，在中国情景下研究本土企业组织中经济交换关系的特征和效应机制，既响应了 Loi 等人（2009）和 Dejoy 等人（2011）的研究展望，又顺应当前的社会经济发展现实，有利于全面理解社会交换理论在安全领域的作用机制。

## 三、员工－组织经济交换关系的结果变量

经济交换关系并不意味着长期或持续的关系，因此与短期或间断有关（Rousseau，1995），而 Shore 等人（2006）的一项元分析研究也表明，经济交换程度较高的个人更有可能缺勤或迟到。根据 Blau（1964）的社会交换理论，较高的经济交换水平通过强调正式的和契约的关系来削弱情感承诺和增加离职倾向，Shore 等人（2009）的实证研究证明了如果交换条件没有得到满足，则可能导致雇员离职和失业。同时，Loi 等人（2009）通过对中国外资企业员工的调查，利用结构方程模型方法也证明了经济交换关系与离职倾向的正相关关系。除了导致缺勤、迟到和离职等消极行为，员工－组织经济交换关系还被证明与员工的另一些态度和行为存在着负相关关系。例如，员工主动行为（Shore et al.，2006），情感承诺（Shore et al.，2009；Buch，2015），组织内公民行为（Laurent et al.，2018），等等。综上所述，员工－组织经济交换关系对员工的各种工作行为均产生负面影响，故此，笔者有理由推测，员工－组织经济交换关系对员工的安全绩效也将产生负面作用。关于员工－组织经济交换关系结果变量的代表性研究见表 2－1。

表 2 - 1 　员工 - 组织经济交换关系结果变量的代表性研究

| 研究者 | 研究设计 | 研究结果 |
|---|---|---|
| Shore，Tetrick，Lynch 和 Barksdale（2006） | 研究使用两个样本：研究 1 由美国 384 名工商管理硕士学生参与；研究 2 由 181 名航空航天雇员和他们的经理组成 | 情感承诺与社会交换直接相关，持续承诺与经济交换直接相关。社会交换与总体绩效、组织公民行为等直接相关，而经济交换与缺勤、迟到的管理等级直接相关。组织支持感与社会交换呈正相关，与经济交换呈负相关 |
| Shore，Bommer，Rao 和 Seo（2009） | 对韩国一家大型电子公司的 453 名员工进行的关于他们工作态度、行为和人口统计特征的调查 | 经济交换对情感承诺和离职意愿有独立的负向影响，当高度警惕的员工感知到强大的经济交换时，他们比低警惕的员工更倾向于离职 |
| Loi，Mao 和 Ngo（2009） | 采用结构方程模型对中国某外资企业 239 名员工的数据进行分析 | LMX 与组织经济交换关系感知呈负相关；经济交换关系调节 LMX 与情感承诺的正相关、LMX 与离职倾向的负相关。经济交换关系与离职倾向正相关，经济交换更具有工具性和短期性，它对个人与组织的脱离有更大的影响 |
| Buch（2015） | 基于网络的问卷调查工具（Confirmit）对挪威两家金融公司的 1100 名员工进行了调查，采用 Likert 五分制评分，然后进行验证性因素分析（cofirmatory fator analysis，CFA） | 社会交换与情感承诺之间呈正相关关系，而经济交换与情感承诺之间呈负相关关系。社会交换对经济交换与情感承诺之间的关系有调节作用，两者之间的联系被社会交换削弱了 |

续表2-1

| 研究者 | 研究设计 | 研究结果 |
| --- | --- | --- |
| Laurent, Chmiel 和 Hansez (2018) | 对比利时钢铁行业的一家大公司进行了问卷调查,采用 MPlus 6 进行结构方程建模分析,使用 CFA 和最大似然估计,检查变量之间的差异 | 工作资源的激励作用,可以极大地减少情境和常规违规行为。较高的安全管理承诺让员工通过安全参与提高安全生产来回报组织。表明了员工和企业维持良好的社会交换关系有利于组织发展;反之,则会不利于组织长期发展 |
| Berg, Grimstad, Skerlavaj 和 Cerne (2017) | 基于网络问卷的形式对挪威5家不同公司或机构的员工进行的两次调查 | 社会交换和经济交换与创造性行为之间的联系,是由员工承担风险的意愿和情绪承载能力调节的 |

数据来源:笔者整理自文献资料。

## 四、员工-组织经济交换关系的研究评述

通过对交换关系相关研究文献的回顾和总结,可以发现,有关员工-组织交换关系的研究比较丰富,学者对这一体系内的概念、内涵影响因素有着较为系统和集中的认识和理解。在企业实践领域的多样化研究中,也体现出员工-组织交换关系的应用价值。由此可见,前人的研究成果为本研究提供了扎实的研究基础,并指出了该领域内未来研究的发展方向。与此同时,笔者也发现,关于员工-组织交换关系的研究偏重于社会交换关系的研究,缺少对经济交换关系的探讨(Loi et al., 2009),这一研究缺失既体现在理论研究领域也体现在企业实践领域。而在安全研究领域,利用员工-组织经济交换关系进行对员工的安全绩效影响的研究更为少见,这不利于全面理解员工-组织关系在安全领域的作用过程。本研究在梳理员工-组织经济交换关系的影响结果时发现,当组织仅关注经济利益的交换时,员工的工作重点会局限于合同规定的基本职责和义务,导致对工作场所内其他事项漠不关心进

而降低对安全风险的感知，缺乏积极主动关注安全事务的动力。因此，本研究认为，员工－组织经济交换关系通过安全风险感知对员工安全绩效产生负面影响。

# 第二节　工作压力

## 一、工作压力的内涵

早期，Selye（1956）将压力定义为躯体为了适应施加于它身上的任何需求而产生的非特定性反应。近年来，Rehman 等（2010）认为，压力是指任何导致个体产生普遍的心理－生理反应而偏离平衡状态的一种状态。可见，压力被认为个体对环境刺激做出的一种反应。工作压力被看作一般压力的延伸，具体是工作环境的结果（Jou，Kuo & Tang，2013）。Jamal（2005）把工作压力定义为个体对有害或具有威胁的工作环境的身体上和情绪上的反应，Adaramola（2012）的研究也同意这个定义。Devereux 等（2004）发现组织行为和工作环境会增加员工的工作压力，并影响他们的身心健康。Seo（2005）认为生产中的工作压力包括过度的工作量、限定的工作速度和限制时间的压力。Wu 等人（2018）认为压力的定义是个人对外部事件的需求和他们处理这些需求所需的资源之间的不平衡的反映，并把工作环境中的压力定义为工作压力。在学者研究的基础上，2020 年世界卫生组织将工作压力定义为人们在面临与其知识和能力不匹配的工作要求及压力时的一种反应。

本研究所讨论的压力，主要与不安全行为有关，是一种不利于工作安全的工作压力。在一些关于安全的研究中，与工作节奏和工作量有关的因素被标记为工作压力（Flin et al.，2000）。Flin 等人（2000）的研究表明在全球经济竞争加剧、成本降低和组织重组的情况下，当时间和资源变得紧张时，工作压力很可能会影响员工在工作场所的安全表现。Han 等人（2014）指出，一个成功的工作项目必须在限定的工作时间、成本、质量等方面满足绩效和交付的要求，同时他们也证明了工作压力与紧张的时间进程安排和较大的工作量有关。而当工人感知到压力（如过度的工作量、紧张的工作节奏和时间压力）时，他们会感知到风险和障碍的增加，导致他们采取不安全的行为的可能增加（Seo，2005）。此处主要是指不利于安全的工作压力。根据对文献的总结可知，不利于安全的工作压力，主要指在工作环境中，员工由于被主管命令限期完成工作的时间要求和过重的工作量负担而感受到的压力。

## 二、工作压力的前因变量

作为压力的一种，工作压力主要来源于组织片面追求工作绩效给员工带来的压力。在工作环境中，各种因素都有可能导致压力，如工作任务、工作场所、工作特征、角色冲突或员工能力。按照 Smith（1981）的方法，压力源可以分为实体环境、工作负荷、工作时间、工作角色、工作分配和职业六类。早期学者对工作压力来源的研究丰富多样，各有不同的侧重。如 Wells（1982）指出，工作压力可以通过工作质量（如成就感和自尊）、总体幸福感（如个人生活和日常情绪）、身体健康状况等指标来评估。Cummins（1990）认为，工作压力的来源包括角色冲突和不明确的指令、技能利用不足、工作超负荷、缺乏参与以及占有资源不足。后续学者对工作压力定义的描述往往跟工作压力源紧密相关，如 Rice（1992）认为工作压力是绩效目标与工人能力不平衡的一种状态。而 Taylor（1999）认为，工作压力是对超负荷工作的一种情绪反应，认为压力是角色模糊和角色冲突引起的一种行为反应。到了2001 年，Robbins 将压力因素简化为三大类，以解释不同工作和组织中工作压力的差异：第一类包含外部环境因素（如法律环境和公众期望）；第二类包含各种组织中常见的压力源（如上级的领导风格、缺乏竞争力的工资结构、不明确的工作描述和无效的组织激励策略等）；第三类包含个人因素（如个人生活、角色模糊和角色冲突）。Robbins 在 2007 年又推进了研究，确认压力源可以划分为环境的、组织的和个人的三种类别。

学者们对工作压力研究的文献丰富多样，提供了足够的样本，Wu 等（2018）在此基础上对近年来的相关研究进行了梳理总结，把导致工作压力的因素总结为：角色模糊（如 Tubre & Collins，2000）、工作不安全感（如 Mäkikangas & Kinnunen，2003）、角色冲突、角色超载（如 Yuan，Li & Tetrick，2015）、工作特征（如 Yuan，Li & Tetrick，2015）、人际安全冲突（如 Mccabe et al.，2008）、安全限制（如 Sampson，2014）及早期认为的员工能力（如 Rice，1992）。而工作特征中的工作负荷大、时间短、责任大、环境不安全等因素造成的工作压力比较容易带来安全问题（Wu et al.，2018），这是因为工作压力带来的倦怠和感知障碍可能会对个体的安全行为抉择产生负面影响（Wang，Wang & Xia，2018）。

## 三、工作压力的结果变量

早期已有文献表明，工作压力会对员工的工作实践产生负面影响（Ranny，1981）。近年来的研究表明，工作压力是影响个人行为的重要因素（Adebayo & Ogunsina，2011；Leung et al.，2012；Tsaur & Tang，2012）。Mullen（2004）表明工作压力是影响工作安全绩效的一个重要因素，因为压力大的人倾向于将工作表现看得比安全重要，长期的工作压力可能会影响安全绩效，增加工作场所的伤害风险（Larsson et al.，2008；Lu & Cai，2010；Lu & Yang，2010）。根据工作资源–需求理论（JD-R），工作压力在时间紧张和任务繁重的情况下可能成为一种阻碍性的工作需求，会消耗个人资源或精力来表现组织期望行为，从而降低个人的工作绩效（包含安全绩效）（Bakker & Demerouti，2017）。而 Bronkhost（2015）的研究也表明，对工作要求高的员工更容易在工作场所表现出不安全绩效，这是因为着急赶工期的员工认为自己没有时间使用安全设备（人身安全）或主动报告事故。除了对员工行为产生负面影响外，工作压力还对员工的态度和身心健康带来负面影响，如降低工作满意度（Smit et al.，2016），增加离职倾向（Jou，2013），引起感知障碍（Seo，2005）和自我耗竭感并减少建言行为（Xia，Schyns & Zhang，2020）等。Man，Chan 和 Wong（2017）在香港建筑工地的研究证明，工作压力越大，工人的安全感知越低，而且显著增加其冒险倾向和不安全行为。

严重的压力还会引发员工身心方面的疾病。Amirkhan（2020）在研究中发现，工作压力过重会增加个体对传染病和病毒的易感性，在精神方面更是可能会引发精神分裂症和情感障碍。在全球疫情蔓延的时刻重新关注工作压力的影响，显得尤为重要。关于工作压力结果变量的代表性研究见表2-2。

表2-2　工作压力结果变量的代表性研究

| 研究者 | 研究设计 | 研究结果 |
|---|---|---|
| Bronkhorst（2015） | 通过对52个组织内6230名卫生保健人员的抽样调查，研究工作需求与资源、安全氛围和安全绩效之间的关系 | 安全氛围可以缓冲工作压力对工作家庭冲突和不安全绩效的负面影响；加强组织内的安全氛围可以增加员工的安全绩效 |
| Wang，Wang 和 Xia（2018） | 对分布在中国东部地区的15个建设项目中的500名建筑工人进行现场问卷调查 | 较高的安全相关压力对安全绩效的影响主要表现在安全参与方面，而对安全合规方面没有影响 |
| Wu 等（2018） | 以北京某建设项目的建筑工人为受访对象进行问卷调查及半结构化访谈。使用 KMO 和 Bartlett 球度检验相关性，采用 SPSS 进行因子分析 | 工作压力对安全绩效有不利影响，工作压力越大，安全绩效越差；角色管理不当会影响安全参与 |
| Lu 和 Kuo（2015） | 研究以430名在台湾货柜码头工作的受访者为研究对象，数据分析采用层次回归分析 | 工作压力对安全绩效中的安全合规和安全参与都有负向影响；而情商对安全绩效的安全参与和安全合规有正向影响。情绪智力在工作压力和安全合规之间的关系中起调节作用 |
| Smith 等（2018） | 数据来自美国东南部城市火灾和救援部门的208名专业消防员，使用 Mplus 软件的路径分析对关系进行评估 | 工作压力和工作-家庭冲突都能预测职业倦怠，而职业倦怠对安全绩效有显著负面影响 |

续表2-2

| 研究者 | 研究设计 | 研究结果 |
|---|---|---|
| Seo（2005） | 资料收集自一家跨国谷物公司102个不同地点的722名美国谷物产业工人，使用98项调查问卷。利用结构方程模型对解释不安全工作行为的二阶因子模型进行了检验 | 研究表明工作压力带来感知障碍、安全风险和不安全绩效 |
| Smit，Bee 和 Pienaar（2016） | 对南非铁矿开采业雇员采用横向调查设计收集资料（$N=260$），采用结构方程建模和自举重采样分析对数据进行分析 | 工作压力和工作不安全感与工作满意度呈负相关。相反，感知到的工会支持与工作满意度、安全动机和行为呈正相关 |
| Jou（2013） | 研究以台湾地区空管人员为对象，采用 SPSS 16.0 版软件进行分析计算，利用路径分析来建立所提出的变量之间的因果关系 | 工作满意度在工作压力来源与离职倾向之间具有中介作用；工作压力来源的工作负荷对离职倾向的影响最大 |
| Friedman（2018） | 采用美国煤矿安全与健康管理局1983—2015 年第50 部分报告的数据，对长时间工作伤害进行识别 | 研究表明长时间工作会增加安全风险，导致更多的伤害甚至死亡 |
| Xia，Schyn 和 Zhang（2020） | 研究的资料来自国内一家导弹、雷达及相关军用产品制造企业的三个分支机构 | 工作压力导致建言行为减少；自我耗竭在压力源和建言行为之间起着中介作用 |
| Man，Chan 和 Wong（2017） | 对香港400 余名建筑工人进行调查，检验工作压力对安全风险和冒险行为的影响 | 工作压力降低工人的安全风险感知，提高了员工的冒险行为和不安全行为概率 |
| Amirkhan（2020） | 用文献研究法回顾压力超载方面的理论和实证证据，构建其测量方法和测试其效度 | 工作压力超载会引发身体和精神方面的疾病，增加个体对传染病和病毒的易感性 |

资料来源：整理自文献资料。

## 四、工作压力的研究评述

总结以往相关文献可知，理论界在工作压力方面有着丰富的研究，涵盖了对工作压力前因变量和结果变量的探讨，表明工作压力这一概念在管理理论和实践领域中有较高的研究价值，是研究组织和管理问题的一个重要变量。然而，学界对于工作压力具体如何导致不安全绩效的效应机制仍缺乏全面的检验和总结（Flin et al.，2000）。事实上，较高的工作压力会影响员工的工作实践和行为（Ranny，1981），也会影响员工的态度和感知（Jou，2013）。虽然近年来 Wu 等人（2018）的研究表明不安全绩效有多种成因，而工作压力是其根源之一，同时他们还证明了工作压力会通过疲劳、耗竭等方面的自我感知降低员工的安全绩效，但是目前这些研究远远不能详尽说明工作压力对企业员工安全相关行为的具体影响机制，仍需拓展更多的行业和数据来验证工作压力对员工安全风险感知方面和安全绩效方面的影响效应。因此，本研究选取中国粤港澳大湾区的企业为样本，探索和分析工作压力通过安全风险感知对安全绩效的作用过程。以期填补学界在安全领域中关于工作压力研究的空白。

## 第三节　安全风险感知

危险识别能力差和对安全风险的低估会导致灾难性的安全事故。然而，过去的研究表明，仍有大量的安全隐患在工作场所没有被认识到（Bahn，2013；Albert et al.，2013；Oah et al.，2018；Pandit et al.，2019）。同样，也有证据表明，对安全风险的低估在工作场所是一个普遍存在的问题（Xia et al.，2017，2020a）。因此，为了提高安全绩效，对影响危害识别和安全风险感知的工作场所因素的正确理解是基础。当安全风险被低估时，风险行为和偏离常规化的安全操作行为发生频率变高。鉴于危险识别能力差和对安全风险的低估可能会加剧工作场所的伤害和事故的发生，研究确立对危险识别和安全风险感知水平有积极影响的工作场所因素非常重要（Pandit et al.，2019）。

# 一、安全风险感知的内涵

早些时候，人们并没有区分开风险和风险感知二者之间的概念。Beck（1992）认为，风险是知识上的风险，对风险的感知和风险并没什么不同，很明显，这种观点将风险等同于对风险的反应。这与 Rosa（1998）对风险的定义如出一辙：根据文化理论和建构主义，风险就是风险感知。同样地，Beck（1992）将风险定义为风险是一种传统的方式来处理现代化本身带来的风险和不安全感。现在人们知道这种表述是不准确的，因为风险不只是现代化的产物，早在工业社会之前就存在风险了（Aven，2012）。

随着心理学（尤其是认知主义学习理论）的发展，学者认识到了把风险和风险感知混为一谈的局限。Aven 和 Renn（2009）呼吁，应区分风险本身和风险是如何被感知的，因为这是两个完全不同的概念。风险意味着不确定性和风险后果的严重程度，而风险感知是一种个体对于风险事项的意识和感知。Wang（2019）也赞同这种区分方法，他认为工作场所的风险可以被定义为个人暴露于危险环境的程度。Jacobs 和 Worthley（1999）认为，感知风险是指个体对特定事件或行为的不确定性以及可能产生的负面后果的感知，而感知风险的大小取决于风险发生的概率及其潜在损失的程度。Aven 和 Renn（2009）认为，工作场所安全风险感知是指个体主观判断的风险。

关于安全风险感知的含义，除了各种定性的阐述，还有人试图以定量的方式进行解释。例如，Cox（2008）认为，对于给定的场景，安全风险通常被计算为两个变量的函数：①安全事件的预期频率（如伤害）；②安全事件的预期严重程度。用公式表达如下：安全风险 = 安全事件的预期频率 × 安全事件的预期严重程度（Cox，2008）。后来的研究者在这个公式的基础上发展了一个新的变量，认为风险感知包括风险发生的概率、风险影响的严重程度和风险的预期效用（Aven & Renn，2009；Lehtiranta，2014；Micic，2016）。基于以上关于风险的研究，Xia 等人（2017）确定了风险感知的四种方式：①感知概率；②感知严重性；③感知负效用；④直接风险感知。他们证明了前三种理性风险感知对直接情绪风险感知的影响，且这四种不同形式的风险感知都对员工安全合规和安全参与的表现产生了影响。

　　职业健康和安全领域的研究人员进行的大部分工作都集中在对客观风险的评估上，所使用的工作场所风险分析方法，基本上都是定量的。Xia 等人（2017）把这种感知风险的方式称为理性风险感知，即员工倾向于通过三个理性风险公式（感知概率、感知严重性、感知负效用）来感知风险。然而，理性的风险认知可能存在一些问题（Xia et al.，2017，2020）。比如，社会学家和心理学家就已经证明，这种对风险的理性处理能力只有特定领域的专家才会拥有，外行人往往是根据情绪来感知风险的，也就是说，普通员工主要是通过"感觉"这种直接和直观的方式来感知和判断风险（Rundmo，2002；Slovic，2016）。这种风险感知很可能是非理性的，并容易受到多种因素的影响，如风险特征（Slovic et al.，1979）、个人变量（Gyekye，2006；Iversen & Rundmo，2002），以及文化和社会经济背景（Douglas，2012）。尽管它很复杂，但情绪上对风险的感知可以通过询问个人对风险的直接感知情况来评估，这是他/她对特定风险的直接和直观的感受（Lu & Yan，2013）。决策者对风险的感性和直观的判断（如 Slovic et al.，2004）会显著影响员工在风险情况下的实际行动。就员工可能产生的危险行为而言，个人的危险认识以及对职业环境的主观评价也很重要，可能会影响安全绩效。因此，了解员工如何看待他们所面临的风险或风险因素是至关重要的，尤其是不明显或不可见的风险。这是一个重要却依赖个体洞察能力的风险管理。风险认知中的偏差可能导致对潜在风险来源的误解，并最终对员工的安全带来负面影响（Arezes & Miguel，2008）。综上所述，在风险管理方面，普通员工（并非风险管理专家）往往会以一种直接的、情绪化的方式感知风险，这种直接的风险感知会影响他们的安全绩效。

　　除了以上对传统风险的诠释，近年来，学者们已开始注意新兴风险的表现与传统风险存在区别，新兴风险有自己的特征，如不确定性强（Brocal et al.，2021）。Brocal 等人（2018）将新兴风险放在技术生命周期（TLC）理论里进行研究，把新兴风险分为三种类型：新风险、新增加风险和增加风险。这些类型分别代表了一个新风险发展的先后阶段。目前对新兴风险的研究还不多，定义也不一致。本研究关注的重点是普遍存在于各类企业的传统风险，暂不关注新兴风险，只作了解。

## 二、安全风险感知的前因变量

Pandit 等人（2019）指出，安全风险是安全综合模型的一个重要的近端因素。发掘和验证出越来越多预测安全风险的因素，将有利于减少生产中的安全事故。现有文献中指出影响风险感知的因素主要有安全氛围、危害识别能力、领导者因素等，还有综合了自身特征、工作任务和环境等的多因素分析。

有研究评估了安全氛围对危害识别和安全风险感知水平的影响（Cox & Cheyne，2000）。Rundmo（1993）的一项研究表明，最容易受伤的人员同时正是那些经历了最大的身体压力并且感知到与他们的工作情况相连的最大风险的人员。Flin 和 Mearns（1994）将这项工作推进到北海（North Sea，大西洋东北部边缘海）的英国部分，他们确定了三个可能导致事故和近距离脱险的重要方面：①个人特征（包括经验、知识、安全态度等）；②工作特点（工作任务、环境、工作压力等）；③平台特征（安全文化、社会支持、安全管理体系）。Flin 和 Mearns（1994）的研究还表明，管理者在企业员工安全绩效中，对安全的承诺、工作满意度、对安全的态度、对生产的态度和工作环境的影响最大，与工人的风险感知和安全措施满意度密切相关，这与 Cox 和 Cheyne（2000）对英国众多产业的联合调查结果相一致，而以上这些因素都属于组织安全氛围的范畴（Neal & Griffin，2006；Christian et al.，2009；Schneider et al.，2013；Hofmann et al.，2017）。Pandit 等人（2019）的研究分析指出，安全氛围是影响危害识别和安全风险感知水平的重要预测因子，而这两者又是伤害预防的基础。

Pandit 等人（2019）的研究还发现，自主养成积极安全氛围理念的员工可以从更高的危险识别能力和更灵敏的安全风险感知中受益。而重视安全氛围的雇主可以期待在他们的工作场所出现更少的人为错误、不安全绩效及事故。他们的研究还明确了安全氛围影响安全风险感知的机制，具体表现为，更积极的安全氛围可以带来更优越的危险识别能力，然后可以转化为更高的安全风险感知水平。因此，除了营造一个积极的安全氛围理念，努力提高危害识别能力，也能产生更高水平的安全风险感知和相关效能。

管理者除了在营造安全氛围和提高危害识别能力方面产生相关影响外，研究人员还发现了领导者在安全风险感知方面的作用（Cooper & Phillips，2004；Kelloway，Mullen & Francis，2006）。Hofmann 和 Morgeson（1999）提出当员工与他们的主管和经理具备良好的关系时，员工有一种倾向于使自己致力于安全，并就安全问题保持开放的沟通方式；反之，亦然。Zohar（2002）认为，企业对员工安全的关注主要是通过主管或领导的态度和行为来表达和实施的。而主管和员工之间保持一致的安全态度、监督行为及反应表现，可有效促进员工对安全优先级的共同认知。Wu（2005）将安全领导定义为领导者与追随者之间的互动过程，在组织和个人因素的情况下，领导者可以通过对成员的影响来实现组织的安全目标。一些研究表明，安全领导可以作为降低风险的一个重要因素，Nielsen 和 Cleal（2011）报告了真实领导力和风险感知之间的负相关关系。Oah 等人（2018）的研究发现，安全领导在职业健康安全领域的重要作用日益得到人们的认可，他们指出，如果主管实施积极的安全领导，作为一个组织或团队因素，可能会降低工人的风险水平。

一般来说，许多事件都不是由单个因素引起的，而是由一系列因素在系统的不同层次相互作用的结果。同样，伤害或事故风险的感知也受到多层次因素的影响，包括个体自身特征、工作任务、工作环境、主管领导、组织氛围、政府参与、文化等（Hofmann et al.，2017）。Man，Chan 和 Wong（2017）在香港建筑施工场所对 400 多名工人进行调查，结果发现工作压力对员工安全风险感知具有显著的负面影响，工作压力越大，工人对风险的感知能力越低。Mohamed，Ali 和 Tam（2009）的研究认为工人对工作安全的态度可以影响他们的风险感知水平，除此之外还有安全管理模式、流程和规则。Oah 等人（2018）的研究测试了一个包含安全氛围、安全领导力、工作负担和事故经验在内的综合前因模型。结果表明，工作负荷和事故经历对员工认知风险感知有正向影响，安全领导和安全氛围对认知风险感知和情绪风险感知有负向影响。在安全研究领域，从心理学的解释到社会学和组织框架的转变都有助于人们更好地理解风险认知和风险行为。Rundmo（2000）指出，在不确定安全氛围和工作环境的情况下测试风险感知模型似乎不是一个合适的策略。在职业环境中，员工的风险判断必须与安全环境以及其他组织和社会因素相关，这些因素对安全工作而言是必要的。然而，正如 Oah 等人（2018）所指出的，其实很少有研究对感知风险的许多似是而非的多层前因变量进行系统检验，如一个人的工作量、事故经验、主管安全领导能力和组织安全氛围。综上可知，识别影响风险感知的各种因素的相对影响及其相互关系，有助于明确在实施安全管理政策时应优先考虑哪些因素。

一些研究深入探讨了安全风险感知对安全绩效产生影响的具体效应过程。Xia 等人（2020）在最新的一篇研究中指出，有关风险认知对安全绩效影响的冲突可以通过借鉴工作需求资源理论（即 JD-R 理论）来进一步澄清，特别是其阻碍和挑战需求的视角。JD-R 理论于 2001 年提出，经常被用来解释工作压力（Demerouti et al.，2001）。根据工作需求资源理论，所有类型的工作特征都可以分为两类：工作需求和工作资源。工作需求被定义为需要持续的体力和或心理努力，与某些生理和或心理成本相关的工作的生理、心理、社会或组织方面（Demerouti et al.，2001）。工作需求是与工作环境相关的特定压力（Ten Brummelhuis & Bakker，2012）。在高风险环境中，工作需求的例子包括风险和危害的暴露、体力需求和工作的复杂性（Nahrgang et al.，2011）。作为工作压力的工作需求会消耗个人资源或精力来表现组织期望行为，从而降低个人的工作绩效（如安全绩效）（Bakker & Demerouti，2017）。Oah 等人（2018）建议应对工人的风险认知进行更广泛的调查，对诸如安全知识、动机、员工个性特征和环境支持等变量进行调查，以扩大风险感知研究的范畴。本研究把员工-组织经济交换关系和工作压力作为安全风险感知的前因变量，响应了 Oah 等人（2018）的建议，可以补充现有文献的不足，增加不同视角的理论依据。

## 三、安全风险感知的结果变量

通过对安全风险感知相关文献分析，可知安全风险感知的结果变量主要体现在安全绩效、冒险行为和保护性行为等方面。安全领域研究风险感知对安全绩效影响的文献较多。Christian 等人（2009）的一项元分析研究表明，风险感知与不安全绩效负相关。Arezes 和 Miguel（2008）的研究也认为风险感知对促进安全绩效至关重要。Pandit 等人（2019）的研究发现安全氛围能够通过影响危害识别和安全风险感知水平来影响员工的安全绩效，并发现能够感知到较高安全风险水平的员工可能更厌恶采取冒险行为。这种现象可以解释即使相关的安全危害已被确认的前提下，为什么某些工人可能选择采取危险的行为，而另一些工人可能在类似的情况下更倾向于规避风险，鉴于这些不同的发现和结论，有必要进一步澄清风险感知和安全绩效之间的关系。

在工作环境中反复暴露于各种危害会导致风险适应，而风险适应可能通过感知迟钝而导致不安全绩效和违规行为；此外，对事故或伤害的风险感知还会导致心理紧张（即焦虑、痛苦或紧张），减少了身体和精神上的积极资源。具体来说，经常暴露在危险的工作环境中会导致员工身体疲劳、认知处理能力的限制和负面情绪，从而促使员工被动快速完成工作（Huang et al.，2007；Meliá et al.，2008）。在这个过程中，员工冒险行为的可能性导致了发生事故和受伤的可能性增加（Oah，Na & Moon，2018）。

大量的观察和研究证实了风险认知和保护性行为之间的联系。一项研究调查了中国某航空有限公司的 118 名商业飞行员，发现风险感知和风险承受能力显著影响了他们安全绩效（Ji et al.，2011）。该研究观察到，风险感知直接影响飞行员的安全绩效。有着很高的风险感知的飞行员会比低风险感知的同行更大概率采用更安全的行为。本研究还发现，安全风险对预防行为的影响被风险认知所调节：高风险认知降低了安全风险对安全操作行为的负面影响，而中、低风险认知则增加了负面影响（Ji et al.，2011）。Gyekye（2006）在一项对 320 名加纳工人的研究中发现，经常成为事故受害者的人对工作场所的安全、安全事项和他们的监督人员有相当负面的看法（Kouabenan，Ngueutsa & Mbaye，2015）。Brewer 等人的研究（2007）表明，风险可能性的感知，以及脆弱性和风险严重度的感觉，是显著预测安全绩效的变量。

根据风险厌恶理论，当已有收益时（高风险感知），决策者更关心资产损失（风险规避）（Kahneman & Tversky，1979；Sitkin & Pablo，1992）。风险规避与风险感知之间的关系表明，如果一个人认为某件事是高风险的，他/她可能会采取保护性行为（Ji et al.，2011；Kouabenan et al.，2015；Lu &

Yan，2013；Wang & Yuan，2011）。一项面向 80 位被试的实验室研究表明，认为周围风险非常高的被试，在绘画过程中会通过主动增加佩戴手套的行为来防止手部受伤，而低风险感知的被试按照试验要求只是选择了佩戴护目镜（Taylor & Snyder，2017）。类似的，Kouabenan 等人（2015）发现，如果一线管理者意识到他们的员工在工作场所可能面临高水平的风险，他们会积极参与安全管理。由上可知，风险感知水平影响了人的行为选择。

很少有专门研究关注风险感知对安全合规和安全参与的不同影响，尽管这是两个重要的、截然不同的员工安全绩效因素（Griffin & Hu，2013）。为了全面检验风险感知对安全绩效的影响，本研究把安全绩效分为安全合规和安全参与两个维度。安全合规作为规定的安全绩效的一种表现形式，被定义为个人维护工作场所安全所需进行的核心活动（Griffin & Neal，2000）。安全参与指的是那些不直接有助于个人安全，但有助于形成一个支持安全环境的行为（Griffin & Neal，2000）。在危险行业中，一线工人直接暴露于工作场所的危险和事故中，可以推测，如果工人感知到高风险，他们可能会采取安全合规措施来避免或减轻风险。安全合规旨在确保员工遵守公司内部的安全程序和规章制度，这些行为包括遵守标准的工作程序，以安全的方式进行工作，等等。显然，这些行动可以是一个直接和有效的方式，以防止员工陷入事故或遭受死亡。除了遵守安全法规外，对于工作场所中不断增加的复杂性和不确定性，安全参与也是一种有效的、积极主动的降低风险的方法（Didla et al.，2009；Griffin & Neal，2000）。安全参与行为包括自愿参与安全活动、促进安全计划、帮助同事解决安全相关问题、参加安全会议等活动（Didla et al.，2009；Neal & Griffin，2006）。综上所述，在工作场所中，感知到高风险的员工可能会选择将安全合规和安全参与作为降低风险或危害的有效预防措施。安全风险感知结果变量的代表性研究见表 2-3。

表 2 - 3　安全风险感知结果变量的代表性研究

| 研究者 | 研究设计 | 研究结果 |
|---|---|---|
| Pandit 等（2019） | 从美国 57 个建设项目的便利样本中收集相关数据，使用 SAS 9.3 统计软件对提出的假设进行检验 | 安全氛围是影响危害识别和安全风险感知水平的重要预测因子，而这两者都是伤害预防的基础；能够感知到较高安全风险水平的员工可能更厌恶采取冒险行为 |
| Oah，Na 和 Moon（2018） | 对来自不同制造企业的 376 名员工提供的有效数据进行分析，使用相关分析和层次回归分析检验假设，并采用 IBM SPSS 软件（第 23 版）进行统计分析 | 工作负荷和事故经历对认知风险感知有正向影响，安全领导和安全氛围对认知风险感知和情绪风险感知有负向影响 |
| Ji 等（2011） | 对中国某航空有限公司的 118 名商业飞行员进行资料调查 | 发现风险感知和风险承受能力显著影响了员工的安全绩效，风险感知直接影响飞行员的安全绩效 |
| Gyekye（2006） | 对 320 名加纳工人进行调查研究 | 经常成为事故受害者的人对工作场所的安全、安全事项和他们的监督人员有相当负面的看法，其因风险感知水平较高，进而能提高保护性行为 |
| Huang 等（2007） | 对近百篇研究文献进行梳理和总结 | 暴露在危险的工作环境中会导致身体疲劳、认知处理能力的限制和负面情绪，从而导致员工加快完成工作，带来安全风险 |

续表 2 - 3

| 研究者 | 研究设计 | 研究结果 |
| --- | --- | --- |
| Kouabenan，Ngueutsa 和 Mbaye（2015） | 参与者是 63 名来自法国核能公司两个核工厂的一线经理，通过一份由与不同变量相关的几个测量量表组成的问卷进行调查 | 风险感知越高，在安全管理中的参与度就越高；同样，认为安全氛围良好的员工比自认为安全氛围不佳的员工更愿意参与到安全管理中 |
| Taylor 和 Snyder（2017） | 资料收集自 2012 年年底至 2013 年年初在西南某大型大学心理学专业就读的本科生；该研究是在 Probst（2002）发表的一项研究的基础上进行的实验室研究 | 执行没有安全程序的任务比执行有安全程序的任务有更大的风险；遵从性框架下的风险感知将与遵守安全程序呈正相关 |
| Rubin 等（2020） | 资料来自新南威尔士州和澳大利亚昆士兰的露天和地下矿场招募的工人；研究采用探索性的纵向研究方法，对澳大利亚煤矿工人冒险频率的一系列潜在预测因子进行了测试 | 工人年龄与他们在采矿业的冒险行为之间存在负的纵向联系，表明较年轻的矿工更有可能承担更大的风险。因此，在组织安全绩效模型中，年龄对员工的影响更为重要 |

数据来源：整理自文献资料。

## 四、安全风险感知的研究评述

通过以上文献梳理可知，安全领域中关于风险感知概念的研究和应用十分广泛（Christian et al.，2009；Schneider et al.，2013；Hofmann，2017；Pandit et al.，2019）。笔者发现前人对于风险感知的前因变量在个人、工作任务和组织氛围等方面做了大量研究，但关于员工－组织关系如何影响风险感知的研究却仍缺乏，尤其缺乏员工－组织经济交换关系与风险感知的关系相关研究。另外，学界对风险感知结果变量的各种研究表明了其对安全绩效的影响，但缺少安全风险感知对安全绩效中安全参与和安全合规两个不同维度各自影响效应的探讨。因此，本研究在前人研究的基础上，从员工－组织经济交换关系和工作压力的方面来探究对安全风险感知的影响，并检验安全风险感知分别对安全绩效的合规和参与这两个不同方面的影响过程，这既回应了 Panagia（2019）关于的未来应考察员工－组织经济交换关系在工作场所中可能起到作用的理论，也响应了 Xia 等人（2017）关于应具体考察安全风险与安全绩效的两个维度之间的关系的建议。

# 第四节　角 色 超 载

学界通常认为，角色超载是角色压力源的一种（Balducci, Cecchin & Fraccaroli, 2012；Smit, 2016；Gracia, 2018）。角色压力概念源于角色理论，该理论认为，人们的行为有一部分是由环境强加于他们的期望所决定的（Kahn et al., 1964）。在角色理论中，这种环境被称为"角色集"，也就是说，与工作人员有关系的一组人，可以表达他们对这部分工作人员应该如何表现的期望。角色集包括经理、直接主管、同事、组织中的其他团队成员以及客户和业务合作伙伴等。根据角色压力理论，角色集的成员向工作人员发出或传递他们的期望，这些期望可以作为角色压力传递，并被工作人员所感知（Idris, 2011）。如果人们感知到矛盾的、不明确的或过于苛刻的期望，他们会以角色冲突、角色模糊或角色超载的形式经历角色压力（Idris, 2011；Peiro & Rodriguez, 2008）。

## 一、角色超载的内涵

早期，研究者并未将角色超载作为一个单独的概念加以重视，而是把它归类到角色冲突的范畴。Kahn, Wolfe, Quinn, Snoek 和 Rosenthal 于 1964 年最先提出角色超载的概念，并将其认定为一种特殊形式的冲突，即个人角色冲突（person-role conflict）和角色发送者间冲突（inter-sender conflict）二者的结合，这种冲突十分复杂，并普遍出现在生活和工作中。可以从这两个不同主体的视角来理解角色超载的含义：基于个人角色冲突的视角，角色超载是关于"个人现有资源无法满足角色需要的要求"的一种描述；基于角色发送者间冲突的角度，是指"当个体处于复杂的环境中（如：跨界角色），个体被期望能同时满足来自多个角色发送者的不同的角色期待时所产生的压力感知"（Brown，Jones & Leigh，2005）。由此可见，角色超载是一种非常普遍、复杂的冲突形式。

关于角色超载的研究还在不断地深入、完善。近年来的研究结果显示，角色超载概念逐渐脱离了角色冲突概念范畴而获得独立地位（Rizwan et al.，2013）。有研究者认为，过多的角色需求总是与可用的时间资源相关联。比如，Smit 等人（2016）认为角色超载可以描述为员工在预期的时间内需要完成的工作量过大；Gracia 等人（2018）也同意 Kahn 等人（1964）的观点，将角色超载定义为当一个身份持有者从他/她的角色集成员那里收到各种各样的合法期望，而他/她却无法在规定的时间内完成时发生的情况。因此，这部分学者认为，当员工的工作任务需要的时间和精力超过了他们所能胜任的角色时，就会发生角色超载。还有一些学者进一步强调了时间在其中的地位，认为时间因素与角色超载之间不只是简单的相关关系，而是一种非常紧密和重要的关系，甚至是催生角色超载最重要的基础（如 Reilly，1982；Barnett & Baruch，1983；Hecht，2001；Jones et al.，2007；Duxbury，Higgins & Halinski，2015；Mishra，2015）。其中，Reilly（1982）认为，角色超载是一种因个体在工作中承担了较多的承诺与责任而所承受的时间压力程度，这种观点直接把角色超载归属于时间压力的一种。同时期的 Barnett 和 Baruch（1983）也认为，角色超载是由于时间紧张以至于无法实现过多的角色需求时而产生的。综上所述，这一派学者秉持"时间论"的观点。然而，随着研究的深入，另一派学者并不同意把时间因素理解为角色超载产生的唯一重要基础。他们从资源视角出发，认为个体所拥有的资源状况也会对角色超载的感知产生一定程度的影响。例如，Yousef（2002）的研究发现，当员工缺乏足够的个人资源（如缺乏足够的工作经验与技能，得不到相应的培训），却需要承担过于复杂与困难的任务时，就会产生角色超载。综上可知，根据"资源论"的观点，可以把角色超载理解成一种因个体缺乏必要的培训与技能，而无法满足多种角色要求时所产生的压力感知（Surana & Singh，2013）。

另外，还有一些研究者认为，不应割裂时间和资源的关系，而应把时间和资源两个视角综合起来全面理解角色超载的含义。例如，早期的研究者Rizzo，House和Lirtzman（1970）认为，当员工在可用时间、自身能力及其他资源有限的条件下承担过多的工作任务与责任时，他就会产生角色超载的感知。随后的学者Covermen（1989）也将角色超载描述为个体将全部时间与资源用于满足多种高难度角色需求时而感受到的角色压力。近年来，Rtqvist和Wincent（2006）等学者对这种观点进行了归纳总结，把角色超载描述成一种因时间与资源不足而无法满足各种角色期待的程度。除了基于以时间和资源维度对角色超载进行的诠释，另外有一些学者声称还可以从定性和定量的角度对角色超载进行界定。例如，Peterson等（1995）在研究中指出，角色超载是指员工对各种工作要求（定性或定量的）超过其具备的个人资源的一种感知。定量超载主要是指个体需要执行的工作量过大，即任务过重；定性超载主要是指个体完成某项工作时遭遇较大的困难，即任务过难。经过仔细推敲，笔者认为这种分类法在本质上仍属于对时间与资源二维度的划分，定量与时间维度相关，而定性则与资源维度相关。

由于目前的文献关于角色超载概念的阐述多种多样，还没有形成一个统一的全面的、可以被学者广泛接受的定义，本研究综合各种观点，并基于对研究对象的适用性考虑，决定采用李晴蕾和王怀勇（2018）对角色超载的定义：当个体缺乏必要的知识与技能或没有足够的时间而无法顺利完成各种角色需求时所感知到的一种角色压力。表2-4总结了相关学者对角色超载的定义。

表 2-4  角色超载的定义

| 研究者 | 定义 |
|---|---|
| Kahn 等（1964） | 当个体因缺乏必要的技能而导致无法完成角色任务时，他会产生角色质的超载；当个体无法在规定的时间内完成角色需要的任务时，他会产生角色量的超载 |
| Hardycoway（1978） | 因角色接受者面对过多的角色要求，无法在限定的时间内完成每一个角色的要求 |
| Peterson 等（1995） | 角色超载是由于个体缺乏充足的资源，无法满足工作要求和对组织的承诺而产生的 |
| Singh（1998） | 角色要求超越了角色接受者履行任务的能力和动机 |
| Fogarty 和 moore（2000） | 多重的且与角色不相符合的职责要求 |
| 李晴蕾与王怀勇（2018） | 角色提出的要求超出了角色接受者的时间资源及自身能力所能承受的限度 |

资料来源：整理自文献资料。

## 二、角色超载的前因变量

现有的研究重在讨论角色超载的作用和结果，对导致角色超载产生的前因变量即影响因素的研究却并不充分（Duxbury et al.，2015）。现实中，员工的角色超载通常是源于各种责任与义务，这些责任和义务大量来自工作（如上级、同事、下属等）或家庭（如爱人、子女、父母、亲友等），涉及众多层面的因素，来源比较复杂。鉴于此，本研究主要针对员工个体、领导者和组织情景三个因素对角色超载的前因变量进行阐述。

### （一）员工个体因素

影响角色超载的员工个体因素主要分为人口统计学因素与个体性格特质两大类。在人口统计学方面，员工的角色超载水平在性别、年龄、学历、工龄及岗位级别等方面有着显著差异（Chapela，2015；Daskin，2016），其中，角色超载的程度在个体性别方面的差异是最为明显的，相对于男性而言，女性员工更容易感受到较高的角色超载水平。Chapela（2015）对西班牙分班制工人进行了为期一年的关于角色超载感知的调查显示，每周工作超过 40 小时的工作时间增加了女性发生角色超载的风险，并显著地影响了工作效率。这可能是因为女性除了承担来自工作单位的任务，还要负担大部分家庭事务（如做家务、照顾老人和孩子等），承受来自职场和家庭的双重压力（Ahmad，2010）。

在性格特质方面，角色超载容易受到个体在自我效能感、时间趋向等方面不同特质的影响。Dasgupta（2012）对加尔各答（Kolkata，印度城市）三所私立医院的护士进行了奥尔登堡倦怠量表（Oldenburg Burnout Inventory）测试后发现，自我效能感较高的员工更有信心认为自己能够在时间与资源紧张的压力下完成工作，他/她们不常产生角色超载。Daskin（2016）在对欧洲境内 267 名酒店前台员工的研究中发现，时间趋向特质的不同也会导致角色超载的差异，如多重时间趋向（polychronicity）的员工倾向于选择在同一时间段内同时处理多个任务，因此，这类人通常有着较高的角色超载水平。除此之外，不同国家和地区以及不同民族的文化倾向带来的人格特质差异也对角色超载水平的不同有着较大影响，如 Peterson 等人（1995）的研究发现，具有较高的集体主义（collectivism）、较低的个体主义（individualism），以及较短的高权力距离（high power distance）的个体，更容易产生高水平的角色超载。

## （二）领导者因素

领导者因素在员工角色超载感知中发挥重要作用的方面，首先是领导风格（Barling & Frone，2016；Tordera，2008；Jian，2012）。已有研究发现，消极型领导（passive leadership）会增加员工的角色超载（Barling & Frone，2016；Chênevert et al.，2013）。Chênevert 等（2013）的研究认为，即使清楚明确地意识到组织所规定的时间或提供的资源不足，员工也无法甚至无权拒绝几乎无法完成的任务命令，而消极型领导可能会由于性格软弱和不作为，无法使下属从过重的工作任务中解脱出来，导致下属出现角色超载。Barling 和 Frone（2016）的研究也验证了这个观点，他们发现消极型领导会因为缺乏领导技巧和能力，如没有安排合适的工作内容，没有设定合理的工作期限，或没有为员工提供必要的技能培训，会使员工感受到工作过量和工作过难的压力，并产生角色超载感知。其次，领导－成员交换（LMX）的质量也会影响员工的角色超载感受，但这方面的研究结论目前尚存争议（Tordera，2008；Jian，2012）。比如，有些学者发现，领导－成员交换质量对员工的角色超载有着显著的负向影响，即相比领导－成员交换质量低，领导－成员交换质量高的员工因为能够从领导那里获取更多的帮助和资源以提高工作效率，从而降低了其角色超载程度（Tordera，2008）。与此同时，Jian（2012）在美国进行的一项针对235名移民雇员的调查，经过回归分析发现了不同结果，即领导－成员交换与角色超载的关系并非线性的，而是一条倒U型曲线，相比交换质量中等的员工来说，那些领导－成员交换质量低的员工通常只需要满足工作合同条款中的角色期望，因此不容易产生角色超载。可见，Jian（2012）的研究深入推进了Tordera（2008）关于领导－成员交换与角色超载关系的研究。

除了领导者的个人特质和领导－成员交换关系，领导者的管理风格对角色超载的影响也正在被学者陆续发现。Smit，Beer和Pienaar（2016）通过对南非铁矿开采业的260名雇员进行调查研究，发现交易型领导对员工的管理方式增加了员工的工作压力和角色超载感受，这也与采矿业本身属于高危行业和对体力要求较高的工作环境有关。同时，Laurent，Chmiel和Hansez（2018）也发现了类似的问题，他们通过对比利时一家大型钢铁厂的1922名工人进行调查得知，变革型领导经常鼓励他们进行较多的组织公民行为（OCB），有时会导致他们产生角色超载。

综上可知，在企业组织管理的实践中，不同的领导者类型和风格以及领导－成员交换关系都会对员工的角色超载感知产生一定程度的影响。

## （三）组织情景因素

组织情景因素对角色超载也有显著的影响，在许多工作环境中，角色超载是一个日益严重的问题（Steven，Jones & Thomas，2005；Ebrahimi et al.，2014a；Bolino & Turnley，2005）。组织情景因素对员工角色超载感知的影响，可划分为组织管理模式和组织中的交换关系两类。首先，组织管理模式的建立和奏效需要各种资源。根据资源保存理论（conversation of resource，COR）

的观点，个体拥有的资源总是有限的，并具有获取、保存与维持这些有限资源的天然动机。据此，Grant-Vallonea 和 Ensher（2001）在研究中建议，企业组织和管理层可以通过给予员工必要的支持，使工获取更多的资源来解决个体资源有限的困难，以降低员工的角色超载感知。在一份关于全面质量管理（TQM）和角色压力关系的研究中，Ebrahimi 等（2014b）分析了 TQM 的多个维度（领导力、员工参与、供货商管理、沟通、协作、培训与信任等）与角色压力的多个维度（角色超载、角色冲突、角色模糊）之间的相互关系。结果表明，领导力与角色超载呈显著正相关，员工参与和供货商管理与角色超载呈显著负相关，而其他维度则与角色超载无显著相关，显示出领导力和组织管理因素对角色超载的影响。其次，从组织中存在的各种交换关系方面来看，又可分为个体主动行为、组织内公民行为、组织中的其他成员与员工的交换关系等。Bolino 和 Turnley（2005）的研究发现，个体主动行为与其角色超载呈显著正相关。其他一些关于组织行为方面的研究也印证了这一观点，如 Eatough 等人（2011）、Gurbuz 等人（2013）的研究发现，进行过多的组织公民行为（OCB）会占用员工有限的体能资源和认知资源，使其不能专心做好本职工作，导致角色超载的发生。角色压力源可能来自各种角色集，角色集包括经理、直接主管、同事、组织中的其他团队成员、客户等。根据角色压力理论，角色集的成员向工作人员发出或传递他们的期望，引发员工的角色超载感受（Gracia & Martínez-Córcoles，2018）。由此可以推测，组织能通过改进管理模式和引导员工行为等方式来降低员工角色超载水平。

## 三、角色超载的结果变量

角色超载的作用结果主要体现在员工工作态度和行为等方面，本节重点回顾工作场所内的角色超载对员工工作和生活方面的影响。角色超载对员工工作态度的影响可体现在工作倦怠、离职意向、组织承诺、工作满意感等诸多因素上（Hung et al.，2015；Wu et al.，2012；Fisher，2014；Yousef，2002；陈笃升、王重鸣，2015）。角色超载对员工工作行为的影响主要体现在工作绩效上，大量研究证明角色超载对角色内绩效/角色外绩效均会产生负向影响（陈笃升、王重鸣，2015；Adil & Rashid，2013；Jha et al.，2017；

Noblet et al.，2012；Jones et al.，2007；Örtqvist & Win-cent，2006）。角色超载对员工其他方面的工作行为也会产生不良影响，比如，可能会减少员工的工作重塑行为以及提高员工的旷工率（Sol-Berg & Wong，2016；Duxbury & Higgins，2003）。角色超载的消极影响不仅局限于工作场所，而且已经渗透到员工的生活领域，对员工的家庭－工作平衡产生负面影响（Huffman et al.，2014；Matthews et al.，2014）。Matthews 等（2014）的研究证明了角色超载会对员工的工作－家庭冲突产生正面影响，并对员工的身心健康产生负面影响。

最新的研究发现，角色超载对工作场所员工的态度和行为不只产生消极影响，在另一些情景下还会对个体态度和行为产生一定程度的积极影响。Chen，Zhang 和 Jia（2020）对来自不同行业的 51 名员工采集了 205 个数据点，最终发现感知到的领导者角色超载加强了领导者帮助行为与员工建言行为之间的正向关系。Lattrich 和 Buttgen（2020）通过对 185 个项目领导者的调查发现，在团队控制水平高和角色超载水平高的情况下，目标的达标率是最高的。通过对文献综合梳理可知，角色超载既可能对个体产生负面影响，也可能对个体产生正面影响，关键在于测量当时所处的具体情境。关于角色超载结果变量的代表性研究见表 2－5。

表 2－5　角色超载结果变量的代表性研究

| 研究者 | 研究设计 | 研究结果 |
| --- | --- | --- |
| Smit，Bee 和 Pienaar（2016） | 对南非铁矿开采业雇员采用横向调查设计收集资料（$N = 260$），采用结构方程建模和自举重采样分析对数据进行分析 | 角色压力与安全绩效、安全动机和工作满意度呈负相关关系 |
| Gracia 和 Martínez-Córcoles（2018） | 对来自西班牙同一家公司两个核电站的 566 名工人进行资料调查，探索性因子分析（exploratory factor analysis，EFA）采用随机抽样方法，通过 SPSS 22.0 软件进行分析 | 角色压力预测危险行为，角色模糊通过对工作安全的不满来预测危险行为；角色超载对危险行为有积极和直接的影响 |

续表 2 – 5

| 研究者 | 研究设计 | 研究结果 |
|---|---|---|
| 陈笃升，王重鸣(2015) | 对长三角地区 28 家企业的 380 名员工进行问卷调查，通过 SPSS 20.0 和 SPSS PROCESS 宏程序进行数据分析 | 当参与程度较高时，角色超载通过情感承诺间接影响离职倾向、任务绩效和帮助行为这三类结果的效应就会减弱；反之，则增强 |
| Fisher（2014） | 在 18 个国家的 337 个不同工作地点的 6264 名跨国公司雇员的样本中，使用层次线性模型研究了这些变量之间的关系 | 角色超载对组织承诺的负面影响不随文化的变化而变化，但授权和合作气氛对这种关系的影响是温和的 |
| Hung 等（2015） | 研究样本来自澳大利亚公交公司的 331 名公交司机，利用结构方程式模型探讨超载与不参与对都市交通司机工作压力、离职与承诺的影响 | 不参与对组织承诺有直接和消极的影响，而角色超载对离职意愿有直接和积极的影响。虽然超负荷和不参与对工作压力有显著的正向影响，但压力和组织承诺之间没有显著的关系 |
| Huffman 等（2014） | 研究的参与者为 278 名美国陆军新兵，研究通过对其进行包括 12 个项目的一般健康问卷来调查及分析评估 | 角色超负荷正向影响工作－家庭冲突，工作与家庭冲突对员工心理痛苦具有同步影响 |
| Yousef（2002） | 以阿拉伯联合酋长国（The United Arab Emirates，UAE）若干组织的 361 名雇员作为样本 | 角色负担过重直接影响工作满意度和情感承诺，呈负相关；缺乏职业发展作为压力来源直接影响工作满意度；工作满意度对组织承诺的各个方面有中介作用 |

续表 2 - 5

| 研究者 | 研究设计 | 研究结果 |
|---|---|---|
| Quah（2014） | 收集新加坡 47 名家庭照顾者的样本数据，采用非参数检验、探索性因子和相关风险估计资料分析 | 在角色超负荷的情况下降低家庭照顾者的生活质量 |
| Karatepe（2013） | 资料来自波伊安布拉夫地区的全职前线酒店员工和经理样本，研究采用验证性因素分析（confirmatory factor analysis，CFA）和 SEM through LISREL 8.30 进行数据分析 | 角色超载的员工无法把精力投入家庭领域；但是角色内的工作投入对工作绩效和额外的客户服务呈正相关 |
| Matthews，Winkel Wayne（2014） | 以 250 名在职成年人为样本问卷调查，开展实证研究 | 角色超负荷正面影响员工的家庭 - 工作冲突 |
| Cheng，Zhang and Jia（2020） | 对不同行业的 51 名员工采集了 205 个日常数据点 | 随着感知领导者角色超载的增加，感知领导者的帮助行为与员工建言之间的正相关关系以及感知领导者的帮助行为通过员工建言对员工繁荣的间接影响也越来越强 |
| Brown，Jones and Leigh（2005） | 对同一个制造商所属的 295 名独立销售商进行问卷调查 | 角色超载调节了自我效能感知和目标水平对绩效的直接影响，当角色超载较低时，员工自我效能感和目标水平对绩效的影响是正向的，而当角色超载较高时，员工自我效能感和目标水平对绩效的影响不显著。并且这也是一个有调节作用的中介模式，即当角色负荷较低时，员工目标水平会调节其自我效能感对绩效的间接影响；而当角色负荷较高时，目标水平则不会起任何调节作用 |

资料来源：整理自文献资料。

### 四、角色超载的研究评述

根据上文的文献回顾可知，角色超载无论是在心理学领域还是在管理学领域都是一个十分重要的概念，大量研究利用角色压力理论解释人的各种态度和行为（Hung et al.，2015；Shin，2015；Karatepe，2013；陈笃升、王重鸣，2015）。关于角色超载的一些研究检验了其对安全绩效的影响（如，Smit et al.，2016；Pienaar，2016；Laurent et al.，2018），还有的研究证明了角色超载在结构模型检验中起间接调节作用（Brown，Jones & Leigh，2005），这为本研究的开展提供了较好的借鉴。但是纵观全部的安全相关问题的研究文献，关于角色超载的研究数量仍然偏少，角色超载如何影响安全绩效的效应机制仍不够清楚。据此，本研究从角色超载的前因变量和结果变量着手分析，探究角色超载在经济交换关系和工作压力对安全绩效的作用过程中的具体表现形式。这也符合 Laurent 等（2018）提出的应继续考察其他变量是如何在社会交换视角下对安全绩效发生影响的建议。

## 第五节　安　全　绩　效

### 一、绩效的内涵

学术界关于绩效的内涵可归纳为三种观点：一是把绩效看作结果；二是把绩效看作行为；三是把绩效解释为员工的潜能与员工绩效之间的关系，这是一种新颖的观点，这种观点修正了以往理论界认为绩效是对历史的反映的观点，说明学界开始用发展的眼光关注员工潜在的素质。

基于不同的研究视角，学者们对绩效的理解各有侧重。根据胡少培（2015）的总结，在组织管理领域，绩效被解释为组织所期待的效果，是指组织在完成目标的过程中于不同环节呈现出来的输出结果。对绩效的理解又被划分成组织层面和个人层面两个层面，二者的逻辑关系为：实现组织绩效需要首先实现个人绩效，个人绩效是组织绩效的前提和基础；个人绩效的实现并不意味着一定可以实现组织绩效。这是因为组织绩效及其实现是个复杂的系统。近年来，这个观点正在被进一步完善，现阶段的研究结果发现，不能把组织绩效仅看作是个人绩效的汇总，在每个员工产生的单个绩效之间的连接，也对组织绩效产生重要影响。还有学者从经济学的角度解释绩效的内涵，他们认为绩效和薪酬紧密相连，是组织收益的一部分，是员工与组织之间契约关系的基本承诺，是组织存在的根本原因。另外，社会学学者认为，每个社会成员按照分工都应当承担一定的社会责任，而组织作为一种特殊的社会成员类型，同样也需承担社会责任，而组织绩效就是组织向社会提供的贡献（胡少培，2015）。

在管理界，研究者对绩效的概念理解主要源于 Jensen 和 Murphy（1990）的观点，他们认为绩效是行为的一种，是指员工正在进行的、与企业组织或团队任务有共同目标的一系列的工作行为。同时，Bates 和 Holton（1995）在研究中指出，绩效是一个多维结构的概念，所选测量因素的不同，将导致结果随之不同。本章所研究的绩效概念，即建立在这种认知的基础上。

## 二、安全绩效的内涵

基于管理学界对绩效概念的理解，国内学者先后提出对安全绩效概念的理解，一般把安全绩效看作绩效的一种特殊形式。中国《职业健康安全管理体系规范》（GB/T 28001—2001）把安全绩效定义为一种根据职业安全和健康的目标和宗旨、与组织内部的职业安全风险控制管理相关的、属于组织安全健康管理体系的并且可衡量的结果。在实践操作中，安全绩效是以安全事故的发生数量、严重程度和所造成的人、财、物的损失大小来衡量的。然而，对安全绩效含义的诠释，学术领域与实践领域有所区别。从国内看，学者们对安全绩效的定义还没有达成一致。根据吴聪智（2001）的解释，安全绩效是组织安全系统在日常运营过程中所体现出来的控制与管理的综合状况。这种观点重点关注组织运行过程，也有学者侧重关注织运行结果，如张双文（2004）认为，安全绩效是指组织安全管理工作中指向安全政策的、能够控制安全风险的且可被测量的一种结果。除了对组织运行过程和结果的关注，一些学者更是从整体上来描述安全绩效概念，如刘素霞、梅强、沈斌和张赞赞（2010）认为，企业安全绩效是指一段时间内安全事故发生、职业伤害情况与企业安全工作系统整体运行状况的综合表现。基于以上学者对安全绩效的解释，严桂清（2011）按照是否与具体工作内容直接相关的标准，将安全绩效分为组织安全绩效和个人安全绩效，这种划分有利于实证研究的开展和测量。还有学者认为可以分别从两个视角来定义安全绩效，一是行为主体，以员工与组织为研究对象，衡量在工作任务进展过程中，员工和组织的行为对工作安全目标的影响效果；二是任务目标，评价员工在工作过程中体现出来的行为模式和具备的心理状态等对安全工作结果的影响。除了行为和结果，员工的安全知识和技能也与安全绩效密切相关，因为它们也反映了安全教育与培训对企业安全的重要性（胡少培，2015）。在此基础上，胡少培（2015）将安全绩效定义为：工作中个体在安全管理和事故调查中的表现。然而，他并没有提出与之对应的测量维度和量表，这影响了概念在实证研究中的推广和应用。由此可见，目前理论界对安全绩效的定义还没有一个统一的认识。研究者普遍认可安全绩效是一个可测量的结果，国内企业普遍采取以实现职业健康安全为目标，通过对安全风险的控制所形成的安全管理体系来测量安全绩效，但是由于行业的不同，这种测量体系大不相同，难以统一应用。

国内学者对于安全问题的研究和探索从未止步。从文献总量和研究规模上来看，近年来关于安全领域的研究主阵地仍在国外。大部分学者研究安全结果时常使用的两个概念是安全行为（safety behavior）和安全绩效（safety performance），有的学者把这两个概念合二为一，有的学者认为两个概念存在区别。如 Christian 等人（2009）将安全绩效划分为两个层次：安全绩效行为和安全结果。他们认为安全绩效行为的研究对象是员工，而安全结果指的是工作中出现的那些可量化的安全事件。更多的学者为了实证研究的方便，通常把安全行为和安全绩效视为一体。例如 Griffin 和 Neal（2000）根据工作绩效理论（Borman & Motowidlo，1993）中对任务绩效和情景绩效的区分，把安全绩效分为安全合规（任务绩效）和安全参与（情景绩效）两种行为。其中，安全合规指的是遵守安全规章制度；安全参与指的是自愿参加安全相关活动，帮助同事，努力改善安全环境。这一概念在安全领域得到广泛使用（Griffin & Neal，2006；Clarke，2006，2010；Christian et al.，2009）。虽然后来的学者对安全行为和安全绩效的概念有各自的大同小异运用和理解，但是在具体测量实施中他们却基本实现了统一：大都采用了 Neal 和 Griffin（2006）所开发的、把安全结果区分为安全合规和安全参与的经典量表（Bronkhorst，2015；Saedi，Majid & ISA，2020；Liu et al.，2020；Laurent et al.，2018；Wu，2018；Taylor & Snyder，2017；Xia et al.，2017，2020a）。通过分析文献可知，当前大部分安全学者对安全行为和安全绩效的理解是基本大同小异的，二者的定义虽然在表述上有细微区别，却在研究测量中使用共同的测量方法。本研究也采用这种公认的关于安全绩效（安全行为）的测量方法。

关于安全绩效的维度，最早的时候，Chhokar 和 Wallin（1984）把安全绩效看作一个单维度的变量，认为可通过对所发生事故数量的统计来表示安全绩效。这种统计方法因其明显的缺陷遭到后来学者的质疑，如 Glendon 和 Mckennna（1995）指出这种仅凭借计算事故数量的统计方法过于单一，有失偏颇，缺乏前瞻性、时效性和科学性，并提出还应增加把工人遵守规章制度的情况纳入统计指标。随后，Marchand 等（1998）指出仅包括工人遵守安全规则和程序的安全绩效模型也是不可靠的。Griffin 和 Neal（2000）提出安全绩效模型包含两个维度：安全合规和安全参与。Clarke 等（2006）的研究拓展了 Griffin 和 Neal（2000）的二维模型，纳入了安全倡议，构建了一个测量安全绩效的三维模型。Burke（2002）提出了安全绩效四因素模型，包括安全防护措施、用工作实践来减少风险、进行健康安全信息的交流和发挥员工的权利和责任。

目前在安全理论领域引用最广泛的仍是 Griffin 和 Neal（2000）创建的安全绩效模型。这个二维模型基于传统的工作绩效模型，区分了任务绩效和情境绩效（Borman & Motowidlo，1993；Motowidlo & Van Scotter，1994）。根据绩效理论，任务绩效是一种对组织主要任务有贡献的工作活动，并由正式的工作描述来规定。情景绩效是一种支持广泛组织、社会和心理环境的行为，而不只是支持组织技术核心的行为。可见情境绩效与任务绩效的主要区别在于情景绩效通常更加宽泛，并不限定于指定的角色行为。基于此，Neal 和 Griffin（2006）认为，安全合规与任务绩效类似，安全参与和情境绩效相关。后来 Gracia 和 Martínez-Córcoles（2018）等的研究也验证了这个观点。这一模型还可以用角色理论来解释，符合角色内和角色外行为之间的区别（Katz & Kahn，1966）。安全合规被认为是员工工作角色内的一部分，而安全参与涉及的是角色外行为，如组织公民行为（Clarke，2006）。具体而言，安全合规是指那些以满足工作中最低安全标准为重点的行为（Inness et al.，2010），如遵守安全规程、穿戴个人防护设备和以安全的方式开展工作。安全参与指向组织和同事提供支持的行为（Bhan，2013），例如帮助同事，发起倡议，在工作场所内推动安全项目，自愿参与安全相关活动，努力改善工作场所的安全（Neal et al.，2000）。从行为导向上来看，二者的区别在于：安全合规旨在改善员工个人健康和安全，安全参与重在支持组织的整体安全（Griffin & Neal，2000）。

通过对安全绩效的文献进行梳理可知，学者对安全绩效的理解探讨大致经历了以下三个阶段：最初是以对事故率及安全结果的统计来定义安全绩效；然后以组织的安全表现来衡量安全结果；后来发展到以综合事故发生率和组织的安全表现来定义和理解安全绩效。基于此，本研究将安全绩效定义为工作场所员工的安全行为及表现，并采用员工的安全合规和安全参与表现情况来测量安全绩效。

## 三、安全绩效的前因变量

安全绩效作为一种安全结果，其结果变量比较明确，不安全的行为和操作被证明会直接导致伤亡事故（Clarke，2010；Christian et al.，2009）。鉴于此，本节重点总结安全绩效的前因变量。

安全研究领域将安全绩效的前因变量分为三类：组织因素（Shore，2006；Beus，2010）、个体因素（Laurent，2018；Smit，2016；Xia et al.，2020a）和管理因素（Burke，2011；Li et al.，2019；Casey，2018）。在组织层面，当前对安全氛围的影响研究最为常见（Neal & Griffin，2000，2006；Seo，2005；Clarke，2006，2010；Pandit et al.，2019）。近年来，关于交换关系对安全绩效的影响研究逐渐增多，如领导－成员交换关系（LMX）和同事间交换关系（Meng et al.，2021）；也有个别学者对员工－组织交换关系与安全相关问题的关系做了研究（Berg，2017；Laurent，2018），但数量极少，且仅仅提到了社会交换关系方面，没有涉及经济交换关系方面的研究，说明安全领域关于员工－组织经济交换关系研究的缺失。影响安全绩效的员工个体因素，主要来自个体性格差异、心理感知和情绪等方面（Hofmann et al.，2017）。管理因素主要与企业人力资源管理模式和安全管理系统有关（Laurent，Chmiel & Hanseza.，2018）。其中，有些影响因素既包含个体心理因素，又有受到组织环境和管理方式影响等因素，如工作压力（Meng et al.，2021）。

综上所述，具有代表性的安全绩效前因变量的研究见表2-6。

表2-6　安全绩效前因变量的代表性研究

| 研究者 | 研究设计 | 研究结果 |
| --- | --- | --- |
| Neal 和 Griffin（2000） | 样本包括来自澳大利亚一家大型医院的 32 个工作小组的 525 名员工 | 考察了一般组织氛围对安全氛围和安全绩效的影响。一般组织氛围对安全绩效的影响受安全氛围的调节，安全氛围对安全绩效的影响部分受安全知识和安全动机的调节 |

续表 2-6

| 研究者 | 研究设计 | 研究结果 |
|---|---|---|
| Neal 和 Griffin(2006) | 资料来自一家拥有 700 多名员工的澳大利亚医院，关于其工作人员关心的一系列安全问题 | 群体安全氛围对个体安全动机存在滞后效应；个体安全动机对个体安全依从性和安全参与存在滞后效应；工作小组中的安全绩效将与随后在小组层面上的事故减少相关 |
| Seo（2015） | 对一家跨国谷物公司 102 个不同地点的 722 名美国谷物产业工人进行 98 项问卷调查。利用结构方程模型（SEM）对模型进行检验 | 在安全绩效的影响因素中，感知安全氛围是最能预测不安全工作行为的因素；安全氛围对不安全工作行为的影响是显著的，其影响的程度和方式是多种多样的 |
| Smith et al.（2018） | 数据来自美国东南部城市火灾和救援部门的 208 名专业消防员，使用 Mplus 7.2 软件进行路径分析对关系进行评估 | 消防人员职业倦怠对消防安全绩效有显著影响；倦怠的消防员不太可能表现出服从和自我保护行为，这可能会影响消防员的整体安全、健康和幸福 |
| Bian et al.（2019） | 研究对象是中国某省石油和建筑行业的 260 名一线工人，采用 SPSS 17.0 软件进行相关分析、信效度检验、常用方法偏倚检验 | 交易型领导对安全气氛、心理授权和员工安全绩效具有负向预测作用；安全氛围和心理授权对员工安全绩效具有正向预测作用；安全氛围和心理赋权在交易型领导和员工安全绩效之间起到中介作用 |

续表 2 - 6

| 研究者 | 研究设计 | 研究结果 |
| --- | --- | --- |
| Smit，Bee 和 Pienaar（2016） | 采用横断面调查设计收集资料，其中包括南非铁矿开采业雇员的便利样本（$N = 260$）。采用结构方程建模和自举重采样分析对数据进行分析 | 工作压力和工作不安全感与工作满意度呈负相关；相反，感知到的工会支持与工作满意度、安全动机和行为呈正相关。此外，工作满意度调节了工会支持与安全动机和行为之间的关系 |
| Griffin（2000） | 样本包括 7 个澳大利亚制造和采矿组织的 1403 名雇员，对 1264 名员工的数据采用验证性因子分析（CFA）和结构方程模型（SEM）进行分析 | 安全氛围与安全服从和安全参与呈现出直接的正相关关系 |
| Clarke（2006） | 使用 PsycINFO 数据库对已发表的文献进行系统搜索，使用元分析来总结多样性样本的结果 | 安全氛围与事故率呈负相关；安全氛围与安全绩效（安全合规和安全参与）呈正相关；安全绩效与事故呈正相关；安全绩效与事故和伤害之间关系的标准相关效度大于安全氛围与事故之间关系的标准相关效度 |
| Laurent et al.（2018） | 对比利时钢铁行业的一家大公司进行了问卷调查，采用 MPlus 6.0 进行结构方程建模分析（SEM） | 感知的安全管理承诺、工作资源和工作投入都通过安全参与对违规行为产生负相关；工作压力只介导了工作要求和常规违规的关系 |

续表 2 – 6

| 研究者 | 研究设计 | 研究结果 |
|---|---|---|
| Wu，Li 和 Yao（2018） | 通过对 20 名工人的半结构化访谈，修改了压力量表，向 150 名建筑工人发放关于工作压力的调查问卷，使用 SPSS 软件对 124 份有效数据进行统计分析，研究工作压力的大小与两种安全绩效的关系 | 工作压力与安全绩效之间存在负相关关系；工作压力的六个维度与安全绩效的两个方面负相关程度略有不同 |
| Clarke（2010） | 使用分析策略结合元分析来估计一个矩阵的真实得分相关性，利用 AMOS 6.0 程序进行结构方程建模（SEM）分析 | 感知安全氛围将充分调节心理氛围维度与安全绩效之间的关系；安全绩效会在一定程度上调节感知安全氛围与职业事故之间的关系；工作态度（组织承诺和工作满意度）在感知安全氛围和安全绩效之间的关系中起部分中介作用 |
| Clarke（2013） | 采用元分析路径分析方法，对变革型和主动交易型安全领导理论模型进行验证 | 积极的交易型领导与感知安全氛围、安全参与和安全遵从性之间存在正相关 |
| Beus（2015） | 使用 PsycINFO、MED-LINE、ABI-Inform 和谷歌 Scholar 数据库进行了在线文献搜索，采用 Hunter 和 Schmidt（2004）的元分析方法 | 亲和性和尽责性与不安全绩效呈负相关，外向性和神经质与之呈正相关 |

续表 2-6

| 研究者 | 研究设计 | 研究结果 |
|--------|---------|---------|
| Clarke（2012） | 使用 PsycINFO、MEDLINE 和 ABI-Inform 数据库对文献进行了系统检索，利用 AMOS 进行 SEM 分析 | 阻碍应激源与安全绩效（安全依从性和安全参与）呈负相关；安全绩效会调节阻碍压力源与安全结果之间的关系 |
| Taylor 和 Snyder(2017) | 资料收集自 2012 年年底至 2013 年年初西南某大型大学心理学专业就读本科生相关数据 | 主管对安全的承诺将预测安全绩效，较高的主管承诺将与更安全的行为相关。当风险感知被评估为每一种安全绩效而不是一般的工作时，风险感知将与安全绩效更紧密地联系在一起 |
| Saedi，Majida 和 Isa（2020） | 采用简单随机抽样的方法，向马来西亚半岛西海岸的两家金融行业发放了 200 份调查问卷，采用两步建模的方法对测量模型和结构模型进行估计 | 研究证明了安全氛围对员工安全参与的正向影响。研究还发现，安全知识和安全态度完全中介于安全氛围和安全参与之间的关系 |
| Xia，Wang 和 Griffin（2017） | 从中国建筑行业前 20 名的 8 家建筑公司中挑选了 22 个建筑项目，分别向主管和员工发放问卷，历时半年共收到 120 份有效问卷。在正式发放问卷前对 2 名主管和 18 名员工进行了预测试。用 SPSS 对问卷进行统计分析 | 感知的风险与安全绩效呈正相关。其中感知的风险可能性、风险严重程度和感知到的负效应三种理性风险，将直接影响感性的情绪风险感知。三种理性风险感知与一种感性风险感知这四种风险感知又分别与安全合规和安全参与呈正相关，工人的安全绩效主要依赖于情绪感知而不是对风险的理性计算 |

续表 2 - 6

| 研究者 | 研究设计 | 研究结果 |
|---|---|---|
| Liu et al（2020） | 收集来自 11 家中国企业的 716 名一线员工的资料，用结构方程模型来研究组织安全中的信任对员工安全参与行为的影响 | 对组织安全设备的信任正向影响安全参与行为；心理安全与归属感以及这两个变量所构成的多重中介因子可以调节组织安全信任与安全参与行为之间的关系 |
| 续婷妮和栗继祖（2018） | 根据对山西煤企的 226 名员工的问卷调查，基于结构方程模型方法构建在员工自我效能感的调节作用下矿工职业倦怠与安全绩效的作用模型 | 矿工的情绪耗竭与不安全行为正相关；去人性化与不安全行为正相关；个体成就感与不安全行为负相关；不安全行为在职业倦怠与安全绩效之间起部分中介效应；员工自我效能感是职业倦怠与不安全行为之间的调节因子 |

数据来源：整理自文献资料。

## 四、安全绩效的研究评述

综上可知，国内外对提升安全绩效的研究，经历了从分析个体差异到关注工作条件的改善和保障措施的实施，进而扩大到注重组织、团队、安全氛围和文化及多层次问题的研究，同时安全领域一直在持续关注以行为为基础的安全方法培训（Hofmann，Burke & Zohar，2017），关于安全绩效的研究发展越来越深入和全面。然而本研究通过梳理文献发现，目前仍缺乏综合了个人因素和组织因素方面的实证研究，同时研究样本多以西方工矿业为主，缺乏对其他地理区域和行业的检验。因此，本研究以员工 - 组织经济交换关系和个体所感知到的工作压力、风险、角色超载等因素为核心变量，探讨其对安全绩效的影响机制，弥补了安全领域对中国普通企业调查的缺失，响应了Christian 等人（2009）提出的应加强研究情景因素与个体因素如何共同缓和安全事故的建议，进一步丰富和完善了安全理论文献。

# 第三章 理论基础和研究假设

## 第一节 研究的理论基础

### 一、社会交换理论（social exchange theory）

社会交换的概念最早出现在 20 世纪 50 年代的美国社会学领域，并于 20 世纪 60 年代起在西方社会学界逐渐发展起来，开始在全球范围广泛传播，主要应用在社会学、心理学和管理学等领域，目前已经成为组织研究领域的基础理论之一。

#### （一）社会交换理论的内容

其实关于社会交换的论述最早可以追溯到公元前 300 多年亚里士多德的《尼各马可伦理学》（*The Nichomachean Ethics*）一书，书中对社会交换和经济交换进行了区分。在此哲学思想的启发下，后人进行了越来越多、越来越深入的研究，逐渐形成了被人文社科领域广泛应用的社会交换理论，该理论的主要代表人物有霍曼斯（Homans）（1958，1961）、布劳（Blau）（1955，1960，1964）等。

社会交换理论的主要思想是个体在将会获得回报的预期下，卷入并维持与他人的交换关系（Blau，1964；Homans，1958）。该理论包括以下概念：从他人处得到回报的行为；双方"交易"的过程；互相"交换"的关系。这个行为过程具有双向、交互和互惠的特征。社会交换理论借鉴和吸收了古典功利主义、古典政治经济学的传统思想，把人与人之间的互动和交往行为视作一种计算得失的理性行为，并且认为人类行为建立在一种合理化的选择基础之上，因此人们的行为总是会趋向于最大限度地合理化——以最小的代价获取最大的利益，人类的一切行为互动都是为了追求满足最大利益的需求。该理论把"代价"和"报酬"的含义扩大，使它们不仅仅包括物质方面，而且也包括了精神层面。当时的学者相信可以通过研究互动与交换，去覆盖和解释所有的社会行为，故而，互动与交换过程的规则和模式也就成了该理论的核心内容。

社会交换理论的基本内容包括价值、最优原则、投资、奖励、代价、公平和正义等。社会交换理论包含几个基本的假设：①人人都有可供交换的资源。对于任何人来说，任何事物都有它自身的价值，拥有它的人可以用它作为资源，与他人进行交换，以获得自己需要的东西，这些资源包括有形和无形两种形式。②相互交换是社会中人们的必然选择。社会中的人们不可能拥有所有的资源，每个人所拥有的资源是不同的，要想获得相应资源人们必须通过与他人的交换活动分享别人的资源，满足自己的需要。③人们的交换行为建立在权衡利弊的基础之上，人们经过衡量交换的得失并倾向选择最优价值的事物和最利于自身的交换行为。社会学家认为人是有理性的，人们进行交换时往往要比较利弊得失，如果付出大于获得，人们就不会选择交换；如果付出小于获得，人们就会热衷于交换活动。

社会交换理论包含了四个要素：①目标，即当事人意向中的物质与事先的计算；②支付，即当事人向意向中物质提供某种付出或传递某种实物；③回报，即另一方当事人接受所给付的酬谢，这种酬谢的形式是多样的，可能是一种行为、一种实物或其他东西；④交换，即目标与回报的一致程度。

## （二）社会交换理论的代表性观点

社会交换理论的代表性人物主要有美国社会学家 George Caspar Homans，Peter M. Blau，Richard M. Emerson 等。Homans 于 1958 年首次提出了社会交换理论，并于 1961 年出版了《社会行为的基本形式》一书，进一步完善了他的以行为主义理论为基础的社会交换理论。而 Blau 于 1964 年发表的《社会生活中的交换与权利》，提出了与 Homans 的交换理论有别的、建立在结构主义基础上的社会交换理论。Homans 和 Blau 的理论在社会学领域和心理学领域应用比较广泛，因此本研究对二人的理论分别进行介绍和评述。

### 1. Homans 的人际交换理论

Homans 在行为心理学和经济学概念的基础上构建了行为主义交换理论，他认为社会交换行为的规律与经济学中的交换原理是基本一致的，是维持人际关系和社会运转的基础，并且认为个体始终能够理性地追求最大的利益。他的基本观点是：社会交换行为是一种选择或决策，是一个计算得失的过程，人们所选择的总是一种追求最大报酬和避免惩罚的行动方案。

Homans（1961）指出，利益交换或者给予他人相对更有价值的东西是人类行为的基础。Homans 的理论建立在他预设的人类社会行为的六大命题（成功命题、刺激命题、价值命题、剥夺—满足命题、攻击—赞同命题和理性命题）之上。在他看来，成功命题基于成功经验对人们行为的激励和导向性，当一个人从事某种行为经常能得到奖励报酬，这个人从事这种行为的意愿越高。刺激命题的意思是，假使过去的一个或一组特定刺激的出现，总是伴随着对某人的行为的奖励，那么现在的刺激与过去越是相似，此人从事这种行为的可能越高，或是与这种行为类似的一些行为。换言之，在若干种行为之中，人们总是会选择那些曾经或可能给他带来奖励的行为，现在的刺激如与之前获得过奖励的刺激相似，人们就会重复以往的行为，以期再次得到奖励。价值命题是指，一个人的行为结果对他价值越大，他去执行这个行为的态度越坚定。而剥夺—满足命题是指，某人在近期内重复获得相等报酬的次数越多，那么，这一报酬的增加部分对他的价值就越小，这在经济学中被叫作"边际效益递减率"。攻击—赞同命题的意思是，在一个人的行动没有得到他期待的报酬时，或受到了出乎他意料的惩罚时，他会被激怒，并可能采取攻击行为，这种行为的结果对他来讲更有价值；反之，在一个人的行动得到了他预料中的报酬时，尤其是得到的报酬比他预料的报酬还多时，或者没有出现他预想中的惩罚时，他会因此而感到幸运，这时他更可能从事赞同行为，这种行为的结果使他感到更有价值。理性命题的意思是说，当人们在对行为进行取舍时，个体会倾向于选择他所能预料到的结果乘以获取这种结果的概率之乘积较大的那个行为。也就是说人们通常都会选择那些获利可能性较大且结果总价值也较大的行为。还可以用一个简易数学公式来形象地解释这个命题，即，行为发生的可能性 = 价值 × 概率，这充分说明人生来具备理性思维。

这六大命题组成了 Homans 的"命题系列"，他同时还强调这些命题之间相互联系的重要性，并认为只要将它们加以各种组合，就能够解释当前一切的社会行为。Homans 还认为，由于人类行为的基本出发点是利己主义和趋利避害，每个人都想在交换行为中获得最大利益，致使最终的结果让交换行为本身表现成一种相对的得与失。绝对的得失是不存在的。从社会整体效益的角度来看，个体付出的多少与获取利益的多少总体上保持着基本公平。

Homans 的社会交换理论从个人心理和行为出发，修正了经济人假说中对于人具有纯经济利益属性的论断，恢复了人的主体性。在另一方面，他断定一切行为皆可交换，并把人的行为视为始终可保持理性的行动，这种观点明显过于绝对和片面，只适合小群体研究。

## 2. Blau 的结构交换理论

Blau（1964）在 Homans 理论的基础上吸收了结构主义的论点，发展了Homans 的社会交换理论。在其《社会生活的交换与权力》一书中，Blau 指出，广义的社会交换包括一系列的关系：群体之间的关系、个体之间的关系、权力的分化和同辈群体关系、对抗力量之间的冲突和合作、亲密的依恋和一个没有直接社会接触的小区中的关系疏远的成员之间的联系。

Blau 把社会交换设想为社会生活中一个极其重要的社会过程，是人类行为的一部分，也许是其中的一大部分，但绝不是全部，他认为并不是所有的人类行为都属于交换关系。这就有别于 Homans 所宣传的一切社会行为都是交换的论点。Blau 认为，人类行为产生社会交换是有条件的，需要满足以下两个条件：一个是这种行为所要达到的目标只能通过和其他人进行互动才能成功，另一个是它必须试图让交换的手段适合并促进这些目标的实现。同时，

Blau 还提出了关于交换的五个基本原则：理性原则、互惠原则、公正原则、边际效用原则以及不均衡原则。理性原则（rationality principle）指的是由于交换是一种以期待得到收益和换取收益为目的的行为，参与交换活动的行为主体一般都是理性的经济人，他们会按照"行动＝价值×可能性"的公式来进行活动。互惠原则（reciprocity principle）是指在社会交换过程中，双方给付报酬的行为和付出代价的行为须同时存在，一方付出报酬，另一方须给予相应的回报，交换的结果是双方都得到一定比例的实惠。这种平衡一旦被破坏和违反互惠规范，交换过程就无法进行下去，甚至会引发冲突。公正原则（justice principle）是指在既定的交换关系中，一方支付的报酬与和另一方所付出的代价成一定比例，这个比例由一定的社会规定制约，影响着人们报酬期待的程度。边际效用原则（marginal utility principle）是指人们从事某一特定行为得到的报酬越多，该行动的价值越小。不均衡原则（imbalance principle）是指在社会单位中，某些交换关系表现得越是稳定和均衡，其他交换关系就越有可能表现得不够均衡和不够稳定。

Blau（1964）把交换关系分为社会交换关系和经济交换关系两种截然不同的形式。社会交换关系强调关系的社会情感和承诺方面，具有长期导向；经济交换关系强调的是双方的合同协议和经济利益交易方面，不注重情感承诺，具有短期导向。经济交换关系通过合同规定双方的权利和义务，约束双方的行为，反映了对雇佣关系的基本期望，强调等价交换，建立在理性和公平原则上。而社会交换关系意味着长期的额外的义务，情感的投入和帮助行为，容易激发责任感，具有强烈的社会性；其收益也具有不确定性，关系的双方短期存在不对称性。虽然有着形式上的明显区别，但是这两类关系的共同之处都包含着对当前所做贡献的未来收益预期，从长期角度看趋向公平。

### 3. Homans 和 Blau 的社会交换理论的区别与联系

Homans 和 Blau 的社会交换理论都建立在承认社会关系是一种交换关系的基础上，并且具有关系、交互、互惠的共同特征（Emerson，1976）。二者的理论在不同程度上赞同交换关系中存在理性和公正原则。他们的理论共同形成了社会理论的基础框架，为后世所广泛引用。

不难看出，Blau 的理论是在 Homans 理论的基础上进行了提炼和发展，他对 Homans 理论中的一些概念有了新的定义，如报酬和资源。Blau 把报酬分为内在报酬和外在报酬，他把内在报酬解释一种情感上的奖赏，是对一段关系的满足；外在报酬的出发点是把人与人之间的关系看作谋求其他利益的手段。Blau 还把报酬划分为四种类型：金钱、社会赞同、尊重和服从。在他看来，金钱的价值无疑是最低的，而服从的价值最高，拥有使他人服从的权力是一种令人向往的境界，极大地满足了人类原始的权力欲望。同时，Blau 把可供交换的资源划分为主观资源和客观资源。主观资源是指个人的技能、才艺、经验或性格等个体特征；客观资源指的是个人所拥有的物质财富、社会地位、社会声望等。

Blau 对人的看法与其他结构功能主义者的看法一致，认为人是社会性的，是社会系统的一分子，这与 Homans 对人的基本假设不同。Blau 比 Homans 更加强调经济基础在社会交换过程中的作用，但忽视了 Homans 所依赖的行为心理学方面。此外，Blau 关于社会结构的整体效应性质的看法也跳出了 Homans 理论中以心理学还原论为唯一基础的限制，填补了微观研究和宏观研究之间的鸿沟。

社会交换理论作为社会学领域的重要基础理论，还可以从另外的角度解读它存在的逻辑——经济交换和社会交换是由两种不同的传统观点演变而来的：个人主义和集体主义。个人主义观点（individualistic perspective）强调的是个人在交换中涉及的心理和经济自利（Blau，1964；Homans，1961）。集体主义观点（collectivistic perspective）强调的是群体组织或社会的社会需求的重要性。根据集体主义，社会是个体存在的目的，个体的存在是为社会利益服务的。个人主义认为个人本身具有最高价值，强调个人自由、个人利益，一切以个人为中心看待世界、社会和人际关系。个人主义主张个人本身就是目的，社会只是达到个人目的的手段；一切个人在道义上是平等的。本研究在以社会交换理论为基础阐述企业安全问题的同时，希望可以通过融合社会学、心理学和管理学知识多角度、全方面，综合看待企业员工的个体行为产生机制。

近 30 年来，社会交换理论成为研究员工 - 组织关系最重要的理论基础，许多学者通过大量的实证研究支持用社会交换理论来理解雇佣关系（Tsui，1995，1997，2002，2006；Shore，2006，2009；Loi et al.，2009；Buch，2015；Pan et al.，2017；Berkery et al.，2020）。

## 二、角色理论（role theory）

角色理论指从角色的观点出发分析和研究一个人的社会行为活动。角色概念通常是指在特定社会情景下个体被期望具有的一系列行为（Montgomery，1998）。研究角色理论的一个基本出发点是，个体是在社会化的调节过程（即努力完成他人和社会的合理期望）中，促进社会保持运转和平衡。角色理论重点研究的问题来自两个方面：一是个体在不同场景下所应具备的典型行为；二是催生、预测或诠释这些个体社会行为的各种过程（Biddle，1979）。

### （一）角色理论的内容

根据 Biddle（1979）的研究，一般认为角色理论的主要内容包括五项基本构成。第一，角色所要求的行为大部分具有固定的模式。在特定的情景或背景下，个体的行为往往具有典型性。第二，角色的概念通常与特定的社会身份紧密相关，指向一组具有共性特征的群体行为，例如教师、律师、警察或医生等角色。第三，角色概念中包含了角色期待的内容，代表着人们知道自己应在何时何地扮演什么的角色，并同时清楚他人对自身行为抱有什么的期待。第四，由于角色普遍存在于大型的、开放的社会系统中，随着时间的推移，角色本身会带有长期性和持续性。第五，个体获取角色须依赖社会化的过程，即个体要通过习得来了解角色责任，具备角色要求，并会在扮演不同角色的过程中体验到不同的情绪，如愉悦或紧张。

角色理论把人的行为分成角色内行为和角色外行为。Kahn（1964）认为，人们的行为部分是由环境强加于他们的期望所决定的。Kahn（1964）界定了角色内行为和角色外行为的概念，角色内行为被描述和定义为员工工作的一部分，并反映在组织正式薪酬体系当中，外部约束较强；角色外行为是指有益于组织的角色的增强行为，是有利于组织发展的、工作范畴的以外的行为，具有较强的自发性。

角色理论的相关研究人员主要分为两大学派：功能主义学派和互动主义学派。功能主义学派认为角色是一系列社会对个体所产生的行为期待（Ynch，2007）。从这个角度来讲，角色是指某个具体社会地位或身份的个体产生的相互关联的行为网络。当个体承担某个角色时，他必须接受伴随着角色的一系列的权利和责任（Linton，1936）。角色是社会为特定的一类人所创造出来的，人们对于角色中的预期行为往往达成一致。例如，医生身着白大褂，例行询问个人的健康问题，在其他情况下询问他人的健康问题一般认为是不合适的。

互动主义学派研究的侧重点在于角色的创造，他们认为人们是通过社会互动的形式持续地创造角色（Turner，1962）。根据互动主义的观点，人们通过持续反复地验证他人对于某种角色的期待，不断地创造出新的角色名称，然后根据新的角色标签行事，即兴地创造出更多的角色内容（Hilbert，1981）。他们认为，角色是经由包含个体与其所处社会环境互动的作用过程中产生的（Mcal & Simmons，1978）。

梳理各个派别对于角色理论内涵的理解，离不开研究者们对角色概念的进一步辨析。美国学者 Thibaut 和 Kelley（1959）把角色概念分成三个方面：第一，他们认为角色是存在于社会中对个体行为给予期望的体系，而且该个体在与他人的互动中具有一定的地位；第二，角色是具有一定地位的个体对自身的期望体系；第三，角色是具有一定地位的个体身上一种外显的、可观察的行为。这三个方面又分别对应着角色理论的三个概念：角色压力、角色导向和角色替代。社会或他人对角色个体行为的期望会带来角色压力（Hsieh，2004），角色个体对自身的期望本质上是一种角色导向（Parker，2007），虽然角色替代是一种心理活动，本身并非外显的、可观察的行为，但是角色替代能够导致可见的利他行为（Parker，Holman & Totterdell，2007）。在角色理论中，对角色进行定义和给予期待的外部存在被统称为角色集，与员工有工作关系的一群人（包括上级、同事、客户或家属等），都可以表达或传递他们对该员工的工作期望。这些期望可以作为角色压力传递，被该员工所感知（Idris，2011）。本研究将重点探讨关于角色压力的部分。

## （二）角色压力

角色压力是工作压力源的一个核心因素，是带来工作压力的一个重要来源。从角色理论角度来看，角色压力主要涉及个体的主观感知，因此属于情绪导向压力的一种，是由于个体感知的外在环境与内在感知不符时所造成的不平衡结果。从社会结构观点来看，组织中的个体，如果能遵守组织规范，发挥出个人能力并且能够贡献于组织，表明该个体成功地扮演了工作中的角色。但是，当个体缺乏角色期望、角色任务、角色行为所必要的信息，或者角色期望超越自身的能力范围，结果无法有效地表现社会角色时，角色压力便产生了。在早期的研究中，一些学者倾向于认同角色压力只包含角色冲突和角色模糊两个维度（Baroudi，1985；Chonko，1982；Rizzzo，1970）。随着角色理论的发展，有些学者认为应该将角色超载也纳入角色压力概念中，从而将角色压力构建成一个三维模型（Kahn，1992；Peiro，2001）。而 Hardy 和 Conway（1978）则认为应该将角色压力分为六个维度，除了角色模糊、角色冲突、角色超载之外，还应包括角色能力不足、角色不一致和角色能力过高这三个维度。角色压力的维度并非越多越精确，也不是越简单越好，选用何种维度划分根据研究目的的需要而定。本研究重点探讨的是角色压力维度里面的角色超载部分。

## （三）角色超载

角色超载也称"角色负荷"，是指个体被要求在较短的时间内同时完成数个不同的角色行为而产生的负荷感和压力感，虽然这些角色在理论上可能有关联性，但是超出了个体的实际承受能力。当员工被要求在很短的时间内同时完成超量的工作任务时，工作量和工作压力同时增大，容易使员工产生角色超载，并有可能导致不安全绩效。角色压力的来源不仅有组织和工作特征的方面，也有来自员工个体特征的方面。根据 Kahn（1964）对角色超载的描述，角色超载可以划分为数量和质量两个方面。角色的数量超载是指由于给定的工作时间不够，或者是由于工作量过大，超过了个体所能承受的范围，以至于个体无法在规定时间内完成工作任务，从而引发的压力感知。角色的质量超载是指由于角色要求过高或过于苛刻，导致个体缺乏足够的资源或技能来有效地完成工作任务，从而感知到的压力。这代表了角色超载的两个重要来源：给定的工作时间和接受的工作量。由于 Kahn（1964）提出的角色超载的含义包含了个人和组织两个方面的原因，比较全面，所以被后来的学者广泛接受和引用。其他学者关于角色超载的定义有的大多侧重工作要求和任务方面，如 Hardycoway（1978），Singh（1998），Fogarty 和 Moore（2000）等；也有学者关于角色超载的定义兼顾了个人能力不足和工作特征两方面，如 Peterson（1995），李晴蕾与王怀勇（2018）等。综合学者们的研究，本研究采用李晴蕾与王怀勇（2018）的定义：角色提出的要求超出了角色接受者的时间资源及自身能力所能承受的限度。

## 三、制度理论（institutional theory）

为什么同一领域的所有组织的结构或形式看起来都一样且行为和表现也都差不多？根据权变理论，组织应该根据所处环境以及内部活动特点来设计和选择适合自己的结构形式。然而，现实中人们所看到的各种组织形式越来越趋于相似，不同类型的社会组织，不论其领域和性质有何差异，都采用了科层制的等级结构和职能制或事业部制的组织形式，甚至学校、基金会、社会公益机构也都表现出类似的特征。比如，不管什么类型的企业都把组织架构调整成扁平型架构，而事业单位都以人力资源部代替了原来的人事部门。这不仅不符合管理学的权变原则，也不符合经济学的效率逻辑。

这一悖论现象在社会学领域就可以被诠释清楚，可以借鉴新制度学派的制度理论来剖析组织的趋同现象，并用合法性的逻辑解释清楚组织趋同现象的生成机制。

## （一）制度理论的起源与发展

不同的学科对于制度主义有着不同的诠释，社会学中关于组织研究的制度学派起源于 20 世纪 40 年代。美国社会学家塞尔茨尼克（Philip Selznic）1949 年发表的《TVA 与基层结构》一书对美国田纳西大坝水利工程和管理机构进行了研究。他发现，组织的实际运行与其设计目标可能大相径庭，其原因在于组织不是一个封闭的技术体系，组织不仅要根据技术环境的要求设计理性的程序与方法，而且在运行的过程中还要受到外部制度环境的影响。据此，他指出，组织是经过制度化的组织。制度化是指外部的制度环境（价值判断、文化观念、社会期待等）渗入组织内部并影响内部组织行为的过程。在组织研究中，关于制度理论的最早和最有影响力的定义也来自塞尔茨尼克。他认为，组织结构是以对参与者特征和外部环境影响做出反应为特征的适应性工具。而制度化正是这种组织的适应性过程，是将超出眼前工作技术要求的价值注入的过程。通过注入核心价值，制度化促进了组织结构的稳定。塞尔茨尼克的制度理论被应用于对田纳西大坝水利工程和管理机构的分析，并由他的学生扩展至对教育、服务业和志愿组织的研究。这些研究的典型方法是使用案例分析法，重点关注组织的适应性变化。

塞尔茨尼克明确地将制度化视为"过程"，认为制度化是随时间推移发生在组织中的事情。他观察到，制度化的程度会随组织不同而变化。例如，那些目标更为明确的组织以及更具专业化和技术化的组织，受到制度化的影响较小。

塞尔茨尼克的制度化概念在很大程度上是定义性的，不是解释性的。他表示制度化将会灌输价值观，但没有说明这一过程是如何发生的。

20 世纪 70 年代，美国社会学家梅耶和罗恩在塞尔茨尼克观点的基础上，对美国教育机构的组织趋同现象进行了研究，并于 1977 年在《美国社会学》上发表了《制度化的组织：作为神话与仪式的正式结构》（*Institutionalized organizations: Formal Structure as Myth and Ceremony*），开创了组织理论的新制度研究。1983 年，美国社会学家迪马济奥和鲍威尔发表了《关于"铁笼"的再思考：组织场域中的制度性同形与集体理性》（*The Ironcage Revisited*：*Institutional and Collective Rationality*），推动了制度理论的发展。

## （二）制度理论的概念与内容

1995 年，Scott 把制度定义为"为社会行为提供稳定性和意义的规制性、规范性和认知性结构和活动"。20 年后，Scott（2014）将制度定义为"由规则的、规范的和文化认知的元素组成，这些元素与相关的活动和资源一起，为社会生活提供稳定和意义"。这些定义被理论化为制度理论的支柱，也就是现在人们所理解的制度理论的三个特征：规范性、约束性和一致性。制度包括法律、规定、习俗、文化、伦理、社会和职业规范等，制度会对组织施加约束性的影响（这被称为"同构"），迫使处于同一场域、受到相同的外部制度因素影响的组织日渐趋于一致。

制度理论假定制度是环境中的一个关键组成部分。制度会对组织施加强制性、模拟性和规范性三种类型的同构压力（DiMaggio & Powell，1983）。强制性同构指的是来自拥有组织所依赖资源的实体的压力。模拟性同构指的是当组织不确定要做什么时，对其他成功组织的模仿或复制。规范性同构指的是遵循由教育与培训方法、专业网络、企业间的员工移动所确立的专业标准和实践。

制度理论认为制度化活动发生于对个体、组织以及组织间三个层面产生的影响（Oliver，1997）。在个体层面，管理者有意识和无意识地遵循着规范、习惯、习俗和传统。在组织层面，共享的政治、社会、文化和信仰体系都支持着制度化活动的传统。在组织间层面，来自政府、行业联盟以及社会期望的压力明确了什么是为社会所接受和期望的组织行为，这使得组织在形式和制度方面都趋同一致。

## （三）制度理论的作用、未来研究及管理启示

制度理论考察了组织为何以及如何随着时间的推移变得在形式和制度方面都趋同一致。关于组织间的相似性，一种解释是某些组织结构和方法已经

司空见惯，没有人去挑战它们，也没有人去询问它们是否应该停止，每个人会认为这是唯一且理所当然的方式。如果管理者想要做出有意义的改变，带领团队、部门或者公司前往截然不同的新方向，那么仅仅只是跟从将不会是一个成功的战略。如果管理者想成为一名"制度创业家"，那么将不得不承担一定的风险，去尝试那些未被所在领域检验或未被其他管理者或公司确立合法性的新方法。当管理者需要做出前往别的管理者未曾到达之处的决定而非延续已被证实成功的方法时，还需要思考一下个人的风险承受能力。

关于制度理论的未来研究，Suddaby（2010）提出了以下四个具有研究前景的领域：类别、语言、工作和美学。Heugens 和 Lander（2009）研究了制度理论学家仍在进行的三个争论。第一个是结构或代理的优越性之争，主要是检验组织结构和流程的出现究竟是因为宏观层面的社会驱动力还是因为组织塑造自身的行动；第二个是关于顺从或一致性对组织绩效影响的持续争论；第三个是检验组织域内的多样性如何影响组织的结构和实践的趋同程度和趋同速率。除此之外，还有一些学者从不同角度提出研究建议：①探索组织如何随着时间的推移而经历、理解和学习管理同构性压力；②调查组织合法性带来的益处是如何随着时间的推移增加或减少的；③检验同构性压力如何随着时间的推移加速和协调组织的集体行动；④研究自发的、场域层次的同构变化出现的深层原因，如尽可能降低集体悔恨或尽可能强化受到威胁的群体身份。

对于上述关于组织相似性和顺从性的论述，一个原因是组织倾向于遵循那些已经被其他组织确立合法性的管理结构和实践。管理者可能会陷入同样的陷阱，只做"大家正在做的"。他们可能会有意或无意地因为规范、习惯、风俗以及传统等继续去做同样的、过时的事。由于存在所谓的公司规定、标准运营程序、已被验证的方法等原因，他们被迫依此行事。虽说风险越高给公司带来高收益的可能越高，但是开辟新天地并不适合这些循规蹈矩的管理者。

## （四）制度理论在企业管理实践中的应用

### 1. 基于顶层设计的视角

制度理论从一个开放的系统观点中得到启示，环境影响着组织，而环境在某种程度上是一个具有深远历史意义的社会结构：沉淀（Clergue，1981）。在这种情况下，制度是管理个人和组织进行社会交流的游戏规则（North，1990）。根据 Luhman 和 Cunliffe（2013）的观点，组织如何适应环境和管理它们的可信度是基于宪法理论的社会合法性问题。早期关于制度及其影响机制的研究描述了制度力量如何导致社会环境中的行为一致性。例如，DiMaggio 和 Powell（1983）开创性地提出了为什么强制性的、规范性的和烦琐的工作（压力组织）会以相似的形式在所处的环境中竞争生存，这种现象被称为同构。虽然这些形式可能不是最佳的，但它们被认为是合理的，久而久之就被组织认定是必不可少的。因此，早期的制度概念强调了制度在带来一致性方面的作用，并强调了对制度的不一致将导致何种法律和社会制裁形式的严重惩罚（Meyer & Rowan，1977）。结合概念持久性的特点，这些观点导致了静态的概念化。由此可以看到，制度是加强和规范个体行为及社会秩序的不可改变的力量。

传统的制度理论观点认为组织受环境的影响是一种受约束的观点，而当代的制度研究则偏离了这一主题；近现代的学者观察并试图解释社会环境的变化。Scott（2008）认为制度体系的变化是外因和内因共同作用的结果。当外部环境施加的宏观因素对局部情况下微观活动的实践产生影响时，就会发生内部的变化。Oliver（1991）认为，组织并不是一成不变地遵循规则、神话或对其制度环境的期望，而是使用各种方式通过诸如回避、蔑视或操纵等战略反应来抵抗制度压力。鉴于社会环境中的秩序或游戏规则是不断变化的，学者们将组织或领域概念化，认为它们是由各种不断争夺优势地位的制度逻辑所共同构成的（Fligstein & McAdam，2011；弗里德兰、阿尔福德，1991；Seo & Creed，2002）。最近有关于组织响应机构复杂性设置的文献（Vermeulen et al.，2016）研究认为，当存在多个主导或共存的逻辑时（Fincham

& Forbes，2016），或者存在逻辑重叠的间隙时（Fan & Zietsma，2016），就会出现复杂性。在这个观点中，社会环境是潜在的制度冲突或制度和谐的场所，在这个场所中，随着时间的推移，各种逻辑占据主导地位，社会秩序被建立和重塑，并将其他逻辑转化为共享的意义表达。在某些情况下，游戏的规则将是混合配置或混合竞争制度力量（道格拉斯，1986）。这些为秩序进行的制度斗争的结果往往由制度企业家决定（Fligstein，1997）。1988 年保罗·迪马乔（Paul DiMaggio）在《制度模式与文化》（*Institutional Patterns and Culture*）（林恩·朱克著）一书中的一篇论文，将制度创业描述为新制度创建的基础活动。

当拥有足够资源的有组织的行动者看到有机会实现他们高度重视的利益时，就产生了新的制度。机构企业家创造了一种全新的意义体系，将不同机构的功能联系在一起（DiMaggio，1988）。

Scott（2014）解释说，制度企业家是能够调动资源实现他们所重视的利益的行动者。制度企业家可以改变游戏规则，引入新游戏，也可以改变制度化游戏的规则，可以是个体的，也可以是集体的。企业家精神的广泛视野不仅关注新的商业组织的建立，而且还关注改变组织活动方向和流程的新组织模式和政策的产生。对这些不同活动和领域的共同认识是对机会的认识。没有机构企业家，没有他们的远见和坚持，就不会诞生大型项目。人们不仅要关注个人和团体试图用一种使他们偏爱的政策和项目享有特权的方式来塑造制度环境，还要关注更广泛的环境定义和创造创业机会的方式。

Lawrence 和 Suddaby（2013）认为，DiMaggio（1988）的机构创业观包含了战略和权力的影响，将行动者和机构带入等式，以创建新的机构或改造现有的机构。他们认为，机构企业家的研究重点一直是阐述机构企业家的特征以及产生机构企业家的条件。然而，在这些描述中，对机构企业家所作的详细描述却不那么明确。接下来，我们将着眼于制度、制度冲突和制度企业家如何能够成为观察大型项目的有用视角，以及大型项目研究和制度理论如何能够相互填补这两个领域存在的研究空白。

Lundin 等（2011）在最近出版的一本关于项目社会的书中，集中讨论了临时组织的制度挑战，他认为新制度理论需要应用于临时组织，比如项目或其他临时组织。基于 Scott（2004）和 Giddens（1984）的结构化概念和代理与结构的关系，他们认为新制度主义为项目和其他临时组织形式的研究提供了前所未有的信息准备。Lundin 等人在 2011 年出版的一本关于社会制度的书中，集中讨论了临时组织的制度挑战，作者敦促新制度理论也要应用于临时组织，比如那些企业或政府里以项目式运转的工作组织。基于 Scott（2004）和 Giddens（1984）的结构化概念和代理与结构的关系，他们认为新制度主义为项目和其他临时组织形式的研究提供了前所未有的信息资源。Lundin 等人（2011）认为关于项目的制度研究还应该考虑嵌入代理概念：在管理者必须学会改变组织的可感知性的制度环境中，还要考虑"代理"的嵌入性。这种代理必须能够影响项目进行时的内外环境因素，改变之前那种由于计划不灵活或被动地应对危机和突发事件而造成的混乱。解决组织中的这些问题，需要考虑制度决定论和机构之间的紧张关系，特别是项目经理作为企业家的角色，他们如何利用资源来改造现有的制度（Battilana et al.，2009）。

Morris 和 Geraldi（2011）发表了一篇开创性的论文，其中有希望项目管理学者在研究项目管理时考虑制度因素。他们主张从三个层面考虑项目管理的未来：①技术层面；②战略层面；③制度层面。他们将体制层次定义为为项目的蓬勃发展和管理的繁荣创造环境和支持。换句话说，就是创建、组织和管理一个复杂的机构领域。他们在 Engwall（2003）和 Soderlund（2004）的研究基础上，批评了孤立对待项目的方法。为了避免这个做法，Morris 和 Geraldi（2011）认为制度层面是项目管理研究的一个新兴领域。Morris 和 Geraldi（2011）提出的前两个层次关注的是在项目内部会发生的情况，而第三个层次包括考虑项目所处的更广泛的环境。他们认为，关注第三个层次能有助于项目的成功和长期绩效的提高。Morris 和 Geraldi（2011）在分析大型项目中特别重要的机构层面的项目时，认为机构层面的主要项目包括赞助和治理［治理包括治理思维（Clegg et al.，2002；Miller，2016）］、项目结构和环境［用于处理结构和机构之间的相互作用（Sydow et al.，2004）］、战略资源和采购［如基于关系的承包（Bresnan & Marshall，2002）］，以及与外部群体的整合（Scott et al., 2008）和对社会层面的关注（Lundin et al., 2011）。后者尤其会增加更大型的压力，例如，人口增长，应对基础设施和能源的需求增加，对碳排放的担忧导致工程翻新，可持续发展问题，等等。

虽然项目管理期刊最近才开始发表关于项目和机构的实证工作的文章，但建筑和工程管理期刊在这方面似乎已经走在了前面。Miller 和 Lessard（2000）在加拿大对 60 个大型工程项目进行了跟踪研究，他们明确地指出，存在一致性和完善的制度安排，毫无疑问是项目绩效的最重要决定因素。他们进一步认为，制度问题在工程的整个生命周期中扮演着重要的角色。项目结构需要多次调整，以满足银行、区域集团和客户等机构参与者不断变化的期望。在赞助商和合作伙伴的名单上，人们想要增加的是抵抗者的重要性，以及所有感觉价值正在被这个项目破坏的人。Mahalingam 和 Levitt（2007 a,2007 b）表明，制度化的看法往往具有差异，在发生大型冲突时，这些差异跨越了监管、规范和认知维度（Jia et al., 2011），逐步解决冲突是比规范的认知更难以解决的问题。从研究机构安排在中国大陆和中国台湾地区高速铁路的项目来看，Javernick-Will（2011）发现了问题：严格的监管、合法性和规范性的要求限制了项目的进展。这些问题是可以协商解决的。另外，正常和文化机构是长期存在的，不可能在短期内轻易改变。项目管理依赖于规范的同构性，通过逐渐灌输专业标准作为其主要的管理手段，但这些总是落后于基于实践的学习。

## 2. 基于项目运行的视角

制度强制性的要求，通过法规和法律以及模仿同构来表达，这种同构来自一个项目经理的经验。对于模仿同构，由于在超级项目领域还没有相关的经验，模仿同构的形式有可能在很大程度上是不相关的，被嵌入更规范和更少挑战的环境中；在规划框架中，传统的项目管理很少考虑重叠、矛盾或相互竞争的机构逻辑破坏理想的同构模型的的可能，缺少尝试并使不同的逻辑协同合作方面的经验或培训。Javernicki-Will 和 Scott（2011）补充说，虽然这三个支柱框架是一个分析上的区别，但在现实中，这些元素相互重叠并相互影响。学习到的经验与规定的制度相矛盾，通过专业标准所规规矩矩地诱导出来的规则又难以应对组织和管理的新情况和新环境，而这些新情况和新环境的不确定性导致它们以前没有被考虑到。他们指出，尽管大多数国际项目管理文献关注的是规范性因素，但规范性因素和文化认知因素受到的关注仍较少，可能是因为项目管理研究往往倾向于将项目贯穿于经济学中。

Javernicki-Will & Scott（2011）对 15 家国际建筑和工程行业的公司进行了研究，发现规范性知识（这是一个很大程度上未被研究的领域）是最常被提及的知识类型，研究者认为这类知识的获得对公司来说很重要。所谓规范性知识，指的是需要在实践中能够依照规范和指示即兴发挥的基础性知识，而不仅仅是从先前的模板中照搬经验套用。虽然规范性知识在国际项目中特别重要，但在基础设施部门建立大型项目时，文化认知因素也很重要。这三个支柱是相互关联的。Scott（2011）提出，文化认知支柱为调节规范力量的运行提供了基础。Levitt 和 Scott（2017）同意项目管理学者的观点，即项目经历形成阶段（Miller & Lessard，2000；Smith & Winter，2010），可以说是项目最关键的阶段，也是制度领域最动荡的阶段。尽管制度理论在表面上可能对处理与项目前端相关的困难更有用，但它也适用于项目的后期阶段，即项目执行时（Williams & Samset，2010）。因此，这些传统学者提出了一个案例，说明在大型项目研究中需要一个制度视角，以及大型项目中制度的相关性。此外，学者通过实证研究，还列举了成为大型项目的制度类型和制度冲突。尽管人们知道什么机构影响大型项目，但对机构力量在大型项目上如何体现、行动和解决知之甚少。因此，在我们对机构和大型项目的理解上，机构力量的动态是一个缺口，最好通过机构或组织领域的视角来理解。

制度环境通常被称为制度领域（Wooten & Hoffman，2016）。制度领域可以用关系术语来定义，即总体上构成公认的制度生活领域的组织：主要供应商、资源和产品客户、监管机构以及其他生产类似服务或产品的组织（DiMaggio & Powell，1983）。Levitt 和 Scott（2017）建议，可以按照 DiMaggio 和 Powoll（1983）将领域定义为公认的制度生活领域的观点，从实地角度看待（全球）大型项目。Hoffman（2001）扩展了这一概念，他补充说，领域应该被视为有争议的辩论中心，相互竞争的利益就如何解释它们所构成的关键问题进行谈判（Powell & Colvyas，2008）。

根据对组织层面的分析，制度主义把组织看作是过滤、解码和翻译更广泛系统的符号学的解释机制。当然，项目管理研究人员还应该从内部视角关注调查大型项目，关注组织参与者在制度环境中创造变化的全程。显然，与大型项目的管理和运营本身相比，研究大型项目的制度领域更加广泛和复杂，因为在大型项目中，工期、成本、风险和不确定性、迥然不同的参与主体、可能存在争议的领域、法律和监管问题更加复杂，对生态破坏的不可预见性更强。大型项目未能在预算范围内按时、按规格交付的原因，一方面是因为管理者缺乏足够的企业家精神，另一方面是源于人们对制度理论在企业项目中的作用认知不够。那些来自各个主体的利益诉求完全不同的参与者，每个人都有自己对项目至关重要的资源，他们带来了一套自己的行事逻辑，每个人都觉得自己原有的运作逻辑完全适用于大型项目的特殊情况。多中心治理结构混淆了大型项目的决策层次。由此，制度上的冲突或矛盾不断产生，往往需要通过建立新秩序来解决。体现这种冲突的一个例子是 Mahalingam 等（2011）对印度地铁项目的调查，他们发现：当地公共官员之间的冲突引起的纠纷是影响项目进展最大的阻力，如负责监督铁路项目的政府机构习惯采用规则取向，而具体从事项目运作的企业机构通常采用结果导向。从一开始，一个新的项目启动后该项目的未知利益通常容易被夸大，未知的风险却极易被最小化，关于未来的进展被最大限度地乐观预测，而预测中利益相关者的不满被无限最小化，多重误差叠加之下，项目的难度被低估，各种系统性和机构性的价值破坏几乎被忽视，导致人们没有做好准备迎接未知的困难，当困难来临之时，就会陷入系统性的恐慌，大大影响项目计划的如期进行和保质保量竣工。因此，有先见之明和有魄力的企业家对于从一套必要的逻辑体系中构建一个新秩序来协调大型项目实体之间的工作至关重要，这个新秩序具有一定的时效性，它所起作用的时间会有一定期限，有时可能短于项目的持续时间，即一旦项目结束，大家又重新回到原有的体制和制度影响之下。

本研究通过文献回顾发现，大型项目经理和领导人通常需要在大型项目的开发阶段提供帮助，他们的角色和职责超出了传统项目的预期（Ashokan，

2015）。这些大型项目也需要更强大的统筹力量，以应对权力和政治问题，这些权力和政治问题会影响到在这些大型项目中拥有股份的各个机构或主体。因此，提前预设和积极应对满足大型项目上多个主体的不同需求，并形成相应的解决机制，不仅对成功的项目高级管理者至关重要，对研究这类问题的学者也至关重要。在任何多元的、多组织的、多机构的项目中，都可能存在着各种各样的机构逻辑，项目经理必须认识到机构的多元性和复杂性。虽然多元性和复杂性常常被认为是同义的，但制度上的多元性是一个存在多种逻辑的领域或关系空间的结构条件（Kraatz & Block，2008），即无论如何它都会客观存在，是管理者和研究者要做的积极应对。事实上，制度复杂性是组织逻辑矛盾的因素（Micelotta et al.，2017；Greenwood et al.，2011），存在逻辑上的矛盾并不会必然导致大型项目制度上的失败。

本研究在梳理项目管理文献时找到大型项目如何利用新的制度安排来改善结果的例子，发现管理者通常需要在项目规划中列举和实施预设的要点，以便在行动中尽量减少各方主体产生相互矛盾的逻辑。大型项目的管理者和发起人已经开始运用制度安排的创新来解决沟通和合作问题——全球化背景之下，频繁的跨国合作和跨文化交流使之成为常规工作。这些策略被用来建立一个项目，或者用来勾勒项目的合作运行机制和框架。笔者在文献中发现的策略更倾向关注规则性和规范性问题，很难找到关注文化和认知问题的策略实例。文化和认知问题引发矛盾逻辑的一个典型例子是对巴拿马运河巨型项目的研究（Van Marrewijk et al.，2016），该项目曾因机构融合问题带来冲突撕裂。例如，在印度大型项目的背景下，安全文化的变化就是一个恰当的例子。正如 Mahalingam 和 Levitt（2007）所指出的那样，在德里地铁等大型项目出现之前，印度建筑工地的安全往往会被忽视。在德里地铁等大型项目中，国际承包商被要求进行专门的隧道挖掘作业，试图改变人们对项目工作中安全价值的认知。相关人员明智地将法规（奖励和惩罚）和规范（安全奖励、项目主管的可见性等）混合在一起，项目的安全文化得到了明显改善。虽然大多数关于制度对项目影响的文献都提出了承认这些影响的理由，并尝试列举制度安排产生和影响大型项目的领域，但是笔者之前提出的关于大型项目如何应对制度影响的研究缺口问题，仍然没有得到解答。

虽然现存的关于建设和工程管理部门的研究凸显了机构和项目之间的联系，并强调因机构类型的不同，其中可能差异显著，但是制度的动态工作机构解决冲突、大型机构创业或创建新的元制度形式没有受到足够的关注。基于 Javernicki-Will，Scott（2011）和 Scott（2014）的相关研究，笔者为项目管理研究人员确定了以下问题，这些问题在现有文献中似乎没有得到充分的解决：①大型项目参与者如何通过考虑社会规范、文化信仰、当地期望和偏好来构建大型项目的结构和过程？②在大型项目中如何制定和形成规范以及工作实践？③大型项目经理如何通过制度上的矛盾和逻辑来迂回前进，从而导致影响他们项目的机构间冲突？④从事大型项目的机构企业家的特点是什么？他们制订了什么战略？他们实施的成功程度如何？⑤制度动力如何影响大型项目的成果？无论在理论研究领域还是管理实践领域，回答以上问题都将是一个多层次、多视角和分阶段的过程，需要研究者和管理者共同关注、共同努力。

# 第二节　理论模型及研究假设

本节将根据文献回顾的结论，基于社会交换理论和角色理论的视角，尝试提出员工 – 组织经济交换关系和工作压力对员工安全绩效的影响这一研究模型，并根据该研究模型相关概念之间的关系提出相应的理论假设。

## 一、理论模型

根据前文对各个变量的文献回顾和评述可知，在员工与组织的关系之中，经济交换关系对员工的感知和行为变化也会有重要的影响。员工 – 组织经济交换关系重视财务和有形物质的交换，忽略情感交流和长期契约，有可能会导致员工工作倦怠，增加冒险行为，对安全绩效重视不足，更容易出现安全问题。工作中的压力是很多负面行为的重要来源，当繁重的工作任务面临紧迫的时间限制和将要耗尽的体能时，员工很容易产生不安全绩效。同时，员工在经济交换关系和工作压力的双重作用下，遇到角色超载情况时，会大大提高产生安全问题的概率。

　　基于社会交换理论和角色理论的视角，本研究致力于探索员工－组织经济交换关系和工作压力对安全绩效的影响过程中，是否受到了安全风险感知和角色超载的作用影响、这些作用机制是怎样发生的，以及具体起了什么性质的作用。简言之，本研究将对以下问题进行探讨：①员工－组织间的经济交换关系是否对员工安全绩效产生影响？②员工的工作压力是否对员工安全绩效产生影响？③安全风险感知是否在这种影响关系里起中介作用？④角色超载是否在这种影响关系里起调节作用？⑤这些影响机制和作用机制具体是怎样发生的？围绕这五个问题，本研究提出以下理论模型，如图3－1所示。

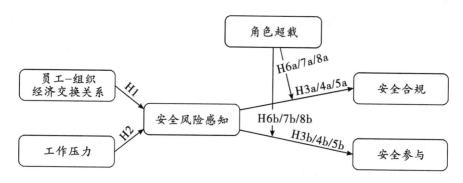

**图3－1　理论模型**

　　在这个模型中，本研究正是基于社会交换理论和角色理论的视角，探讨员工－组织经济交换关系和工作压力对员工安全绩效的影响。本研究将对模型中各变量之间的关系进行理论推导和实证分析，理清各变量之间的直接相关关系、间接相关关系、中介效应和调节中介效应，进而分析背景变量对所有模型变量的影响关系。

## 二、研究假设

　　本部分将根据上文对几个核心概念的文献回顾和总结，结合社会交换理论和角色理论的论述，提出如下假设。

## （一）员工－组织经济交换关系与安全风险感知的关系

员工－组织经济交换关系是指员工和组织之间侧重于财务和有形物质交换的雇佣关系（Pan et al.，2017），这种关系形式不像社会交换关系那样具有长期导向，重视情感交流和承诺，而是以经济利益为主。根据 Blau（1964）对社会交换理论中公平原则和互惠原则的阐述，员工能从组织那里得到什么样的报酬和补偿，他就会提供相对应的贡献。员工按照协议得到工资收入，同时按照协议履行工作职责和任务，这种情况下员工很难去额外关注不能带来经济收入的事项。同理，笔者根据 Tsui 等人（1997）的投入－贡献模型可知，员工与组织之间的经济交换关系是一种准交易契约型的平衡关系，双方没有维持长期关系的义务。这种关系的平衡在于，组织期望提供短期的诱因来交换员工具体的工作贡献。由于组织仅提供有限的物质利益，比如依据绩效而定的薪水、协议商定的经济报酬等，员工明确感知的交换条件就是完成工作任务，不需要其他交换。这种感知会影响员工的其他反应（Tsui et al.，2009），可能会使员工忽视在安全风险方面的感知。同时，基于员工－组织经济交换关系的企业在员工培训方面会侧重于能够与直接产生经济利益相关的员工生产技能方面的培训，忽视对员工安全知识和意识方面的培训，这种情况也不利于增强员工的安全风险的意识和感知。

根据工作需求－资源理论，员工－组织经济交换关系下的组织不关心员工个人的发展和实现，带来的是一种障碍需求，容易导致员工情绪耗竭和造成职业倦怠，降低对安全风险的感知水平。Kloutsiniotis 和 Mihail（2019）的研究表明，组织过于重视工作绩效易使员工产生身心方面的自我耗竭，进而产生感知障碍，包括安全风险方面的感知。综上可知，在员工－组织经济交换关系情景下，员工只关注经济利益方面的交易，可能会忽视工作中的风险，降低感知水平。本研究对员工－组织经济交换关系和安全风险感知关系的研究响应了 Loi 等人（2009）提出的有必要进一步探讨员工—组织经济交换关系的其他影响效应的建议。综上所述，本研究提出假设 H1。

假设 H1：员工－组织经济交换关系与安全风险感知呈负相关。

## （二）工作压力与安全风险感知的关系

现有研究表明，工作压力过大容易诱发感知障碍（Seo，2005），由此可能会使员工对安全风险产生感知障碍。在安全绩效中，漫不经心的态度、对安全措施有效程度的怀疑以及对遵守安全程序的不重视构成了感知障碍的很大一部分。Patricia 等人（2009）针对全美助理护士的一个调查发现，长期服务的助理护士由于工作压力过大，产生了较高的感知障碍，进而影响到工作绩效表现，提高了旷工和离职率。根据压力－情绪模型（Spector，1998），当员工感受到工作压力时，他们会经历消极的感觉或情绪，更容易表现出注意力分散或知觉钝化，因而难以识别和发觉工作中的安全风险。同时，根据工作需求－资源模型（JD-R 模型），时间压力和工作压力是一种破坏性的需求，会消耗身心能量，从而带来健康和能力问题。如在规定的期限内难以完成规定的任务，那么员工会倾向于选择使用快捷方式而忽略工作场所的潜在风险。Kloutsiniotis 和 Mihail（2019）对希腊一家公司的 353 名一线员工进行调查，发现较多的工作量和更高的时间要求使员工身心俱疲、情绪耗竭，进而增加不安全绩效。还有一些研究表明，安全风险感知与危害识别能力密切关联（Brown et al.，2000；Cox & Cox，1991），当员工不能清晰识别安全带来的各项危害时，就不能认识与之相连的安全风险。危险识别能力的提高可能转化为更高水平的安全风险感知；反之，工作压力了员工识别危害的能力下降，同时也会导致员工安全风险感知水平的降低。Man，Chan 和 Wong（2017）在香港建筑施工场所的调查结果显示，工作压力越大，工人对风险的感知能力越低。由此可推测工作压力负向影响安全风险感知，这也响应了 Flin 等人（2000）关于应该在全球竞争激烈、组织发生变革的背景下加强对工作压力影响工作场所安全之机制研究的建议。据此本研究提出假设 H2。

假设 H2：工作压力与安全风险感知呈负相关。

## （三）安全风险感知与安全绩效的关系

很多研究表明了安全风险感知可以预测安全绩效（Xia et al.，2017；Albert et al.，2013，2014；Oah，Na & Moon，2018；Pandit et al.，2019）。Ji 等人（2011）对118名飞行员的研究表明风险感知直接影响飞行员的安全绩效，高风险感知的飞行员比低风险感知的飞行员采用的行为更安全。Kouabenan，Ngueutsa 和 Mbaye（2015）通过对法国核电站64名人员的调查问卷进行了检验分析，也证明了较高的风险感知水平减少了危险操作的发生，即提高了安全绩效。Pandit 等人（2019）通过对美国57个建筑工地上280名工人的调查研究发现，危险识别能力差和对安全风险的低估会导致灾难性的安全事故。Oah 等人（2018）收集了来自企业的376名员工的数据，验证了安全风险感知可以提升员工的安全绩效。员工作为组织中的一线人员，直接暴露在工作场所的风险、伤害和事故中。如果他们认为他们的工作处于高风险，他们可能会采取安全的行为来避免对自身安全的风险（Didla et al.，2009）。如果他们的行为不安全，他们遭受工伤和事故的可能性将会增加（Christian et al.，2009）。其他一些研究也证实了安全风险感知与安全绩效之间的正相关关系（Kouabenan et al.，2015；Taylor & Snyder，2017；Xia et al.，2017）。以上研究也符合早期研究者 Tomás 等人（1999）对安全风险感知与安全绩效之间关系检验的结果，并呼应了 Seo（2005）在研究建议中所提出的，研究者应选取不同的工作场所来验证安全风险感知对安全绩效的具体效应的一倡议。

Pandit 等人（2019）的研究表明，能够感知到较高安全风险水平的员工可能更厌恶采取冒险行为。这解释了为什么在相关的安全危害已被确认的情况下，仍有某些工人可能选择采取危险的行为，而另一些工人倾向于规避风险。在工作环境中反复暴露于各种危害会导致风险适应（对风险习以为常），而风险适应会导致不安全绩效和违规行为，因此提高风险感知可增加员工的安全绩效。此外，对事故或伤害的风险感知会导致心理紧张（即焦虑、痛苦和紧张），减少身体和精神上的资源。具体来说，暴露在危险的工作环境中会导致身体疲劳、认知处理能力的限制和负面情绪，从而鼓励员工快速完成工作（Huang et al.，2007；Meliá et al.，2008）。在这个过程中，危险行为的可能性增加了发生事故和受伤的可能性（Oah et al.，2018）。然而，很少有研究专门关注安全风险感知分别对安全合规和安全参与的影响，这是两个重要的但截然不同的员工安全绩效概念（Griffin & Hu，2013）。为了全面检验安全风险感知对安全绩效的影响，本研究把安全绩效划分为安全合规和安全参与两种行为。安全合规，作为规定的安全绩效的一种表现形式，被定义为个人需要进行的维护工作场所安全的核心活动（Griffin & Neal，2000）。安全参与，指的是不直接对个人安全有帮助，但对形成一个支持安全的环境的行为有帮助（Griffin & Neal，2000）。在危险行业中，一线工人直接暴露于工作场所的危险和事故中。综上所述可以得出结论：如果工人感知到高风险，他们可能会采取安全合规措施来避免或减轻风险。安全合规旨在确保员工遵守公司内部的安全程序和规定。这些行为包括遵守标准的工作程序，以安全的方式进行工作等。显然，这些行动可以是直接和有效的方式，以防止工人发生事故或死亡。除了遵守安全法规外，对于工作场所中不断增加的复杂性和不确定性，安全参与也是一种有效的、主动降低风险的方法（Didla et al.，2009；Griffin & Neal，2000）。安全参与行为包括参与自愿安全活动、促进安全计划、帮助同事解决安全相关问题、参加安全会议等活动（Didla et al.，2009；Neal & Griffin，2006）。综上所述，在工作场所中，感知到高风险的员工可能会选择提高安全合规和安全参与来降低事故风险或危害，增加预防措施。因此我们提出假设 H3a 和假设 H3b。

假设 H3a：安全风险感知与安全合规呈正相关。

假设 H3b：安全风险感知与安全参与呈正相关。

## （四）安全风险感知的中介作用

根据本研究的文献回顾可知，员工与组织交换关系分为社会交换关系和经济交换关系两类，员工在重视金钱和有形交换形式的经济交换关系（Pan et al.，2017）中，必将履行契约规定，重视群体规范，以便顺利得到合同所规定的经济效益。现代企业以各种复杂细致的规章制度为基础进行管理架构，经济交换关系的出发点为合同关系，建立在制度层面。Scott（2014）认为制度是由规则、规范和文化认知三大支柱组成，作为一种同构性很强的环境对员工行为进行塑造。而员工－组织经济交换关系重视利益交换，忽视情感交流，不关心员工的身心健康，因而笔者推测，员工－组织经济交换关系对员工安全绩效产生负面影响。而根据 Bronkhorst（2015）的研究，他把安全氛围分为三个维度，即高级主管的安全优先级、主管的安全承诺、群体规范与团队安全绩效。Clarke（2010）在他的元分析研究里测试了一个安全氛围和安全绩效的综合模型，发现心理安全氛围尤其是对组织属性的感知，与安全绩效显著相关；在这个模型中，安全氛围和安全绩效之间的关系部分由工作态度（组织承诺和工作满意度）调节，安全氛围在心理氛围和安全绩效之间的关系中起部分中介作用，直接影响领导者和组织过程的气氛感知。由此可知，当组织氛围表现为经济交换关系形式时，员工不容易感知到工作中的潜在安全风险，更大概率会遇到安全方面的问题。关于安全风险的前因变量，Oah 等（2018）认为安全领导是一个重要的预测因子，Pandit 等（2019）的研究也表明安全氛围是安全风险的预测因子，而经济交换关系是员工与组织关系的一个方面，属于组织氛围的重要表现形式。一般来说，外部环境因素无法直接产生行为，需通过个体感知因素的刺激，才能对个体行为产生影响。Slovic 等（1999）指出，真正影响个人决策的并不是实际的风险本身，而是个体对风险的感知，这种感知受到社会、政治和心理因素的影响。据此可以推测，员工－组织经济交换关系通过安全风险感知这一中介传导，更易带来不安全行为，降低安全绩效。关于经济交换关系跟安全绩效的关系研究，有效响应了 Clarke（2006）呼吁的可以用社会交换框架来研究安全绩效的建议。综上，本研究进一步提出假设 H4a 和假设 H4b。

假设 H4a：安全风险感知在员工－组织经济交换关系与安全合规之间起中介作用。

假设 H4b：安全风险感知在员工－组织经济交换关系与安全参与之间起中介作用。

Bronkhost（2015）的研究表明，工作要求高的员工更容易在工作场所表现出不安全绩效，因为工作压力大的员工不太愿意使用安全设备（人身安全方面）或主动报告事故隐患。这可能是因为在工作压力下，会破坏安全合规的效果和安全参与的可能，建筑工人可能倾向于选择使用有限的时间和精力优先完成基本工作内容，同时只能以更少的时间和精力从事安全活动（安全参与）。因此，在高工作压力下的工人，受到紧张的时间要求和工作量过大的催赶，倾向于以"快捷方式"完成任务，不遵循章规制度，无暇顾及安全活动，减少安全参与和安全合规的行为（Wang，Wang & Xia，2018）。随着工作压力的增加，员工的安全绩效也随之恶化。Wu 等人（2017）的一项综合研究也表明了工作压力对安全绩效有显著影响。这些研究与之前文献的发现一致（Siu，Phillips & Leung，2004；Han et al.，2014；Steyrer et al.，2012），也验证了 Seo（2005）关于在工作场所预防事故干预的建议：应将更多的资源和努力分配给安全氛围和工作压力因素，而不只是分配给物理工作环境和降低风险。

尽管员工对工作压力的感知（如过度的工作量、过快的工作节奏、较高的时间要求等）被认为是事故和不安全工作行为的一个因果因素（Goldenhar et al.，2003），但根据 Christian 等人（2009）的一项元分析研究发现，相对于其他安全氛围维度，工作压力在预测安全绩效、事故和伤害方面只有很小的影响，由此观察到的工作压力的影响较小可能表明，导致事故的不是工作压力本身，而是忽视安全规则的感知障碍。低估风险常常是工作场所发生事故的主要致因（Bian et al.，2019）。员工能够感知到的对安全的承诺、安全的优先级和生产压力被认为是安全的重要维度，可以预测不安全绩效（Bosak，Coetsee & Cullinane，2013）。Bakker 和 Demerouti（2017）以及 Xia 等人（2020）的研究根据工作需求理论模型（JD-R）指出，作为工作需求的工作压力会促使员工通过消耗个人资源或精力来表现出组织期望的行为，从而降低个人的工作绩效（包括安全绩效）。近期的研究证实，工作压力不直接对安全绩效产生影响，需要通过中介或调节因子的作用（Bosak et al.，2013）。当工人感知到生产压力（如过度的工作量、需要的工作节奏和时间压力）时，他们会产生不同程度的感知障碍，不容易感知安全风险的存在，不但不够重视遵守安全规章制度，更不会主动参与安全相关活动，因此导致不安全行为的增加（Seo，2005）。因此笔者推测，工作压力将会降低安全风险感知水平，安全风险感知又与安全绩效呈正相关，所以，安全风险感知在工作压力和安全绩效之间起中介作用。据此，笔者提出假设 H5a 和假设 H5b。

假设 H5a：安全风险感知在工作压力和安全合规之间起中介作用。

假设 H5b：安全风险感知在工作压力和安全参与之间起中介作用。

## （五）角色超载的调节作用

尽管大量研究已经证实了安全风险感知和安全绩效之间的联系（Oah et al.，2018；Pandit et al.，2019；Xia et al.，2017，2020a；Kouabenan et al.，2015），接下来一个关键的环节是开发出相应的干预措施来减轻由各种风险导致的安全问题，以改善职场中的安全状况。当前经济和社会处于蓬勃发展时期，工人经常觉得他们的工作时间在增加，工作压力在增大，个人背负的角色负担也越来越重（Smit et al.，2016）。Neal 和 Griffin（2006）把安全绩效分为安全参与和安全合规两个维度，Xia 等（2017）的研究表明，安全风险感知对安全参与和安全合规两种行为都可以产生正面影响，而安全氛围则有效调节了这种正面影响。根据 Clarke（2010）的研究，来自员工角色方面的压力和冲突属于心理氛围的范畴，而 Bronkhorst（2015）关于心理社会安全氛围的研究把安全氛围分为身体的氛围和心理的氛围两类。由上可知，角色超载作为一种心理安全氛围可能会在安全风险感知对安全绩效的影响过程中起重要的调节作用。以往的很多研究也证实了角色超载在各种情景下作为调节因子起显著的调节作用。一项在美国工业销售背景下对 295 名销售代表进行的纵向研究中，Brown，Jones 和 Leigh（2005）证明了角色超载反向调节组织资源和自我效能感之间的关系：当角色超载水平低时，目标水平通过个人自我效能感对工作绩效产生间接影响；当角色超载水平较高时，目标水平则不会起到中介作用。Chen，Zhang 和 Jia（2020）在中国不同企业选取了 110 名知识型员工参与调查，结果表明，感知到的角色超载正向调节了感知到的领导助人行为和员工建言行为之间的关系。Lattrich 和 Buttgen（2020）调查了不同行业的 185 名项目经理，结果证明，角色超载正向调节了信息控制、团队控制与积极经验之间的关系。综上可知，角色超载在实证研究中经常作为调节因子出现，既有起正向调节作用的情况，也有起负向调节作用的情况。

角色超载被定义为当个体缺乏必要的能力与技能或足够的时间，无法顺利完成各种角色需求时感知到的一种角色压力。Cheung 等（2021）认为，根据 JD-R 模型，工作需求是一种阻碍性的挑战，而角色超载和工作压力是最常见的工作需求类型。在 JD-R 模型中，工作需求来源于身理、心理、社会和组织等方面，这些方面需要员工持续地提供（付出）身体上或心理（认知和情感）上的努力和技能，因而与特定的身体或心理成本相关（Demerouti &Bakker，2011）。JD-R 模型的核心原理是指，工作需求和工作资源可能引发两种完全不同的心理过程：健康损害过程和动机过程（Schaufeli & Bakker，2004）。健康损害过程会导致能量消耗和消极工作行为，而动机过程会带来工作投入和积极工作行为。这是因为，虽然工作需求不一定是消极的，但为了满足这些工作需求往往需要消耗巨大的心力和体力，当个体无法得到充分的休息和恢复时，可能会导致人们不得不从工作中脱离出来（Bakker & Demerouti，2017）。与此相反，工作资源指的是①实现工作目标的动力；②降低工作需求和相应的身体或心理成本；③刺激个人成长、学习和发展的力量（Demerouti & Bakker，2011）。因此，工作资源为员工完成他们的工作提供支持，并带来高水平的工作投入。由于工作压力和角色超载被认为会带来健康损害，间接影响到员工的安全行为表现，因此，本研究重点解释了 JD-R 模型中关于工作需求的一面。

角色超载作为工作需求的一种，可能会从各个方面激发个体的安全风险感知。Cheung 等（2021）指出，工作需求的作用不一定都是消极的，也有其积极的一面。在消极作用方面，角色超载带来的压力容易造成员工在身体和心理方面的耗竭，形成消极的情绪和认知。身心耗竭也属于工作风险的一种，会放大和强化员工对安全风险的感知，更容易拉响人内在的安全警报，使员工在角色超载状态下尤其警惕不安全行为的产生。根据资源守恒理论（Conservation of Resources Theory，COR）（Hobfoll，2002），积极的态度带来积极的行为，消极的心理和态度带来消极的动机和行为活动。角色超载带来的身心耗竭会降低人的自我效能感，作为一种消极的心理状态，会产生一些消极的认知和感受（如强化对安全风险的感知），影响着人的行为选择（如提高安全行为）。与此同时，角色超载隐含着积极的一面：员工因害怕在压力和疲惫之下又同时遭遇安全事故的打击，容易激发出人类的自保本能。处于角色超载的员工一般都会下意识地迫使自己提高安全警惕性和敏感性，提醒自己再次检查所有的工作行为是否全都符合安全规章制度的规定。适当的焦虑有助于促进员工提高安全警惕性（Smith et al.，2018）。处于谨慎和焦虑心态的员工容易推己及人，会联想到同事是否也可能处于不安全状态，于是会关心和提醒同事和团队注意排除安全隐患，跟同事分享自己关于风险的认知和信息。因而笔者推测，具有较高水平角色超载的员工更容易增强安全风险感知能力和保持安全行为。由此提出假设 H6a 和假设 H6b。

假设 H6a：角色超载调节了安全风险感知与安全合规之间的正向关系，角色超载水平越高，安全风险感知与安全合规之间的正向关系越强。

假设 H6b：角色超载调节了安全风险感知与安全参与之间的正向关系，角色超载水平越高，安全风险感知与安全合规之间的正向关系越强。

企业组织中愈来愈盛行的聘任制和临时工作显示出员工 – 组织经济交换关系形式的普遍存在（Dejoy et al.，2010），这种关系的短期导向不断增加，对安全结果产生了间接影响，可能会因为引入了调节和支持机制而有所变化（加强或减弱）。员工 – 组织经济交换关系的主要特征有：①员工角色超载水平偏高。员工和企业之间更多是一种金钱和财务的关系，所以，基于财务理性原则，企业会追求利用最小的成本产出最大化的利润，在分配工作时会希望员工在更短的时间内完成更多的任务，承担多重角色。②员工的权利和义务被劳动合同限定，企业不重视合同规定之外的事情，长期以来形成明显的体制化特征。根据 Scott 等（2014）的体制化理论，体制化的组织具有合法性、强制性和行为体制化的特征。员工行为被组织塑造成体制化模式，按部就班的工作方式固化了员工的思维和认知，导致其对安全风险感知不够敏锐，对遵守规章制度和参与额外的安全活动缺乏动机和条件。

在工作场所，同事之间的情感是一种重要的社会支持，友好、熟悉的职场氛围让人身心愉悦，有利于提高工作效率（Jiang et al.，2017）。在员工－组织经济交换关系情景下，由于员工任期短，项目分包复杂，团队常具有一定的时效性。而人员流动性较强的团队、同事之间关系较为松散，很容易互相脱节（Schwatka & Crace，2016），同事之间缺乏必要的沟通，不易产生感情链接。角色超载是指员工因没有足够的时间和技能完成各种角色期待而产生的一种角色压力，为工作需求过多所致。根据 JD-R 模型，工作需求是一种障碍性的存在，具有潜在破坏力，会消耗人的物理及心理能量。当员工与组织之间属于经济交换关系时，要比员工与组织之间处于社会交换关系时拥有更低的沟通水平（员工之间的沟通、员工与领导之间的沟通）和更高的角色超载水平。由于团队成员之间平时联系不够紧密，情感较为疏离，在员工处于水平较高角色超载的疲惫状态下时，无法为彼此提供足够的社会支持，致使在遇到危险情况时很难第一时间想到互相帮助，主动参与安全活动的积极性也不高。企业优先考虑生产力的问题，可能会损害安全性（Probst & Brubaker，2007；Zohar，2010），而 Hansez 和 Chmiel（2010）通过调节补偿机制来解释这些结果，他们认为，如果努力以一种维持高产量水平的方式来处理工作条件，那么用于其他方面的能量（譬如遵守规章制度和保持安全绩效方面）可能会减少。因此笔者推测，角色超载水平越高，员工－组织经济交换关系通过安全风险感知对安全行为的负向间接关系越强。由此笔者提出假设 H7a 和假设 H7b。

假设 H7a：角色超载调节了员工－组织经济交换关系通过安全风险感知对安全合规的间接作用，角色超载水平高相对于低时，员工－组织经济交换关系的间接作用更强。

假设 H7b：角色超载调节了员工－组织经济交换关系通过安全风险感知对安全参与的间接作用，角色超载水平高相对于低时，员工－组织经济交换关系的间接作用更强。

工作压力常因时间短和任务重所致，以往的研究中已经证实工作负荷和时间压力对安全行为的负面影响（Havrneanu et al.，2019；Carayon & Gurses，

2005）。尽管 Thompson 等人（2008）发现工作压力会减少安全绩效表现，但其他研究发现，只有部分研究支持该假设，如 Jimmieson 等人（2016）的研究认为高水平的工作压力与低水平的护士手部卫生规则遵守相关。还有研究发现，工作压力并不明显影响员工安全（Teng et al.，2010）。面对这些观点相反的研究，近年有学者认为工作压力与安全行为之间的关系还须进一步验证（Gracia et al.，2018）。交通行业的一项实验研究发现，心理负荷是风险倾向的可靠指标，而且在表现出更多风险行为的参与者中，这一指标更高（Di Stasi et al.，2009）。这为危险行为提供了一种可能的解释：在压力和安全之间可能存在着调节因子。Di Stasi 等人（2009）的研究发现，角色超载可能会增加精神负荷，从而加重员工的工作压力。

根据角色理论，人的角色行为分角色内行为和角色外行为。组织内公民行为（Organizational Cititzenship Behavior，OCB）是一种典型的角色外行为，目前对于组织内公民行为的提倡和鼓励，大大增加了员工的工作量和角色压力，使工作场所压力增大，影响了员工的行为反应。自我调节是个体根据既定目标调整自身认知、情绪和行为，来缩小目标与现实的差距并努力实现目标的过程（Carver & Scheier，2001），而有效的自我调节依赖于充足的自我资源（Iliescu，2015）。角色超载的增加导致员工无法及时调集到足够的自我调节资源，根据 JD-R 模型，苛刻的工作要求可能会影响员工自我认知过程，降低对风险的感知，工作紧张和精力耗竭致使员工麻痹大意，模糊了遵守安全规章制度的边界，缺乏帮助同事和参与安全活动的积极性，进而增大了不安全行为的可能性。据此笔者提出假设 H8a 和假设 H8b。

假设 H8a：角色超载调节了工作压力通过安全风险感知对安全合规的间接作用，角色超载水平高相对于低时，工作压力的间接作用更强。

假设 H8b：角色超载调节了工作压力通过安全风险感知对安全参与的间接作用，角色超载水平高相对于低时，工作压力的间接作用更强。

# 第四章　研究方法

## 第一节　数据收集和问卷描述

### 一、数据收集

#### （一）样本的选择

本研究按照以下三个标准筛选企业：一是员工数量超过 1000 人的大型企业；二是所属行业性质均为普通行业，与高危行业区分开；三是企业均位于粤港澳大湾区。之所以设置这样三个筛选标准，是基于本书研究设计和研究目的的需要。首先，由于本书的研究设计需要按照主管与员工的比例为 1∶8 进行配对，所以需要选择员工人数尽量多的大型企业。按照国家统计局的标准，员工人数 800 人以上的企业，即可称为大型企业。其次，由于本书的研究要考察一般企业内员工所普遍存在的安全行为问题，所以要避开采矿、化工和交通类的高危型企业。再次，由于研究小组成员均长期在粤港澳大湾区地区生活和工作，对这里的地理环境比较熟悉，与企业人员沟通相对方便，可以提高调研效率，节约调研成本。最后，推动粤港澳大湾区建设是 2019 年以来最重要的国家战略，是新兴的研究热点。本研究选取位于粤港澳大湾区内的大型企业作为研究对象，针对国家关心的、涉及员工身心健康和企业、社会健康运行的安全问题进行调研，获取一手素材，积极响应当前国家鼓励科研工作者为粤港澳大湾区企业发展献计献策的号召。

## （二）调查问卷的发放和回收

第一批调查问卷在 2022 年 6 月底完成设计和修订，研究小组共找到十三家合适的企业，如广东省的中山某体育器材二厂、珠海某创机精密工业有限公司等。2022 年 7 月，本研究小组开始进驻企业发放问卷，共分五批次发放。第一批次问卷（时间 1，主管问卷一）在 2022 年 7 月 29 日发放，问卷内容包含了领导方式、安全领导和工作结构的变量调查，并于 8 月 7 日回收。3 周之后，本研究小组发放了第二批次问卷（时间 2，员工问卷一），问卷内容包括员工跟组织间的经济交换关系、工作压力、安全知识、安全意识和安全培训的变量。3 周之后，本研究小组开始发放第三批次问卷（时间 3，员工问卷二），涉及的变量有安全沟通、安全承诺和安全风险感知。同样地，在回收员工问卷二 3 周后，本研究小组发放了第四批次问卷（时间 4，主管问卷二），涉及的变量有安全合规和安全参与。3 周之后，本研究小组针对企业负责生产的副总裁发放了第五批次问卷（时间 5，大主管问卷），主要针对主管带领的团队在安全合规和安全参与方面的行为表现进行评价。2023 年 1 月份，本研究小组收回第五批次问卷。所有企业的调查问卷全部回收完毕。在13 家企业共发放员工问卷 840 份，回收问卷 721 份，问卷回收率为 85.8%；共发放主管问卷 105 份，回收问卷 101 份，问卷回收率为 96.2%。以"答题是否完整"和"5 个连续题项是否为同一答案"等为标准，剔除无效问卷后，得到有效员工问卷 672 份，实际有效问卷率为 80%；得到有效主管问卷 100份，实际有效问卷率为 95.24%。

调查问卷的发放和回收步骤如下：

第一步：通过相熟的人员介绍，联系广东省内的相关企业，最后选中 13家符合要求的企业，如中山市一家台资体育器材制造企业、珠海市一家有外资背景的精密仪器制造企业、东莞市一家新能源企业等。首先联系各企业的人力资源部门，以获取企业高层管理人员的支持和协助。例如，通过中山火炬开发区管委会的行政人员，联系了该开发区的多家企业，列出研究所需的条件，首先选中了一家台资高尔夫球杆制造厂，该厂高级管理人员非常欢迎本研究小组进行生产安全类调查，并指派人力资源部门和生产部门相关人员配合本研究小组进行问卷发放，大大推动了问卷发放的顺利进行。前几次的问卷调查经验，则有助于开展其他企业的调研。

第二步：调研人员根据企业管理层提供的全体员工名单，进行随机抽样，先选定主管人数，再根据主管和员工 1∶8 的配对比例选定相应数量的员工。然后对问卷进行编码，员工问卷和主管问卷是一组配套的问卷，需要一一对应和匹配。具体做法如下：首先对问卷进行编号，每一家企业的问卷装在一个档案袋中，例如问卷 1（企业 1）。然后在每一家企业的档案袋中装入数份主管问卷，例如主管问卷 1A、主管问卷 1B、主管问卷 1C、主管问卷 1D……在每份装主管问卷的信封中再装入 8 份员工问卷，例如员工问卷 1A－1、员工问卷 1A－2、员工问卷 1A－3、员工问卷 1A－4……在被调研人员填写好问卷后，信封应及时封口，防止问卷内容外泄。

第三步：调研人员到企业与企业人力资源部的员工一起发放问卷。再次向员工申明问卷内容和结果保密，并随问卷同时发放致谢小礼物。

第四步：参加调研的员工和主管将填写完的问卷分别装入信封，并交给调研人员。

## 二、问卷描述

本研究是以问卷调查法为主，探讨员工－组织经济交换关系与员工工作压力对员工安全绩效行为的双重影响下，安全风险感知和角色超载起到的作用。

本研究采用向企业发放问卷的方式收集数据，问卷的调查对象是广东省内十三家高新技术企业的普通员工和他们的主管，问卷调查采用一组配套问卷形式展开，即问卷涉及两部分内容，一部分内容由员工填写，另一部分内容由该员工的主管填写，用于评价下属的绩效，员工问卷与主管问卷一一对应，形成一套问卷。

为了防止出现差错，本研究小组将员工问卷和对应的主管问卷提前编号，装入不同的信封。研究组成员在相关人员的联络下，获得了这 13 家企业高层管理人员的帮助，由其安排人力资源部门的员工陪同研究组成员将纸质问卷发放给随机选定的被调研者，请被调研者填写问卷并将填写好的问卷交给指定的联系人，然后研究组成员取回问卷。

由于问卷中涉及一些敏感和隐私问题，以及员工的个人信息，研究小组需要在有效保护被调研人的个人隐私的前提下，设法尽可能地获取他们的真实想法，因此采用匿名填写问卷的方式。问卷回收后，本研究小组根据以下标准判断和剔除无效问卷：问卷漏答题总数太多，超过总题数的 1/2；连续 5 个及以上的题项勾选同一个选项；整份问卷的答项有规律性，如 123123123。

# 第二节　研究变量及测量

本研究的量表全部来自经典的成熟量表，这些量表最初是用英语构建的，本研究组成员按照推荐的反向翻译程序将其翻译成中文。问卷采用 Likert 5 点量表进行测量，除非另有说明，回答选项范围从"（1）强烈不同意"到"（5）强烈同意"。

## 一、研究变量

### （一）员工-组织经济交换关系

员工-组织经济交换关系的测量采用 Shore 等人（2006）的 8 个题项，其主要内容如下：

（1）我跟组织的关系是一种完全的经济关系——我工作，他们付钱。

（2）我不关心从长远看组织为我做了什么，只关心它现在做了什么。

（3）只有当我看到组织为我做了更多时，我才想为组织做更多。

（4）相对于我对组织的贡献，我更关注自己从组织中得到了什么。

（5）我对组织真正的期望是它为我的工作给予报酬。

（6）描述我的工作情况最准确的方式是，得到多少报酬，我就会付出多少努力。

（7）我与组织的关系是淡漠的——我在工作中很少有情感投入。

（8）我按组织的要求做事，只是因为他们付钱给我。

（9）我按组织的要求做事，只是因为他们付给我钱。

员工－组织经济交换关系量表的 Cronbach's α = 0.91。

## （二）工作压力

工作压力的测量采用 Seo（2005）的 7 个题项，主要内容如下：

（1）生产比安全更重要。

（2）我们常常因为太匆忙，暂时忽略了安全。

（3）当我需要及时完成工作时，我会"抄近路"。

（4）我们经常没时间安全地做事情。

（5）在遵守所有安全规则的情况下进行工作是很难的。

（6）由于工作量大，使用快捷方式和冒险是很常见的。

（7）快速完成工作的压力很大。

工作压力量表的 Cronbach's α = 0.91。

## （三）安全风险感知

安全风险感知的测量采用的是 Cox 和 Cheyne（2000）的 4 个题项，主要内容如下：

（1）在这个工作场所，我总是担心在工作中受伤。

（2）在我工作的地方，发生事故的可能性很大。

（3）我相信我卷入一场事故只是时间问题。

（4）我很清楚我对自己的健康和安全的责任。

安全风险感知量表的 Cronbach's α = 0.89。

## （四）角色超载

角色超载的测量采用了 Brown，Jones 和 Leigh（2005）的 4 个题项，主要内容如下：

（1）工作量大，干扰到把工作很好地完成。

（2）得不到足够的帮助和资源把工作做好。

（3）没有足够的时间把工作做好。

（4）不得不努力地去满足太多不同人的要求。

角色超载量表的 Cronbach's $\alpha = 0.87$。

## （五）安全绩效

安全绩效的测量根据 Neal 和 Griffin（2000）的划分，分成了安全参与和安全合规两个方面。其中安全合规的测量采用 Neal 和 Griffin（2006）的 4 个题项，内容如下：

（1）该下属以安全的方式进行工作。

（2）该下属使用所有必要的安全设备来完成他的工作。

（3）该下属使用正确的安全程序来执行他的工作。

（4）该下属在工作时确保最高程度的安全。

安全合规量表的 Cronbach's $\alpha = 0.78$。

安全参与的测量也采用 Neal 和 Griffin（2006）的 3 个题目，内容如下：

（1）当同事在危险的环境下工作时，下属会帮助他们。

（2）下属付出额外的努力来改善工作场所的安全。

（3）下属自愿执行有助于改善工作场所安全的任务或活动。

安全参与量表的 Cronbach's $\alpha = 0.95$。

本研究通过 Cronbach's $\alpha$ 值对变量的内部一致性进行了估计和检验，所得到的结构变量的 Cronbach's $\alpha$ 值均大于 0.70，这表明这些变量在样本数据中具有较高的可信度。

## 二、人口统计学变量

根据相关文献综述，本研究在调查问卷中设置了人口统计学变量，以了解受访者的全面情况，以及因变量和自变量及其相互关系在人口统计学方面的差别。本研究的受访者分为员工和主管两个层次，所以对人口统计学变量分为两部分进行测量。

## （一）员工的人口统计学变量

员工的人口统计学变量包括 7 项内容。

（1）性别：分为男性和女性两组。

（2）年龄：衡量受访者目前的实际年龄，分为 29 岁及以下、30～40 岁、41～50 岁、51 岁以上，共四组。

（3）学历：衡量受访者的最高受教育程度，分为初中及以下、高中、大专、本科、研究生及以上，共五组。

（4）婚姻状况：分为未婚和已婚两组。

（5）企业工龄：衡量问卷受访者进入企业的全部工作年限，分为 1 年及以下、2～5 年、6～10 年、10 年及以上，共四组。

（6）进入团队工作的时间：衡量受访者进入现团队的工作年限，分为 1 年及以下、2～5 年、6～10 年、10 年及以上，共四组。

（7）与主管共事的时间：衡量受访者与现主管一起共事的年限，分为 1 年及以下、2～5 年、6～10 年、11 年及以上，共四组。

## （二）主管的人口统计学变量

主管的个人属性数据包括以下 7 项内容。

（1）性别：分为男性和女性两组。

（2）年龄：衡量受访者目前的实际年龄，分为 29 岁及以下、30～40 岁、41～50 岁、51 岁及以上，共四组。

（3）学历：衡量受访者的最高受教育程度，分为初中及以下、高中、大专、本科及以上，共四组。

（4）婚姻状况：分为未婚和已婚两种。

（5）在企业的任职年限：衡量主管在企业工作的年限，分为 1 年及以下、2～5 年、6～10 年、11 年及以上，共四组。

（6）担任主管的时间：衡量主管担任管理人员的年限，分为 1 年及以下、2～5 年、6～10 年、11 年及以上，共四组。

（7）直接管理的下属人数：衡量团队内下属的总人数，分为 8 人及以下、9～19 人、20～30 人、31 人及以上，共四组。

# 第三节　研究设计

在检验研究变量之间的关系之前，须对相关变量的量表进行翻译和修订。由于本研究的所有研究变量采用国外成熟量表，这些量表经过国内外其他学者多次使用，因此本节根据调查对象的实际情况，对研究中所使用的成熟量表进行修订，研究其信度和效度以及筛选成熟量表的题项，为后续变量之间的关系研究提供合适的测量工具。

## 一、问卷设计的流程

本研究问卷设计包括以下四个步骤。

### （一）界定各研究变量的概念内涵

基于文献回顾，同时结合本研究的主题和目的，对本研究中涉及的各项变量的概念内涵进行界定，并确定各变量的概念化操作。

### （二）选择合适的测量量表

通过对大量的相关文献进行检索和阅读分析，选出了各个变量的常用量表；再根据各个变量的概念内涵、与本研究样本的贴合程度及现有量表的信度和效度，选出最合适的测量量表。

### （三）对英文量表进行反向翻译

由于本研究选用的都是英文版量表，调查的对象是中国籍员工，因此须对量表进行反向翻译（Brislin，1981）。本研究小组成员先分别将量表从英文翻译成中文，再从中文翻译回英文，综合各个成员的工作修订出最佳翻译版本，最后请大学英语专业教授对翻译前后的量表进行修正，务求翻译的结果尽量符合被调研对象的阅读和理解习惯。

### （四）编写封面信

本研究小组对每一份主管问卷和员工问卷分别进行编号，并撰写一封简短并恳切的封面信，介绍了本次调查的目的和填写的注意事项。同时，本研究小组还特地强调本次调研的结果仅供内部学术活动使用，并再三申明保密原则。

## 二、共同方法偏差的处理

本研究作为一个中介效应研究，探究一个变量（自变量，即本研究中的员工－组织经济交换关系和工作压力）通过中介变量（安全风险感知）影响另一个变量（因变量，安全绩效）的过程来理解已知的关系。如果同时测量自变量、中介变量和因变量，可能会出现误差问题（MacKinnon，Fairchild & Fritz，2007）。为了避免潜在的共同方法差异，本研究小组在测量安全绩效之前测量了安全风险感知和角色超载，在测量安全风险感知和角色超载之前测量了员工－组织经济交换关系和工作压力（Pan et al.，2017）。为了尽可能地减小共同方法偏差（common method bias），本研究小组在设计发放问卷的过程中采取了以下四项措施。

### （一）从主管和员工两个不同的来源收集资料

本次数据调查分别设计了员工问卷、主管问卷和大主管问卷，分五个时间点发放。第一批次问卷（时间 1，主管问卷一）在 2022 年 7 月 29 日发放，问卷内容包含了领导方式、安全领导和工作结构的变量调查，并于 8 月 7 日回收。3 周之后，本研究小组发放了第二批次问卷（时间 2，员工问卷一），问卷内容包括员工跟组织间的经济交换关系、工作压力、安全知识、安全意识和安全培训的变量。3周之后，本研究小组开始发放第三批次问卷（时间3，员工问卷二），涉及的变量有安全沟通、安全承诺和安全风险感知。同样地，在回收员工问卷二3周之后，本研究小组发放了第四批次问卷（时间4，主管问卷二），涉及的变量有安全合规和安全参与。3周之后，本研究小组针对企业负责生产的副总裁发放了第五批次问卷（时间5，大主管问卷），主要针对主管带领的团队在安全合规和安全参与方面的行为表现进行评价。2023年1月份，本研究小组收回第五批次问卷。通过从员工和主管两个不同的来源收集数据，并且每次间隔一定时段，可在一定程度上克服由于同一数据来源带来的同源偏差问题。

## （二）强调调查的保密性

关于保密的处理，本研究小组除了用调查问卷的封面信专门强调本次调查的结果仅供小组成员研究之用，不用做其他用途外，还特别强调作答并无对错之分，被调查者按照真实所想填写即可。另外，本研究小组特别告知员工他们的问卷不会被主管获悉，以便他们放心填写。为保证问卷调查内容不外泄，每份调查问卷都装在独立的信封中，并进行封口。

## （三）降低被调查者的社会称许性偏差

共同方法偏差源自很多复杂的因素，社会称许性偏差是其中常见的偏差形式之一。这主要是源于人们为了给他人留下美好的印象和迎合特定的社会规范，导致其在测量过程中特意表现出一种积极的自我评价而产生的。为了最大限度地降低社会称许性偏差，使调查问卷尽可能真实地反映被调查者的真实情况（Podsakoff et al.，2003），参照之前学者的经验和建议，本研究小组需要努力消除被调查者的戒备心理：在第一次会见被调查者的时候，本研究小组先举行了一场小型会谈，研究小组成员做了自我介绍，坦诚表达了本次调查的目的和研究的用途，并强调整个调查过程是匿名的，且确保调查结果不会被主管获悉，请被调查者将问卷装入信封中密封后再提交，以期尽量赢得被调查者的信任，减少被调查者的顾虑。

### （四）选择成熟量表

本研究全部选择成熟量表。同时，在设计研究内容时尽量避免出现敏感的问题。

## 三、问卷结构

本研究所使用的调查问卷可分为两个部分：第一部分是调查问卷题目。问卷题目直接使用前人使用过的成熟量表中设置的题目，本研究仅根据调查实际对这些量表进行了部分的修订。第二部分是人口统计学变量，如性别、年龄、学历、任职年限等。

调查问卷包括两次员工问卷、两次主管问卷和一次大主管问卷。其中，员工问卷一内容包括员工－组织经济交换关系与工作压力等，员工问卷二内容包括安全风险感知与角色超载等。主管问卷主要是对下属的安全绩效表现进行安全评价，内容包括安全合规与安全参与。

## 四、统计方法说明

本研究的性质为基础研究，拟采用描述性研究和预测性研究相结合的方式，以员工－组织经济交换关系、工作压力、安全风险感知、角色超载和安全绩效等概念为理论基础，以问卷调查为研究手段，选用 SPSS 和 MPLUS 等分析工具，探索员工－组织经济交换关系和工作压力与安全绩效之间的关系。

具体而言，本研究主要采用了五种研究方法。

### （一）描述性统计分析

描述性统计分析主要用于分析研究变量的均值、标准偏差等基本情况。通过分析这些基本特征，可以了解各变量的样本分布情况以及数据分布情况。

### （二）验证性因素分析

因素分析的主要目的是浓缩数据，用假想的少数几个变量来表示原来变量的信息，它的主要作用是寻求基本机构和简化资料，包括了探索性因素分析和验证性因素分析。由于本研究所采用的是成熟量表，只需要检验其验证性因素分析结果。

### （三）信度和效度分析

本研究拟使用 SPSS 32.0 软件对变量进行信度分析，以内部一致性系数、该题与总分的相关性，以及删除该题后的内部一致性系数的变化来对所有量表进行信度分析。采用 MPLUS 8.0 软件进行区分效度分析，来测验结果的正确性和可靠性。

### （四）相关分析

相关分析主要用于描述变量之间联系的密切程度。本研究选用 Pearson 相关系数分析本研究中涉及的员工 – 组织经济交换关系、工作压力、安全风险感知、角色超载和安全绩效等关键研究变量之间的相关程度。

### （五）结构方程模型

结构方程模型（structural equation modeling，SEM）是基于变量的协方差矩阵检验变量之间关系的一种统计方法。它可以用来解释一个或多个变量与一个或多个因变量之间的关系，适用的数据类型可以是连续的也可以是离散的，可利用多种软件来完成，常用的有 AMOS、MPLUS 及 SPSS 软件的插件 PROCESS 等。本研究主要使用 MPLUS 8.0 软件和 SPSS 23.0 软件来完成各项分析。

# 第五章　研 究 结 果

　　为了检验本研究的假设模型是否成立,即员工－组织经济交换关系和工作压力是否通过安全风险感知对安全绩效产生影响,并且检验中介过程是否受到了角色超载的调节,本研究使用统计分析软件将在企业中收集到的数据进行一系列统计分析。之前的测量部分已经通过 Cronbach's α 系数检验了员工－组织经济交换关系、工作压力、安全风险感知、角色超载、安全合规和安全参与共六个量表的内部一致性,结果显示各个变量的 Cronbach's α 系数都大于 0.7,表明这些变量都具备了较高的信度。在本章的实证分析部分,为了测试理论模型假设是否成立,本研究利用 MPLUS 结构方程模型,分四步进行分析。第一步,采用验证性因素分析(CFA)进行测量模型的验证,判断试验中的几个变量是否存在区别效度,验证得出满意的测量模型。第二步,采用结构方程模型(SEM)验证假设模型的拟合度。第三步,先只考虑中介模型,检验其中介作用是否成立。第四步,进一步检验增加了调节因子后的中介模型,比较调节中介模型结果是否优于之前的中介模型结果。

## 第一节　描述性统计

　　本研究所选企业涉及传统制造业、精密仪器制造业和高新技术企业,生产部门员工以男性居多,在 672 名员工中,男性占 70.50%,女性占 29.50%。员工的平均年龄为 35.50 岁($SD = 8.28$),分布在 30～40 岁这个年龄区间的人最多,占全部样本的 45.80%。74.30% 的员工已婚。所有受访员工的平均受教育年限为 11.08 年($SD = 2.56$),学历为中学的(含初中、高中）约占总样本量的82.40%，大学毕业生（含大专、本科）约占15.80%，研究生学历的较少。员工的平均工龄为6.70年（$SD = 5.86$），他们进入目前这个团队工作的平均年限为5.20年（$SD = 4.86$），与当前主管共事的平均年限为4.58年（$SD = 4.41$）。在100位主管中，27%为女性主管。所有受访的主管平均受教育年限为12.51年（$SD = 2.44$），平均年龄为37.75岁（$SD = 6.54$），平均企业工龄为11.42年（$SD = 6.26$），担任主管的平均年限为6.56年（$SD = 4.69$），团队内员工人数平均为34人（$SD = 24.90$）。具体情况如表5-1、表5-2所示。

表5-1　员工样本基本情况的描述性统计分析

| 项目 | 平均值 | 标准偏差（$SD$） | 类别 | 样本数 | 百分比（%） |
|------|--------|-----------------|------|--------|-------------|
| 性别 | 0.29 | 0.46 | 男 | 474 | 70.50 |
| | | | 女 | 198 | 29.50 |
| 婚姻状况 | 0.75 | 0.48 | 未婚 | 173 | 25.70 |
| | | | 已婚 | 498 | 74.30 |
| 年龄 | 35.50 | 8.28 | 29岁及以下 | 174 | 25.90 |
| | | | 30～40岁 | 308 | 45.80 |
| | | | 41～50岁 | 161 | 24.00 |
| | | | 51岁及以上 | 29 | 4.30 |
| 学历 | 11.08 | 2.56 | 初中及以下 | 334 | 49.70 |
| | | | 高中 | 220 | 32.70 |
| | | | 大专 | 74 | 11.00 |
| | | | 本科 | 32 | 4.80 |
| | | | 研究生及以上 | 12 | 1.80 |
| 工龄 | 6.70 | 5.86 | 1年及以下 | 100 | 14.90 |
| | | | 2～5年 | 304 | 45.20 |
| | | | 6～10年 | 117 | 17.40 |
| | | | 11年及以上 | 147 | 21.90 |

续表 5 - 1

| 项目 | 平均值 | 标准偏差（SD） | 类别 | 样本数 | 百分比（%） |
|---|---|---|---|---|---|
| 进入团队工作的时间 | 5.20 | 4.86 | 1 年及以下 | 100 | 14.90 |
| | | | 2～5 年 | 304 | 45.20 |
| | | | 6～10 年 | 117 | 17.40 |
| | | | 11 年及以上 | 147 | 21.90 |
| 与主管共事的时间 | 4.58 | 4.41 | 1 年及以下 | 146 | 21.70 |
| | | | 2～5 年 | 361 | 53.70 |
| | | | 6～10 年 | 91 | 13.50 |
| | | | 11 年及以上 | 69 | 10.30 |

表 5 - 2　主管样本基本情况的描述性统计分析

| 项目 | 平均值 | 标准偏差（SD） | 类别 | 样本数 | 百分比（%） |
|---|---|---|---|---|---|
| 性别 | 0.14 | 0.35 | 男 | 73 | 73.00 |
| | | | 女 | 27 | 27.00 |
| 婚姻状况 | 0.90 | 0.30 | 未婚 | 10 | 10.00 |
| | | | 已婚 | 90 | 90.00 |
| 年龄 | 37.75 | 6.54 | 29 岁及以下 | 10 | 10.00 |
| | | | 30～40 岁 | 57 | 57.00 |
| | | | 41～50 岁 | 30 | 30.00 |
| | | | 51 岁及以上 | 3 | 3.00 |
| 学历 | 12.51 | 2.44 | 初中及以下 | 22 | 22.00 |
| | | | 高中 | 41 | 41.00 |
| | | | 大专 | 26 | 26.00 |
| | | | 本科及以上 | 11 | 11.00 |

续表 5-2

| 项目 | 平均值 | 标准偏差（SD） | 类别 | 样本数 | 百分比（%） |
|---|---|---|---|---|---|
| 企业工龄 | 11.42 | 6.26 | 1 年及以下 | 1 | 1.00 |
| | | | 2～5 年 | 21 | 21.00 |
| | | | 6～10 年 | 32 | 32.00 |
| | | | 11 年及以上 | 46 | 46.00 |
| 担任主管的时间 | 6.56 | 4.69 | 1 年及以下 | 5 | 5.00 |
| | | | 2～5 年 | 46 | 46.00 |
| | | | 6～10 年 | 28 | 28.00 |
| | | | 11 年及以上 | 21 | 21.00 |
| 下属人数 | 34.00 | 24.90 | 8 人及以下 | 3 | 3.00 |
| | | | 9～19 人 | 26 | 26.00 |
| | | | 20～30 人 | 35 | 35.00 |
| | | | 31 人及以上 | 36 | 36.00 |

# 第二节　相关性分析

本研究主要计算员工－组织经济交换关系、工作压力、安全风险感知、角色超载与安全合规、安全参与之间的均值（Mean）、标准偏差（SD）和相关系数（a）。具体结果见表 5-3。

从表 5-3 的变量的均值、标准偏差和相关系数看来，员工－组织经济交换关系、工作压力、安全风险感知与安全合规、安全参与之间都具有显著的相关性。

相关分析表明，员工－组织经济交换关系、工作压力、安全风险感知、角色超载和安全合规、安全参与两两之间的相关性均达到显著水平，即员工－组织经济交换关系与安全风险感知呈显著负相关（$r = -0.44$, $p < 0.01$），假设 H1 成立；工作压力与安全风险感知呈显著负相关（$r = -0.30$, $p < 0.01$），假设 H2 成立；安全风险感知与安全合规呈显著正相关（$r = 0.35$, $p < 0.01$），假设 H3a 成立；安全风险感知与安全参与呈显著正相关（$r = 0.31$, $p < 0.01$），假设 H3b 成立。

表 5 – 3 报告了各变量之间的相关系数，可以看出，各变量间相关系数大多小于 0.7 的水平，说明不存在明显的多重共线性。

表 5 – 3　变量间的相关系数

| | | Mean | SD | $\alpha$ | 1 | 2 | 3 | 4 | 5 | 6 |
|---|---|---|---|---|---|---|---|---|---|---|
| 1 | 员工－组织经济交换关系 | 3.00 | 0.93 | 0.91 | | | | | | |
| 2 | 工作压力 | 2.70 | 1.01 | 0.90 | 0.51** | | | | | |
| 3 | 安全风险感知 | 2.48 | 1.06 | 0.89 | -0.44** | -0.30** | | | | |
| 4 | 角色超载 | 2.83 | 1.05 | 0.87 | 0.16** | 0.15** | 0.04 | | | |
| 5 | 安全合规 | 3.23 | 1.05 | 0.95 | -0.35** | -0.42** | 0.35** | -0.05 | | |
| 6 | 安全参与 | 3.10 | 0.96 | 0.78 | -0.35** | -0.44** | 0.31** | -0.12** | 0.49** | 1 |

注：$N = 672$；"**" $p < 0.01$。

# 第三节　共同方法偏差检验

共同方法偏差（common method variance，CMV），是指由于数据采集自同样的来源或者同一个评价者、同样的测量环境、同样的题目语境及题目本身的共同特征，导致预测变量与效标变量之间的一种人为的共变，有时也被称作同源方差。共同方法偏差属于系统性误差的一种，可能对研究结果产生一定程度的误导和干扰。控制共同方法偏差的办法一般有两种：程序控制和统计控制。程序控制是指在研究设计和测量过程中采取的控制方法，如采集数据尽量使用不同来源、匿名填写问卷、平衡问卷题目的顺序效应及优化测量工具等；统计控制指的是采用统计的方法对共同方法偏差进行有效控制，如偏相关法、Herman 单因素检验和潜在误差变量控制法等。

在程序控制上，本研究小组采用随机选择员工名单、匿名填写问卷、隔离主管和员工，并在问卷发放时向被调研者告知研究目的以消除其戒备和疑心；在统计控制上采用 Herman 单因素检验法，将问卷中涉及的自变量、结果变量、中介变量、调节变量以及控制变量等所有所需变量进行非旋转的探索性因子分析。如果只提取了一个公因子或者某个因子的贡献率超过临界值40%，则判断该调查数据存在较严重的共同方法偏差问题，该数据不具备说服力。

对所有变量进行非旋转的因子分析后的结果如表 5-4 所示，抽取了 6 个特征值大于 1 的因子，第一个因子的特征值为 9.806，方差解释率为22.686%，未占总方差解释量（70.953%）的大部分，说明本研究的共同方法偏差不是特别严重，不会对研究结论的可靠性造成影响。

表 5-4 共同方法偏差检验结果

| 因子 | 特征值 | 方差百分比（%） | 累积（%） |
|------|--------|----------------|-----------|
| 1 | 9.806 | 22.686 | 22.686 |
| 2 | 3.138 | 10.461 | 43.147 |
| 3 | 2.989 | 9.963 | 53.110 |
| 4 | 2.330 | 7.767 | 60.877 |
| 5 | 1.739 | 5.797 | 66.674 |
| 6 | 1.284 | 4.279 | 70.953 |

同时，验证性因子分析结果表 5-5 表明，将所有变量的题目全部聚合到一个因子的单因子模型的拟合效果不理想（$\chi^2/df = 19.469 > 5$，$RMSEA = 0.166 > 0.1$），即单因子模型的拟合情况非常不理想，也表明本研究所选模型不存在严重的共同方法偏差问题。

# 第四节　验证性因素分析

验证性因素分析（CFA）是用于检验测量因子与测量项（量表题项）之间的对应关系是否与研究者的预测保持一致的一种研究方法。其主要目的为进行效度验证，如聚合效度和区别效度，同时还可以进行共同方法偏差（CMV）的分析。本研究主要使用 MPLUS 8.0 软件进行 CFA 检验。根据现有的社会交换理论和角色压力理论，本研究提出了一个基础模型和五个可能的替代模型。

根据结构方程的数学原理，对于测量题项较少的一维构思变量，因为其达到模型饱和状态而无须进行验证分析。验证一个理论模型是否与实际的数据相符，需要通过一系列契合度指标来反映。邱政皓（2004）将契合度指标分成四类：①卡方检验值，如 $p$ 值与 $\chi^2/df$ 值；②适合度指标，如 GFI、AGFI、PGFI、TLI、NFI 和 NNFI 等；③替代性指标，如 NCP、CFI、RMSEA、AIC、CAIC 和 CN 等；④残差分析，如 RMR 和 SRMR。而 Marsh 等将拟合指标分成三种：绝对指标、相对指标和简约指标。常用的绝对拟合指标有 $X^2$、GFI、AGFI、RMR 和 RMSEA；相对拟合指标有 NFI、NNFI 和 CFI。本研究将检验结构方程模型验证性因子分析的常用指标及评判标准解释如下。

（1）卡方值。卡方检验（Chi-Square Test）是统计样本的实际观测值与理论推断值之间的偏离程度的检验方法。实际观测值与理论推断值之间的偏离程度决定卡方值的大小，卡方值越大，二者偏差程度越大；反之，二者偏差越小；若两个值完全相等时，卡方值就为 0，表明理论推断值完全符合。统计软件 MPLUS 是以卡方统计量来进行检验的，由于 $\chi^2/df$ 会调节模型的复杂程度，因此在实证分析中被采用较多。$\chi^2/df$ 越接近 0，表明观测到的数据与模型拟合越好；$\chi^2/df < 3$，表示整体模型拟合得非常好；$\chi^2/df < 5$，表示整体模型拟合得较好。

（2）近似误差均方根（root mean square error of approximation，RMSEA）。

*RMSEA* 是近年来相当受重视的一个模型拟合指标。研究表明，*RMSEA* 在评价拟合优度时表现比许多其他指标要好。一般认为，*RMSEA* 数值的变化范围为 0～1，越接近 0 越好。*RMSEA* 数值越大，代表模型越不理想。0.05 为良好拟合的门槛，当 *RMSEA* <0.05 时，表示理论模式可以被接受，通常被视为良好拟合；0.08 为可以接受的模型拟合门槛，0.05＜*RMSEA*＜0.08 可以视为算是不错的拟合；0.08＜*RMSEA*＜0.10 则是中度拟合；*RMSEA*＞0.10 表示不良拟合。

（3）比较拟合度指数（Comparative Fit Index，CFI）。*CFI* 是衍生指标，也是一种比较性适配指标，此种指标应用的基准线模型（虚无模型）是假设所有观察变量间彼此相互独立，完全没有相关性（变量间的协方差假设为 0）。

（4）TLI 指数（Tucker-Lewis Index，TLI）。该指数用来比较两个对立模型之间的适配程度，或者用来比较所提出的模型对虚无模型之间的适配程度。

*CFI* 和 *TLI* 这两个指标的值大多介于 0～1 之间，越接近 1，表明模型整体拟合程度越好。一般认为，*CFI*、*TLI* 的值大于 0.90 以上为佳。

根据基础模型（六因素模型）和替代模型（五因素模型）的研究设定，本研究对基础模型和替代模型的各项拟合度指标进行了比较分析，结果见表 5－5。

表 5－5　验证性因素分析结果与比较

| 模型因子 | $\chi^2$ | $df$ | $\Delta\chi^2$ | *RMSEA* | *SRMR* | *CFI* | *TLI* |
|---|---|---|---|---|---|---|---|
| 六因素模型 | 1330.87 | 390 | | 0.05 | 0.05 | 0.93 | 0.92 |
| 五因素模型 1 | 1802.57 | 395 | 471.70 ** | 0.07 | 0.08 | 0.89 | 0.88 |
| 五因素模型 2 | 2854.23 | 395 | 1523.36 ** | 0.10 | 0.08 | 0.82 | 0.79 |
| 五因素模型 3 | 3152.59 | 395 | 1821.72 ** | 0.10 | 0.14 | 0.79 | 0.77 |
| 五因素模型 4 | 2906.73 | 395 | 1575.86 ** | 0.09 | 0.09 | 0.81 | 0.79 |
| 五因素模型 5 | 4280.04 | 395 | 2949.17 ** | 0.12 | 0.16 | 0.71 | 0.68 |

注："**" $p < 0.01$。

六因素模型包括：员工－组织经济交换关系；工作压力；安全风险感知；

角色超载；安全合规；安全参与。

五因素模型分别包括五个因素模型，具体如下。

五因素模型 1：员工 – 组织经济交换关系，工作压力，安全风险感知，角色超载，安全合规 + 安全参与；

五因素模型 2：员工 – 组织经济交换关系 + 工作压力，安全风险感知，角色超载，安全合规，安全参与；

五因素模型 3：员工 – 组织经济交换关系，工作压力，安全风险感知 + 角色超载，安全合规，安全参与；

五因素模型 4：员工 – 组织经济交换关系，工作压力 + 安全风险感知，角色超载，安全合规，安全参与；

五因素模型 5：员工 – 组织经济交换关系，工作压力，安全风险感知，角色超载 + 安全合规，安全参与。

从 $\Delta\chi^2$ 这一指标来看，五因素模型 1 的值为 471.70，五因素模型 2 的值为 1523.36，五因素模型 3 的值为 1821.72，五因素模型 4 的值为 1575.86，五因素模型 5 的值为 2949.17，$p$ 值均小于 0.01，表示基础模型拟合度较好。从 RMSEA 这一指标来看，基础模型的值 0.05，五因素模型 1 的值为 0.07，五因素模型 2 的值为 0.10，五因素模型 3 的值为 0.10，五因素模型 4 的值为 0.09，五因素模型 5 的值为 0.12。RMSEA 的值越小，越接近 0，说明拟合性越好，大于 0.1 表示不良拟合。同理，基础模型的 SRMR 这个指标的值为 0.05，其他模型数值均偏大。因此，通过 RMSEA 和 SRMR 这两个指标，本研究发现基础模型的拟合性最好。从 CFI 和 TLI 指标来看，基础模型的值分别为 0.93 和 0.92，均大于 0.90，为拟合良好；其余的几个模型数值均小于 0.90，拟合不佳。综上，从验证性因素的整体分析结果来看，员工 – 组织经济交换关系、工作压力与安全绩效的关系的六因素模型（基础模型）分析结果为：$\chi^2$ 值为 1330.87，$df$ 值为 390，$\chi^2/df$ 值为 3.41，RMSEA 值为 0.05，CFI 值为 0.93，TLI 值为 0.92，SRMR 值为 0.05。根据指标标准可知，六因素模型（基础模型）的拟合性很好，并明显优于其他几个替代模型。

# 第五节　中介模型假设检验

假设 H1：员工－组织经济交换关系与安全风险感知呈负相关。

在测试中介模型之前，笔者指定了员工－组织经济交换关系、工作压力对安全风险感知的负向影响。从假设模型调节中介路径非标准化统计结果来看，支持了员工－组织经济交换关系对安全风险感知的负向影响（$\beta = -0.22$，$SE = 0.03$，$p < 0.001$），假设 H1 得到支持。

假设 H2：工作压力与安全风险感知呈负相关。

非标准化评估的结果支持工作压力对安全风险感知的负向影响（$\beta = -0.06$，$SE = 0.03$，$p < 0.05$），假设 H2 得到支持。

假设 H3：安全风险感知与安全合规（假设 H3a）、安全参与（假设 H3b）呈正相关。

本研究还指定了安全风险感知对安全合规的正向影响，非标准化的评估的结果为 $\beta = 0.21$，$SE = 0.03$，$p < 0.001$，假设 H3a 得到支持。本研究指定了安全风险感知对安全参与的正向影响，非标准化评估的结果为 $\beta = 0.11$，$SE = 0.02$，$p < 0.001$，假设 H3b 得到支持。

假设 H4：安全风险感知在员工－组织经济交换关系与安全合规（假设 H4a）、安全参与（假设 H4b）之间起中介作用。

为了检验假设的中介模型，本研究指定了员工－组织经济交换关系、工作压力通过安全风险感知对安全绩效（安全合规、安全参与）的间接影响。这是一个零自由度完美拟合的饱和模型 [$MLR - \chi2\ (0) = 0$，$CFI = 1.00$，$TLI = 1.00$，$RMSEA = 0.00$，$SRMR = 0.00$]。正如 MPLUS 结果表 5 - 6 所表明的，员工－组织经济交换关系、工作压力都与安全风险感知呈负相关；安全风险感知与安全合规和安全参与都呈正相关，直接效应存在。

表 5 - 6 给出了安全风险感知中介效应的 bootstrapping 分析结果，安全风险感知分别在员工－组织经济交换关系、工作压力与安全合规、安全参与之

间起中介作用。员工 – 组织经济交换关系通过安全风险感知对安全合规的间接效应为 $\beta = -0.18$, $SE = 0.02$, $p = 0.000$, 95% 置信区间 $[-0.12,\ -0.05]$；员工 – 组织经济交换关系通过安全风险感知对安全合规的直接效应为 $\beta = -0.103$, $SE = 0.04$, $p = 0.02$, 95% 置信区间 $[-0.18,\ -0.02]$。以上效应的置信区间都不含 0，因此安全风险感知在员工 – 组织经济交换关系和安全合规之间起显著的中介效应，假设 H4a 成立。

同样地，员工 – 组织经济交换关系通过安全风险感知对安全参与的间接效应为 $\beta = -0.06$, $SE = 0.02$, $p = 0.001$, 95% 置信区间 $[-0.09,\ -0.03]$；员工 – 组织经济交换关系通过安全风险感知对安全参与的直接效应为 $\beta = -0.15$, $SE = 0.04$, $p = 0.001$, 95% 置信区间 $[-0.23,\ -0.06]$。以上效应的置信区间都不含 0，因此安全风险感知在员工 – 组织经济交换关系和安全参与之间起显著的中介效应，假设 H4b 成立。

假设 H5：安全风险感知在工作压力和安全合规（假设 H5a）、安全参与（假设 H5b）之间起中介作用。

表 5 – 6 的结果表明，工作压力通过安全风险感知对安全合规的间接效应为 $\beta = -0.02$, $SE = 0.01$, $p = 0.03$, 95% 置信区间 $[-0.04,\ -0.01]$；工作压力通过安全风险感知对安全合规的直接效应为 $\beta = -0.31$, $SE = 0.04$, $p = 0.000$, 95% 置信区间 $[-0.39,\ -0.23]$。以上效应的置信区间都不含 0，证明安全风险在工作压力和安全合规之间起显著的中介效应，假设 H5a 成立。

同理，根据表 5 – 6 的结果可知，工作压力通过安全风险感知对安全参与的间接效应为 $\beta = -0.02$, $SE = 0.01$, $p = 0.038$, 95% 置信区间 $[-0.03,\ -0.01]$；工作压力通过安全风险感知对安全参与的直接效应为 $\beta = -0.33$, $SE = 0.04$, $p = 0.00$, 95% 置信区间 $[-0.41,\ -0.25]$。以上效应的置信区间都不含 0，说明安全风险在工作压力和安全参与之间起显著的中介效应，假设 H5b 成立。

表 5 - 6　安全风险感知中介效应的 bootstrapping 分析结果

| 自变量 | 因变量 | 效应类别 | $\beta$ | $SE$ | 95% 置信区间 | |
|---|---|---|---|---|---|---|
| | | | | | 下限 | 上限 |
| 员工 - 组织经济交换关系 | 安全合规 | 总效应 | - 0.18* | 0.02 | - 0.08 | - 0.01 |
| | | 直接效应 | - 0.103** | 0.04 | - 0.18 | - 0.02 |
| | | 间接效应 | - 0.08*** | 0.02 | - 0.12 | - 0.05 |
| | 安全参与 | 总效应 | - 0.21 | 0.02 | - 0.07 | - 0.02 |
| | | 直接效应 | - 0.15* | 0.04 | - 0.23 | - 0.06 |
| | | 间接效应 | - 0.06*** | 0.02 | - 0.09 | - 0.03 |
| 工作压力 | 安全合规 | 总效应 | - 0.33 | 0.01 | - 0.04 | - 0.01 |
| | | 直接效应 | - 0.31*** | 0.04 | - 0.39 | - 0.23 |
| | | 间接效应 | - 0.02* | 0.01 | - 0.04 | - 0.01 |
| | 安全参与 | 总效应 | - 0.35 | 0.01 | - 0.008 | - 0.02 |
| | | 直接效应 | - 0.33*** | 0.04 | - 0.41 | - 0.25 |
| | | 间接效应 | - 0.02* | 0.01 | - 0.03 | - 0.01 |

注：$N = 672$；"*" $p < 0.05$；"**" $p < 0.01$；"***" $p < 0.001$。

# 第六节　调节中介模型的假设检验

在假设模型中（见表 5 - 7 中的非标准化估计），本研究加入了角色超载作为调节因子，引入了安全风险感知与角色超载之间的交互效应来预测员工 - 组织经济交换关系和工作压力对安全合规与安全参与的关系强弱。模型中的其余规范与中介模型中的完全相同。调节后的中介模型拟合良好（结果：$\chi 2/df = 3.234$，$RMSEA = 0.05$，$SRMR = 0.05$，$CFI = 0.93$，$TLI = 0.92$），说明调节后的中介模型优于中介模型。

表5-7给出了模型的非标准化估计。根据分析结果，在本模型中安全风险感知与角色超载的交互项对安全合规的影响效应为 $\beta = 0.06$，$SE = 0.04$，$p > 0.1$，95%置信区间 $[-0.015, 0.027]$。由于 $p$ 值过大，且95%置信区间包含0，说明其调节效应并不显著，表明角色超载在安全风险感知和安全合规的关系之间没起到显著的调节作用，因此，MPLUS统计分析结果不支持假设 H6a、假设 H7a 和假设 H8a。

根据表5-7可知，安全风险感知与角色超载的交互项在预测安全参与（$\beta = 0.12$，$SE = 0.03$，$p < 0.001$，95%置信区间 $[0.061, 0.018]$）方面存在着显著正向调节作用。图5-1的斜率显示，当角色超载水平高时（$\beta = 0.279$，$SE = 0.048$，$p = 0.000$，95%置信区间 $[0.185, 0.373]$），安全风险感知与安全参与之间的正向关系较强；当角色超载水平低时（$\beta = 0.022$，$SE = 0.042$，$p = 0.569$，95%置信区间 $[-0.06, 0.10]$），安全风险感知与安全参与之间的正向关系并不显著，支持假设 H6b。

表5-8比较了员工-组织经济交换关系和工作压力对安全参与的调节间接效应。当角色超载水平高时（间接效应值 = -0.13，$SE = 0.01$，$p = 0.000$，95%置信区间 $[-0.058, -0.004]$），员工-组织经济交换关系通过安全风险感知对安全参与的间接效应强；当角色超载水平低时（间接效应值 = -0.01，$SE = 0.02$，$p = 0.594$，95%置信区间 $[-0.047, 0.027]$），因 $p > 0.5$，置信区间含0，所以没有显著的调节效应。二者差异具有统计学意义（间接效应值差异 = -0.12，$SE = 0.01$，95%置信区间 $[-0.023, -0.001]$）。由此可见，角色超载水平越高，员工-组织经济交换关系通过安全风险感知对安全参与的间接作用越强，支持假设 H7b。

同样地，表5-8的结果显示，当自变量为工作压力时，对安全参与的调节间接效应具体情况如下：当角色超载水平高时（间接效应值 = -0.031，$SE = 0.01$，$p = 0.023$，95%置信区间 $[-0.058, -0.004]$），工作压力通过安全风险感知对安全参与的间接效应较强；当角色超载水平低时（间接效应值 = -0.002，$SE = 0.01$，$p = 0.604$，95%置信区间 $[-0.012, 0.007]$），因 $p > 0.5$，置信区间含0，所以没有显著的调节效应。二者之间的差异具有显著性（间接效应值差异 = - 0.029，*SE* = 0.01，95% 置信区间 ［ - 0.056，- 0.002］）。由此可见，角色超载水平越高，工作压力通过安全风险感知对安全参与的间接作用越强，支持假设 H8b。事实上，当间接效应被调节时，在调节因子位于不同数值下估计得出的任何两个调节间接效应都存在着显著差异（Hayes，2015）。

如图 5 - 1 所示，角色超载调节了安全风险感知对安全参与的直接作用；角色超载水平高相对于低时，安全风险感知对安全参与的作用更强。这一结果辅助支持了假设 H8b。

表 5 - 7　调节中介路径的非标准化估计（标准误）

| | | 安全风险感知 | | 安全合规 | | 安全参与 | |
|---|---|---|---|---|---|---|---|
| | | 模型一 | 模型二 | 模型三 | 模型四 | 模型五 | 模型六 |
| 自变量（1） | 员工 - 组织经济交换关系 | - 0.22 *** (0.03) | - 0.46 (0.05) | - 0.06 ** (0.02) | - 0.10 ** (0.05) | - 0.05 *** (0.02) | - 0.11 ** (0.05) |
| 自变量（2） | 工作压力 | - 0.06 * (0.03) | - 0.11 (0.04) | - 0.18 *** (0.03) | - 0.32 *** (0.04) | - 0.13 *** (0.02) | - 0.31 *** (0.04) |
| 调节变量 | 角色超载 | | 0.59 ** (0.04) | | 0.01 (0.04) | | - 0.05 ** (0.03) |
| 交互效应 | 安全风险感知 ×角色超载 | | 0.12 ** (0.05) | | 0.06 (0.04) | | 0.12 *** (0.03) |
| 中介变量 | 安全风险感知 | | | 0.21 *** (0.03) | 0.20 *** (0.04) | 0.11 *** (0.02) | 0.15 *** (0.03) |

注：*N* = 672；"*" *p* < 0.05；"**" *p* < 0.01；"***" *p* < 0.001。

模型一、三、五为简单中介模型；模型二、四、六为有调节的中介模型。

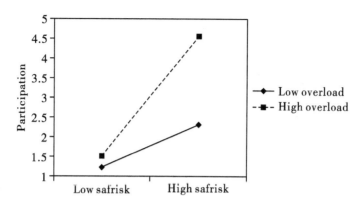

**图 5 - 1　角色超载的调节作用**

注：participation：安全参与；safrisk：安全风险感知；overload：角色超载。

**表 5 - 8　调节间接效应的比较**

| 因变量 | 中介变量 | 自变量 | 模式 | 间接效应值 | SE | p | 95% 置信区间 | |
|---|---|---|---|---|---|---|---|---|
| | | | | | | | 下限 | 上限 |
| 安全参与 | 安全风险感知 | 员工 - 组织经济交换关系 | 低角色超载 | - 0.01 | 0.02 | 0.594 | - 0.047 | 0.027 |
| | | | 高角色超载 | - 0.13 | 0.01 | 0.000 | - 0.058 | - 0.004 |
| | | | 差异 | - 0.12 | 0.01 | 0.002 | - 0.023 | - 0.001 |
| | | 工作压力 | 低角色超载 | - 0.002 | 0.01 | 0.604 | - 0.012 | 0.007 |
| | | | 高角色超载 | - 0.031 | 0.01 | 0.023 | - 0.058 | - 0.004 |
| | | | 差异 | - 0.029 | 0.01 | 0.037 | - 0.056 | - 0.002 |
| 安全合规 | | 员工 - 组织经济交换关系 | 低角色超载 | - 0.07 | 0.03 | 0.015 | - 0.119 | - 0.013 |
| | | | 高角色超载 | - 0.12 | 0.03 | 0.000 | - 0.171 | - 0.068 |
| | | | 差异 | - 0.05 | 0.04 | 0.134 | - 0.124 | 0.017 |
| | | 工作压力 | 低角色超载 | - 0.02 | 0.01 | 0.080 | - 0.035 | 0.002 |
| | | | 高角色超载 | - 0.03 | 0.01 | 0.020 | - 0.054 | - 0.005 |
| | | | 差异 | - 0.01 | 0.01 | 0.175 | - 0.032 | 0.006 |

# 第六章  研究结论与展望

## 第一节  研究结论

本研究的目的是探索员工 – 组织经济交换和工作压力与员工的安全行为之间的相关关系，以及探讨安全风险感知和角色超载在其中的影响作用。通过 MPLUS 软件的分析检验，本研究理论假设的检验结果列表如下（表6 – 1）。

表6 – 1  研究假设的检验结果

| 研究假设 | 结果 |
| --- | --- |
| H1：员工 – 组织经济交换关系与安全风险感知呈负相关 | 支持 |
| H2：工作压力与安全风险感知呈负相关 | 支持 |
| H3a：安全风险感知与安全合规呈正相关 | 支持 |
| H3b：安全风险感知与安全参与呈正相关 | 支持 |
| H4a：安全风险感知在员工 – 组织经济交换关系与安全合规之间起中介作用 | 支持 |
| H4b：安全风险感知在员工 – 组织经济交换关系与安全参与之间起中介作用 | 支持 |
| H5a：安全风险感知在工作压力和安全合规之间起中介作用 | 支持 |
| H5b：安全风险感知在工作压力和安全参与之间起中介作用 | 支持 |
| H6a：角色超载调节了安全风险感知与安全合规之间的正向关系，角色超载水平越高，安全风险感知与安全合规之间的正向关系越强 | 不支持 |

续表6－1

| 研究假设 | 结果 |
| --- | --- |
| H6b：角色超载调节了安全风险感知与安全参与之间的正向关系，角色超载水平越高，安全风险感知与安全参与之间的正向关系越强 | 支持 |
| H7a：角色超载调节了员工－组织经济交换关系通过安全风险感知对安全合规的间接作用，角色超载水平高相对于低时，员工－组织经济交换关系的间接作用更强 | 不支持 |
| H7b：角色超载调节了员工－组织经济交换关系通过安全风险感知对安全参与的间接作用，角色超载水平高相对于低时，员工－组织经济交换关系的间接作用更强 | 支持 |
| H8a：角色超载调节了工作压力通过安全风险感知对安全合规的间接作用，角色超载水平高相对于低时，工作压力的间接作用更强 | 不支持 |
| H8b：角色超载调节了工作压力通过安全风险感知对安全参与的间接作用，角色超载水平高相对于低时，工作压力的间接作用更强 | 支持 |

根据文献梳理和调查问卷的实证分析结果，本研究得出以下结论：

第一，员工－组织经济交换关系与安全风险感知呈负相关，即假设H1成立。

本研究的第一个目的就是要确定员工－组织经济交换关系与安全风险感知之间的关系。结果显示，员工－组织经济交换关系与安全风险感知呈负相关，证实了本研究在假设H1所做的预测。进一步印证了以往研究的结论，即员工的风险认知不仅受到身体、工作条件的影响，还受到组织因素的影响（Oah，Na & Moon，2018）。员工－组织经济交换关系具有以交换经济利益和按照协议做事的特征，这种情况下的员工很难去关注协议规定之外的事情，缺乏对其他事务的感知和行动（Pan et al.，2017）。

第二，工作压力与安全风险感知呈负相关，即假设H2成立。

本研究的第二个目标就是确定工作压力与安全风险感知的关系，本研究预测它们之间呈负相关，结果证实了这种关系的存在，为假设H2提供了证据。这背后的原因可能是工人把所有的精力都投入工作，而在项目时间紧、工作强度高、任务繁重的情况下，没有多少精力能分配给工作安全方面。对于一些员工来说，他们甚至没有足够的时间休息；与此同时，他们不太可能敏锐地觉察到安全风险的存在。这个结果符合工作需求－资源理论（JD-R）的推测：作为一种障碍性的需求，工作压力使得员工产生身心倦怠感和耗竭感，影响了其对风险的感知能力。

第三，安全风险感知与安全绩效呈正相关，即假设 H3a 和假设 H3b 成立。

本研究的第三个目的是确定安全风险感知与安全绩效之间的关系，结果显示安全风险感知与安全绩效的两个维度（安全合规和安全参与）分别都呈正相关，支持了假设 H3a 和假设 H3b。这背后的原因可能源于人的自保动机，风险意识会促使个体采取趋利避害的行动。尤其当员工亲眼看到和亲自体验到工作中的一些冲击或事故，会强化对安全重要性的认知，自觉遵守安全工作守则。主动参与安全活动、帮助其他同事和团队，是一种具有挑战性的行为，这种行为在正常工作状态下表现不明显，一旦员工感知到周围环境的安全风险增强，这种员工互助行为和积极行为表现最为集中。

第四，安全风险感知在员工－组织经济交换关系、工作压力与安全绩效之间起到部分中介作用，即假设 H4a、假设 H4b、假设 H5a 和假设 H5b 成立。

本研究提出了一个调查安全绩效影响因素的调节中介模型，其中一个重要的目标是要检验中介作用是否存在。结果显示安全风险感知在员工－组织经济交换关系和工作压力对安全绩效的影响之间起到部分中介作用。这也符合以往安全文献关于安全风险作用的研究结果。在工作场所安全研究中，安全动机和安全认知被证明是安全绩效的两个决定性因素，而其他因素通过这两个决定性因素影响安全绩效（Christian et al.，2009；Griffin & Neal，2000）。而安全风险感知是安全认知的一个重要组成部分，关于安全方面的认知主要是指对安全风险的感知（安全意识）和安全知识的认知。这个逻辑也符合 S－R（刺激－反应）原理，即外界环境对个体施加影响和刺激后，个体产生的第一应激反应是来自心理和认知方面（Hull，1943），通过心理和认知方面的转化，进而才能再转化成相应的行为。因此，本研究经过验证得知，员工－组织经济交换关系和工作压力作为组织环境因素，不一定直接催生相关行为，而是部分通过个体的安全风险感知这个中介进一步促成员工产生具体的安全绩效。

第五，角色超载在安全风险感知与安全合规之间的正向关系里没有起到显著的调节作用，即假设 H6a、假设 H7a 与假设 H8a 不成立。

本研究一个主要的目标是检验角色超载是否在本模型中起到了显著的调节作用，经分析发现，调节作用会因为结果变量的不同而有所不同。当结果变量为安全合规时，角色超载的调节作用不显著；当结果变量为安全参与时，角色超载的调节作用比较显著。这个结果不支持本研究的假设 H6a、假设 H7a 和假设 H8a。其背后的原因可以从两个角度来解释：从个人角度来看，对风险的感知属于自身安全敏感性的一部分，是人的基本生理安全本能（Aven，2012），一部分素质较高的员工会认为遵守安全规章制度本来就是分内职责，是工作内容的硬性规定之一。无论在什么情况下，工作环境紧张还是轻松，员工总是能例行遵守规章制度，并且将之内化为个体行为的一部分，因此，即使员工感受到较高水平的角色超载，也不会显著影响到其基本的安全遵守行为方面的表现。从组织角度来看，由于当前的企业都是制度化程度较高的组织，纪律严明，章程细致，管理严格，根据 Scott（2014）对体制化理论的解释，体制化具有合法性、强制性和对个体行为进行塑造等核心特征。在现代企业，员工进入组织之后很快会习得其他员工已经具备的、企业希望每个员工具备的一套行为模式，那就是严格服从既定的规章制度，不因其他条件的改变而轻易改变这一点。所以，本研究在分析结果中没有观测到角色超载在安全风险感知和安全合规的关系里起到明显的调节作用。这也呼应了 Clarke（2013）在研究中所指出的：安全绩效的两个维度有时候表现为截然不同的两个概念，同样的预测因子可能对安全合规不奏效，却对安全参与起到显著作用。

第六，角色超载调节了安全风险感知与安全参与之间的关系，假设 H6b

成立。

如前所述，分析结果显示角色超载在安全风险感知和安全参与之间起到显著的调节作用。这背后的原因可以从社会学习理论中找到一定的依据。社会学习理论认为，人们并不会学习所接触到的每一种行为，而只会去学习那些能产生回报的、有价值的行为（Gross & Badura，1977）。据此推测，员工从风险感知中学到的信息效果并不确定，某些情况下可能十分有限。感知到的风险也不一定全部或者立即可以转化为有助于提升安全状况的行动。因而我们之前推测，需要有一种调节因子来催化和加强人的感知对其行为的推动。根据角色理论，角色超载是一种集中接收了各种多重角色期望的压力感知。由于承担的工作角色较多，员工在处理工作的时候，势必会分清主次，把重要的工作放在首位优先处理。一般情况下，工作绩效会是优先选项；然而在感知到较强烈的安全风险隐患时，由于牵涉到个人和他人的生命安全和伤害，安全问题则超越效率问题跃升为被优先处理的紧急事项。实际上，企业组织里角色超载水平较高的员工，同时也是那些胜任力较强的员工，富有工作经验。基于效率和效益方面的考虑，管理者和组织并不会向胜任力较弱的员工派遣复杂的和额外的任务，因为会影响整体工作效率。胜任力较强的员工在复杂的工作环境中经受锻炼较多，自身工作资源丰富，面对意外和隐患，更有可能迅速做出正确决策，示范正确做法，并具备影响其他同事以及策划、参与安全活动的影响力。这也印证了 Chen，Zhang 和 Jia（2020）的研究结果：角色超载可以双向调节人的行为，既可以阻碍个体的主动性行为，有时也会强化个体在其他方面的行为表现。实证分析结果也验证了这个推测，支持了本研究的假设 H6b。

第七，角色超载调节了员工－组织经济交换关系通过安全风险感知对安全参与所产生的负向关系，即假设 H7b 成立。

在员工－组织经济交换关系的状态下，企业过于重视经济利益交换带给员工一定程度上的不安全感。当企业只想在员工身上得到尽可能多的利益和价值，会不停给员工安排过多的角色和任务，导致员工角色超载水平较高。角色超载通过加强需求而影响到员工参与安全活动的积极性。当角色超载水平较高时这种不安全感更加强烈，员工体会着身为"工具人"的感觉，而自身被关怀被倾听的需求却得不到组织的响应，很难对组织产生工作义务之外的回馈。雇佣关系的短期性质也让员工缺乏集体感和归属感，同事之间缺乏沟通，面临危险状况时很难突然之间做到互相帮助。以经济交换关系为主的企业具有较强的体制化特征，员工行为被固化成像是流水在线的产品，中规中矩，缺乏对规定工作之外的团队活动的参与性。根据 Brown，Jones 和 Leigh（2005）的研究，角色超载还会引发对角色要求的期望失败而带来的反思。当工作环境需求过多或需求不足时，人们都会经历一个脱机思维过程，这种沉思可能会分散任务焦点，导致安全绩效降低。因为大量的任务完成需要时间、思考和努力，导致进一步的分心和否定积极行为的动机效应。所以，根据工作需求－资源理论，过多的任务要求和角色超载特征也使得员工对安全感知变得迟钝。这个结果也与之前 Oah，Na 和 Moon（2018）的发现一致：工作量大的员工很难分心关注安全活动，他们很可能会低估发生事故的概率。故而，在员工－组织经济交换条件下，角色超载减少了员工主动参与安全活动的积极性。

第八，角色超载调节了工作压力通过安全风险感知对安全参与所产生的负向关系，假设 H8b 成立。

这是因为工作压力作为一种障碍性的工作需求，使员工产生耗竭，加重了员工的角色超载感受，间接影响员工参与安全活动。根据工作需求－资源理论，工作需求来自工作的任何生理、心理、社会或组织方面，它需要身体或精神上的加倍努力，消耗大量的心理和物理能量，有可能导致长期的健康问题。总而言之，工作需求是潜在的破坏性工作特征（如时间压力、情感需求等），会产生一个健康损害过程，导致与压力相关的负面结果（如倦怠和耗竭）。而工作压力的产生常常源于工作时间的压缩、工作任务的加重，其中一个重要的压力源还来自上级主管和其他同事的要求和期待，进而导致员工产生较高水平的角色超载感受。现实中，工作压力和角色超载往往如影相随，交织在一起，共同成为员工压力中的较大因素。因此，角色超载水平越高，工作压力通过安全风险感知对安全参与的负向影响越强。

另外，本研究还有一个有趣的发现，即工作压力与安全参与之间的负相关程度强于工作压力与安全合规之间的负相关程度。对这一发现的一个可能的解释是，当工人面临工作压力时，他们在工作上的投入（如精力和时间）会减少。在这种情况下，他们可能只是专注于完成排位第一重要的任务，即属于他们的常规角色范围内的任务，例如遵守安全规范和程序。相反，由于精力或时间的限制，他们不太可能参与超出其工作要求的团队活动。这个发现与 Wu 等（2018）在建筑工地的研究结果相一致。

# 第二节　研究贡献

## 一、理论贡献

### （一）对员工－组织经济交换关系（employee-organization exchange，EOX）理论的重要拓展

目前，组织行为学领域关于领导与成员交换关系（leader-member exchange，LMX）理论、团队与成员交换关系（team-member exchange，TMX）理论等相关研究已经相当丰富（Hofmaan & Morgeson，1999；Loi，Mao & Ngo，2009；Hu et al.，2018），理论和实践都日渐成熟。相对而言，关于 EOX 理论的研究略显不足，尤其在安全绩效研究领域的应用方面。本研究重点讨论了 EOX 理论对安全绩效的影响机制，弥补了这方面的不足，促进了 EOX 理论研究的完整，拓展了 EOX 理论的应用场景，丰富了 EOX 理论文献，为该领域后续相关研究提供了一定的基础。

### （二）对社会交换理论在新时代应用范围的拓展

通过向上追溯社会交换理论的起源，可知其出现在 20 世纪五六十年代。

最初是由 Homans 在 1958 年提出，而 Blau 在 1964 年完善了社会交换理论的内容。该理论产生的时代背景是：首先，从经济社会方面来看，美国正处于跟苏联冷战时期，对外是朝鲜战争的失败，对内是团结一致发展经济的迫切需要和保持美国第一的身份焦虑。其次，在学术思潮方面，处于人际关系学说盛行时期。这种学说要求以人为本，反思"经济人"假设对企业发展的阻碍及影响，提倡企业关注人、重视人、积极发展与员工的长期情感交流，促进员工建立对企业的归属感。在当时的这种内外环境下，美国学界对社会交换理论中社会交换关系一侧的重视，是水到渠成的。然而，时代进展到半个世纪后的今天，随着科技和信息的发达，全球经济社会文化形势早已发生了翻天覆地的变化。在企业管理方面，人力资源结构和管理模式早已发生了巨大的改变以适应飞速发展的时代需求，灵活就业在全球范围内盛行，中国也打破了长期保障的"铁饭碗"，合同形式和短期契约普遍存在于任何组织，包括公务员、教师和医生在内的事业单位，都采取了末位淘汰制。在劳动力方面，大面积城镇化发展的需求使人口流动加剧，大量人口涌向城市，人们不得不向不同地区和城市寻求工作机会；同时，由于基础教育的普及和高等教育水平的提高，女性在经济和社会地位的提升也带来家庭结构的变化；房价的高涨导致员工对薪水的需求加大，人们面临史无前例的经济压力，生活和工作充满各种不稳定因素。这一切发生在身边的现实都促使本研究意识到：员工和组织之间的关系，更多是一个短期的、合同制的、缺乏情感沟通的经济交换形式。这也充分说明了，时代背景和需求改变了，解释企业发展的理论也必须随之做出改变，使理论跟上实践的步伐。本研究从实际出发，重点考察员工－组织经济交换方面的关系对员工个体行为的影响机制，符合当前社会经济发展的现实，推动经典的社会交换理论焕发出新的生机，有利于启发研究者重新思考社会交换理论在新时代的地位和应用。

## （三）对安全模型适应条件的拓展

选取角色超载作为调节变量具体考察角色超载的边界条件，使我们对员工－组织经济交换关系与安全绩效之间关系机制的解释更接近事实。角色超载概念有着丰富的内涵，它既具有组织环境特征，也具有个体心理特征，对于进一步解释安全绩效的影响因素来说是个很好的角度。当前工作场所的实际情况是：由于智能通信技术的快速发展，智能通信设备和社交软件逐渐渗透人们的生活和工作，模糊了工作时间和休息时间的界限；人手一部智能手机让随时随地接受主管的工作安排无形中成了普遍存在，在职员工的工作压力被迫渗透到了生活之中，这一系列的变化促使在职员工的工作压力和角色超载大幅增加。角色超载的增强对员工在企业安全绩效表现方面到底具有什么样的作用机制？本研究初步回答了这个问题，证明了角色超载在员工 - 组织经济交换关系和工作压力通过安全风险感知对安全绩效的间接关系里起显著的正向调节作用。这也呼应了 Mullen（2004）的研究建议：安全绩效不应被研究人员视为组织和个体因素的结合，扩展这种视角可以为组织的安全管理提供大量的见解。本研究为组织、社会及个体因素对安全绩效的影响研究提供了新的研究方向。

## （四）对安全研究领域样本的拓展

以往关于安全绩效的研究，大多来自欧美国家的高校和研究机构，关于中国企业的样本量比较少（Xia et al.，2020）。本研究增加了中国企业样本，为全球研究者全面关注安全领域问题提供了新的样本和视角。另外，安全问题向来以关注高风险行业为主，如建筑业（Pandit et al.，2019；Li et al.，2019）、交通运输业（Havârneanu，Mâirean & Popuşoi，2019）、采矿业（Yu & Li，2019）甚至是核工业（Cox & Cheyne，2000；Wang et al.，2019）。然而，这种对特种行业的选题集中趋势，限制了安全模型推广的有效性，不利于人们深入了解安全问题产生的深层次原因。本研究选取普通行业的企业（制造业和高新技术企业等），检验了这些企业的安全风险情况，分析了安全问题可能存在的组织因素和个人因素，为大多数普通企业改进安全绩效提供了合理的参考模型。这也回应了 Seo（2005）和 Cheung 等人（2021）提出的未来研究方向：应在多种行业和企业类型拓展安全研究，增强安全模型的适用性。

### （五）对科学、先进研究方法的运用

首先，国内安全研究大多采取质性研究方法，利用结构化访谈等方式向员工了解他们对安全的想法（Wu et al.，2018），这有一定的积极意义，但不够科学和严谨。除了采用访谈方式之外，本研究重点采取实证研究方法，使用匿名发放调查问卷和结构方程建模（SEM）的方法量化安全问题相关概念，具有较高的科学性和较强的说服力。

其次，在安全问题的相关研究中，针对安全行为和安全绩效的测量大多采用员工自我报告的数据作为研究数据。虽然以往的研究证实，自我报告的安全绩效资料在预测安全结果方面具有一定价值（Huang et al.，2007；Jiang et al.，2019）。但现实中，由于各种各样的潜在原因，员工可能不愿意报告自己的安全绩效表现，或者会作出不够真实的回答，也有可能只有真正受到安全问题伤害和偏见的员工愿意报告和响应。为了尽量冲抵这方面的消极效应，本研究采取了如下办法：①从不同来源采集资料，例如由员工来报告自变量、由主管来报告结果变量，这样就比完全由员工提供自我报告要客观和准确；②数据采集过程共分五个批次完成，每批次调研间隔一个月及以上的时长，整个研究前后跨越一年之久，因而本研究并不算一个纯粹的横截面研究；③在数据采集的具体操作流程中，研究者通过匿名填写、隔离开主管和员工、主管评定员工等严谨、细致的流程尽力保证和提高数据的信效度，尽力消除一些不利实证分析的不良效应。这也响应了 Lu 和 Yang（2010）、Saedi（2020）的建议：未来研究应该尽可能地采取多种方式对安全绩效进行更加客观地观察和测量，以提高测量的准确性。

## 二、实践贡献（管理启示）

企业应重视安全问题，实施积极主动的风险管理，降低安全风险，提高安全指数。根据研究结果，本研究为企业管理者提供了一些管理知识，希望为安全管理工作提供指引，具体建议如下。

## （一）企业需要认识到员工－组织经济交换关系对工作安全的负面影响

本研究证实了员工－组织经济交换关系对其安全绩效行为存在显著的负面影响，据此本研究建议管理层要高度重视在员工与组织、员工与主管之间建立长期导向的社会交换关系。在员工－组织经济交换关系下，员工认为，他们的福利未被组织重视，他们的情感未被组织接纳，自己关于工作和组织的新想法不被重视，利益得不到保障；同时认为，他们的工作只是经济利益和工作安全的工具。这使得他们的行为在感知安全风险和从事安全活动时受到限制。因此，企业应从重视营造组织情感氛围和宣传安全文化方面入手，开发开展多项有趣的安全知识竞赛、安全游戏活动等，通过集体和团队活动的交流增进同事间的感情交流，增强员工安全意识。还可以采用 VR 技术设计模拟安全营救演练活动，让员工在沉浸式体验中通过模拟的协作锻炼，提高处理事故时的安全技能和互助技能。提高员工对企业的归属感，既可以通过加强团队交流来满足员工对企业的情感需求，还可以通过满足员工的个人和专业成长来实现，增加对员工的新技能培训和提供学习成长的机会可显著提高员工对企业的归属感。

## （二）考虑工作压力和安全绩效之间的负相关关系

管理者应该充分意识到员工可能正在经历的高工作压力会对安全绩效有不利影响：给员工安排过重的任务只能获取短期内的经济效益，却为企业长期发展和员工身心健康埋下隐患。本研究建议有必要为员工提供适当的休息时间（如每四小时休息一次）；合理规定工作完成的时限；调整员工的工作速度，以减少员工的工作量。在工作设计层面，应重新考虑工作内容、岗位和员工承受力的匹配程度，采取措施杜绝或减少员工过高的工作压力；还可以通过与必要的专业人员合作，在企业内建立员工关爱计划，定期了解员工身心健康状态，对其给予专业的指导和帮助，既促进员工个人增强自我保护和安全觉察的意识，也为企业长远健康发展奠定坚实基础。

## （三）从团队角度来说，加强安全沟通和创建一个开放的环境是重要的

根据本研究实证分析的结果和对企业员工的访谈发现，员工的角色超载来源是多种多样的。例如，有些员工受教育水平不高导致不能完全胜任工作；有些员工因与主管和同事的沟通不够畅通、明确，导致对工作职责和目标的理解模糊；等等。建议企业管理层鼓励员工参与制订具体的工作流程、参与一些建设性的沟通，以帮助员工明确自己的工作责任和角色，有利于减轻员工的角色超载体验。一个信息反馈丰富的工作环境可以满足员工的公平要求，让员工产生"这些工作任务是我按照自己的能力主动要求得来的，我有能力把它们处理好"的积极意识，替代原来"这些工作都是组织施加给我的，和我的能力并不匹配"的消极意识。在分配工作任务之前，管理层应达成共识，避免同一名工人接受不同的工作指令。团队主管应密切关注员工的压力感受，确保以明确的方式传达他们对员工的支持。如果是因为工作胜任力不够引起的角色压力，可以通过增加相对应的培训和团队交流来提升员工技能。

## （四）改革企业的人力资源管理方式，把安全绩效相关指标纳入绩效考核体系

### 1. 管理层必须重新评估目前的制度是否暗含奖励不安全绩效的激励计划

根据本研究结果发现，如果员工认为进行不安全的工作实践（如违反安全程序以提高生产力）将使他们获得奖励（如因生产而增加工资），他们将无意中强化继续这种不安全行为的意识。早有研究证明，绩效压力被发现会增加员工通过使用快捷方式违反安全规则的可能性（Hofmann et al.，2017），并引导员工意识到没有足够的时间或资源来遵循安全指南。因此，安全高于绩效的价值仍然是管理者必须传达的重要信息。建议企业把安全相关指标纳入绩效考核体系，改变以经济利益为主的考核方式，并建立安全奖励制度，激励对组织、团队和个人安全事项作出积极贡献的员工。

## 2. 建议人力资源部门优化当前的安全培训方案

企业一般都能认识到对员工进行安全培训的重要性，然而，本研究的结果提醒管理层解决安全问题的关键在于，应该进一步改进和细化培训的具体方式和内容。首先，企业应提供数量充足、性能优良的安全设备，保证员工在安全的环境中投入工作。其次，加强和细化安全培训。在一个任务开始之前和进行期间，项目管理团队有必要对不同岗位的所有工人进行安全培训，并解释每种工作类型的具体安全要求，保证每一位员工都已掌握安全设备的使用方法；安全培训的内容还应包含教会员工如何识别安全风险和隐患，如何提醒和帮助可能陷入危险的同事。最后，安全培训内容应定期更新。人力资源部门可以和项目团队合作，检查安全规章制度是否过时，还可以通过鼓励员工及时反馈他们在工作实践中的经验和教训，修正和充实培训方案。

另外，通过对企业管理层和部分员工的调查访谈，本研究还发现，选择培训对象也很重要。除了常规的对一线员工进行安全培训外，还应该重视对基层主管进行扎实的安全培训。本研究小组进行访谈的 13 家企业，其管理层级较多，各类信息在层层传递过程中，难免出现信息及理念的失真和误解，进而导致在执行过程中难以被落实到位。然而，作为生产型企业，其生产部门的组织层级一般都比较扁平，有的是二到三级，从部门总监到各团队的小组长再到一线工人；有的只有一级，从生产部主管到一线工人。在生产部门内部，主管与小组成员相处时间最长，接触最为直接，专业最为相关，各类信息的传达较为快速和准确，不易产生信息失真和被误解的情况。由此本研究建议，可以结合先进科技手段采取在线培训课程与线下模拟训练相结合的方式，加强针对生产部主管的安全培训，帮助其建立较为扎实、全面的安全专业知识和体系，提高其安全意识，发挥主管在安全方面的观察员和监督员的作用，重视其在安全技能和信息方面的教授和传达，此举将大幅提升一线员工的安全意识和行为，提升整个企业的安全绩效。

## （五）提高企业社会责任，注重行业规范管理

### 1. 企业社会责任是社会在一定时期对企业提出的经济、法律、道德和慈善期望

Guglielmino 和 Carroll（1979）认为，企业社会责任是社会在一定时期对企业提出的经济、法律、道德和慈善期望。在他们提出的企业社会责任金字塔模型里，企业的经济责任位于金字塔底，是企业存在的基础，但不能作为企业的唯一责任。在经济责任之上的法律责任要求企业遵纪守法，在法律和规则允许范围内进行经营生产活动。进一步的伦理责任要求企业行事合乎伦理道德，维持公平正义，避免损害利益相关方的利益。位于金字塔顶的是企业的慈善责任，这种责任属于社会对企业无法明确表达的责任，可由企业自主选择、自愿表达。由此可见，社会对企业寄予更多厚望的是法律责任和伦理责任。关于法律责任，在本研究中，企业如果出现较大安全事故引起重大人身伤亡，则必须涉及相关法律法规条款，严重的还有可能上升到刑法追责。我国于 2002 年颁布《中华人民共和国安全生产法》（以下简称《安全生产法》），目的是加强安全生产监督管理，防止和减少生产安全事故发生，保障人民群众生命和财产安全，促进经济社会持续健康发展。在本研究落成之际，恰逢国家对《安全生产法》进行第六次修改，增加了对新兴经济和领域的安全责任落实，并于 2021 年 6 月进行公布实施，侧面印证了本研究选取安全问题作为研究主题的重要性。新的《安全生产法》明确了平台经济等新兴行业、领域的安全生产责任，加强安全生产监督管理，依法保障从业人员安全。对新兴行业、领域的安全生产监督管理职责不明确的，由县级以上地方各级人民政府按照业务相近的原则确定监督管理部门。本研究紧密贴合国家和社会需求，促进企业切实认识到安全生产的重要性，必须承担起企业该负的社会责任。

### 2. 企业社会责任中的伦理道德责任与行业规范息息相关

本研究在调查访谈中发现，管理层对企业履行社会责任的清晰认识，将有助于树立较好的企业形象；然而，如在具体履责方面缺乏执行的思路，最

终效果并不好。本研究建议，除通过增加投资、新增项目、扩大就业外，还应提倡各企业科学安排劳动力，采取措施保障员工身心健康。本研究在调查访谈中还发现企业对行业规范遵守的忽视，这是个严重的缺失。国际劳工组织（International Labour Organization）每年出版职业安全卫生丛书，指导企业建立职业场所安全卫生各项标准。国际标准化组织（International Organization for Standardization，ISO）先后制定 ISO 9000 和 ISO 14000 国际认证体系，明确规定了企业须保证工人工作环境的干净卫生、消除工作安全隐患、不得使用童工等，切实保障了工人的切身利益。企业社会责任中的行业规范管理不仅可以吸引劳动力资源，激励他们创造更多的价值，更重要的是企业通过这种管理可以树立良好的企业形象，获得美誉度和信任度，从而实现企业长远的经营和发展目标。

## （六）对政府监管部门的工作重点提出了建议

当前监管部门的工作重点聚焦于事前检查和事后惩罚两个环节，忽略了对安全生产过程中的跟踪监督。本研究细致描述了在员工工作过程中，组织环境、人与组织的交流、个体心理因素等如何对安全结果起到影响的具体作用机制。这给监管部门提供了转变工作思路、扩大工作内容的理论依据：重视对全行业而不只是高风险行业的安全监督；全面重视全环节、全流程的安全监督；增加在生产过程中对企业安全生产的监督政策和办法；优化监督方式和流程；在预防事故方面，联合企业及生产团队一起制订针对性强的预防措施。

本研究小组在联系企业的过程中与政府安全生产监督总理部门进行了座谈，发现在安全监管方面，政府还有很多工作有待深入、具体和细化。比如，政府应在员工意外保险和工伤救助方面督促企业加强制度建设，在预防事故和保障员工利益方面夯实保障基础，并派出工作小组督促企业执行到位，把监督工作的重点从惩罚企业转移到惩罚企业与救助员工二者并重，对受伤员工实行后续关怀和持续关怀，切实保障好员工的生命安全和健康。

# 第三节　研究局限和未来研究方向

由于研究水平和平台资源有限，企业调查的数量和数据有限，加上社会经济及企业发展和人力资源环境整体处于不断变革之中，因此，尽管做出许多努力，本研究在科学和严谨方面仍然存在一些局限，需要在未来研究中加以改进。下面对本研究的局限简要阐述一二。

第一，关于企业中的员工行为研究，尤其是研究外部环境如何通过个人认知和反应去影响个体行为的机制，应该综合考虑来自组织、团队和个人等各个层面的因素，以便更准确地描述其发生作用的机制。以往的研究证明，组织承诺和管理层优先级对组织安全绩效有直接影响（Clarke，2010；Amponsah-Tawaih & Appiah，2016）。本研究虽然采用了主管对员工的安全绩效评价，其过程仍是围绕员工个体层面的话题进行探讨，考察了环境和个体心理因素对个体安全绩效的影响因素，没有涉及对组织层面和领导层面的综合考虑。建议后续相关采用跨层研究来探索安全绩效的其他影响因素。

第二，本研究的抽样范围较小。由于参与者均受雇于粤港澳大湾区城市的制造型企业，本研究的结果是否可以推广到其他行业、领域或群体，是不明确的。同时，由于本研究中男性和女性受访者的人数不相等，存在性别偏见的风险。例如，女性是否比男性更有可能在历来由男性主导的工作环境中从事冒险和激进的工作做法，以证明自己的能力？来自家庭和工作的双重压力是否让女性比男性具有更高的角色超载水平？为了克服这些局限，有必要在未来的研究中比较女性和男性的不同体验。因此，建议未来研究扩展研究样本，区分地区和行业，增加不同的群体资料来检验假设。

第三，在中国背景下研究组织环境和员工行为之间的关系可能有其自身的天然优势。由于中国儒家文化更倾向于集体主义（Fan，2000；Chen，Zhang & Jia，2020），人们表现出频繁的互助和协作行为，并且倾向于认为合作行为是理所当然的，这符合千百年来的文化传统和行为习惯，也被社会所认可。然而这种集体文化认知有可能使得人们更容易低估帮助行为的价值，也更容易使适度的调解模式失去效力。因此，期待能在其他非集体主义文化情景中进一步验证本研究的研究结果。

第四，通过调查问卷的方法采集资料，其本身具有一定的局限性，因为一些参与者可能会因为对题目缺乏理解而出现答题偏差。在未来的研究中，建议对每个参与者增加开展独立访谈，与调查数据的分析结果互相印证，以提高研究的准确性。另外，虽然本研究的研究时间长达一年，并尽力提高了数据的信度和效度，但仍然不算一个严谨的纵向研究设计，限制了基于资料的因果推论。为了区分这些因果关系，需要在未来的研究中进行纵向或实验设计。

第五，现有文献对于某些变量的定义和测量还不够全面，有些概念内涵在理论界尚未得到统一。譬如，关于工作压力和角色压力的概念区分仍存在重叠和含混的部分。另外，本研究中的工作压力是基于一个相对狭隘的概念而言，本研究选取了与安全相关的压力源来测试员工的工作压力，并且把工作压力视作单一的概念进行测量。在未来的研究中，可以全面考察关于工作压力的其他维度和定义，分别测试这些维度对安全绩效的影响，扩大工作压力的研究范围。此外，本研究初步发现，工作压力各维度与安全参与之间的负相关程度要大于工作压力各维度与安全合规之间的负相关程度，其具体情况尚需作进一步的验证和研究。

第六，本研究所选样本为非高危行业。根据《中华人民共和国安全生产法》（2021 年版）第十九条的规定，高危行业主要有：煤矿企业、建筑公司、化工企业等。除此之外的其他各行业都属于非高危行业。国家对高危行业的安全监控是非常严格的，对安全事故的处罚和救助机制也比较成熟。在各项基金的支持带动下，学者们针对高危行业的安全研究也十分丰富。相比较之下，政府各部门及各类研究机构对占大多数的、处于普通行业的企业所存在的安全问题重视不足，对这方面的学术研究支持力度也不足。近二十年来，国内外学者已经开始意识到这方面的缺漏，正在增强对普通企事业单位的安全问题进行调查。如，Neal 和 Griffin（2006）对澳大利亚一家医院 700 多名医护人员的一项纵向研究证实了安全氛围对安全行为的积极作用，后来，Bronkhorst（2015）也在医院对 6000 余名医护人员进行了调查，验证和拓展了安全氛围对工作压力和安全结果的调节作用。而 Oah 等人（2018）对来自不同制造业的 376 名员工进行调查，证实了工作压力和风险感知对安全行为的影响机制，这也响应了 Seo（2005）对 722 名美国谷物产业工人的研究结果。可见，关于非高危行业的安全研究正在被学者所重视，研究结果也越来越集中于几个关键的变量和模型。然而，作为一项安全研究，各因子之间的关系在高危行业和非高危行业之间是否存在不同，具体存在哪些不同，本研究没有涉及二者之间的比较，这仍是未来需要进一步辨析的问题。

　　第七，本研究所选调研对象皆为粤港澳大湾区城市内的高新技术企业，旨在为湾区建设出谋划策、为我国的高新技术企业内存在的安全管理问题提出切实的改进意见和建议，以促进国家高新技术企业的健康运行和发展。然而事实上，所选企业无法涵盖所有类型和特征的高新技术行业及领域。根据有限理性的指导原则，本研究只能选取有代表性的企业和行业来代表粤港澳大湾区的高新技术企业，来完成本研究的检验程序，为假设模型尽量提供科学客观的数据。建议在将来的研究中，能够借助更大的平台、组建更大的团队，在全国各地代表性区域进行重新抽样取样和全面的调查访谈，一方面检验和修正以往的经典模型，另一方面提出更加科学合理、与时俱进的策略和建议，为国家高新技术企业的发展尽绵薄之力。

下 编

高新技术企业的安全管理

# 第七章　新时代下高新技术企业安全管理的发展现状

随着时代的发展和技术的进步，企业内部管理和运营模式发生了巨大的变化，数字化和智慧化成为赋能企业管理的基础。在所有的企业类型里，高新技术企业所具备的内在特征与数字化技术联结程度最高。国家重点支持的高新技术领域主要涵盖电子信息领域、生物与新医药领域、航空航天领域、新材料领域、高技术服务领域、新能源与节能领域、资源与环境领域，以及先进制造与自动化领域。高新技术企业一直走在技术革新和创新方面前沿，在当前和未来一段时间内，企业的安全管理将会呈现哪些新的发展趋势呢？根据学者们的最新研究，发现我国高新技术企业更加重视安全管理方面，投入更多的资金和关注，在数字化技术推动下朝着精准安全管理、基于3D数字技术的安全事故再现系统云企业资源计划，以及基于深度学习的员工不安全行为识别体系等方向深入发展。

## 第一节　数字化时代对公共安全管理的影响

安全管理具有双重属性，既属于企业管理的范畴，又因其对人的生命健康和安全，以及社会稳定产生的巨大影响而具备公共管理的属性。因此，了解科技进步对安全管理的影响首先应从公共管理的范畴予以探究。

根据郁建兴（2023）的研究，他认为以"大智移云"（大数据、人工智能、移动通信、云计算）为代表的新兴数字技术的快速发展和广泛应用，迫切要求公共管理研究实现范式跃迁。在数字时代，前沿技术的先锋探索与大规模应用几乎同步推进，推动了数字、物理和生物系统的融合，凸显了数据作为一种基础资源要素的重要地位，企业的安全管理系统也持续通过科技投入和创新政策促进数字技术创新。这些实践正在重塑企业管理的问题域，也极大地支撑了全新的科学探索路径和探索形态，扩展了企业管理研究的方法论。

从理论界的学术研究来看，近年来，研究者已经注意到数字技术正在重新界定组织内公共事务管理的研究方法和治理形态。一是数据驱动的研究方法变革。米加宁等（2018）认为，大数据正在推动社会科学研究经历从定性研究、定量研究、仿真研究向大数据研究的第四研究范式转型。在这一过程中，理论驱动的思维定式遭遇挑战，数据驱动要求重新思考社会科学研究中的因果机制及其识别，不断推动大数据挖掘与理论建构相融合的新趋势。二是数字治理实践的新形态。其中，早期电子政务的相关研究多将技术视作公共管理的附属工具，延续了公民参与、协同治理等公共管理经典研究范式的理论。新近讨论则注意到数字技术正在重新塑造公共治理实践模式，并相应刻画了数字治理、整体性治理、敏捷治理等新形态进入数字时代之后这些持续且难以被现有范式吸收、消解和回应的反常，表明公共管理已经难以按照以往的方式积累新知，需要细致辨析新兴技术带来的颠覆性变革，重构公共管理研究的基础假设、核心议题和研究方法。近年来，已有研究者开始深入辨析大数据、平台和算法等技术的特性及其对公共治理的系统性重塑，包括大数据时代政府职能边界的调整与重构、组织形态变革和治理能力提升，数据治理、智能治理和算法治理的实现路径，以及在此过程中公共管理需要重建的伦理价值等。

安全管理作为管理学领域的重要课题，正是人类以理性逻辑和技术治理方式解决复杂治理难题的内在要求。公共安全的诸多问题，单靠企业无法解决，要求政府介入并采取积极措施，由此，政府扩大了职能边界及复杂程度。技术进步带来的历史语境和社会需求变化，推动了政府职能的革新，科技的发展要求政府超越经验式的混乱，开始重视平衡健康与效率之间的紧张关系。科技的持续进步推动工业化、城市化日趋成熟，一方面凸显了资源环境保护等实践议题，另一方面也体现了对社会福利的更高需求。而研究者开始更多运用制度分析、网络分析等新理论工具，广泛采用技术进步带来的新分析方法，如新型数据统计方法、大规模调查分析、基于计算机的数据建模和分析方法等，形成了制度分析与发展等多种有影响力的理论。

数字时代的技术变革正在成为直接驱动公共管理范式变革的重要因素，形成了数字技术与公共管理研究范式之间的强连接。这种强连接来源于以"大智移云"为代表的数字技术，它们推动了物理空间、社会空间和数字空间的融合，形成了一场新的数字革命。同样地，如果说工业时代的技术部分替代了人类体力劳动，那么数字时代的科技进步正在持续提升人类的脑力水平。工业时代的技术治理已经包含较为系统的数据搜集，但其数据规模有限，相应的统计分析只能建立在"小数据"基础上。当前，以5G技术为代表的高速移动通信是重要的基础设施。它不仅能加速上层信息化应用，更重要的是能催生新的信息应用，特别是随着带宽和设备容量的提升，使物联网和元宇宙成为可能，从而实现全时空、全流程、全场景的公共管理。与此同时，以云计算为代表的弹性计算基础设施，为上层信息产业提供了低成本、随时随地可访问的计算服务资源，并整合和创造出前所未有的、巨大的价值链。

# 第二节　新时代背景下安全管理的发展趋势

## 一、趋势之一：精准安全管理模式

伴随着信息技术的快速发展和更新迭代，社会公共安全管理模式发生了巨大变革，"大智移云"等新兴技术使得精准安全管理模式在企业内的升级、推广和应用成为可能。

根据王秉（2022）的研究，近年来，信息技术的快速发展和在管理领域的广泛应用，促使管理工作日趋精准化。在此背景下，精准管理概念被提出，并已成为现代化管理模式的主要探索目标和手段之一。其实，精准扶贫和精准施策等"精准+"概念已在各个领域被提出和推广应用，并已得到社会广泛认同、取得显著应用成效。而安全管理作为管理领域的重要课题之一，无论从理论界还是企业实践领域，都在积极展开关于精准安全管理模式的探索和创新。如范维澄院士在"第七届国家治理高峰论坛年会暨2020年度应急管理峰会"上所做的开题演讲重点提及了精准安全方面的话题。国家层面对精准安全管理更是做出了明确指示，指明了安全管理工作的开展方向和重点管控领域，如国务院印发的《"十四五"国家应急体系规划》指出，精准治理是我国"十四五"时期应急管理体系和能力现代化建设的基本原则之一，做到差异化管理与精细化施策，以及预警发布精准、抢险救援精准、恢复重建精准和监管执法精准。综上可知，在当前时期，精准安全管理是企业管理变革的大势所趋，开展精准安全管理研究对国家、社会和学术界都具有重要的意义。

根据目前在理论层面及应用实践层面关于精准安全管理的讨论，可以总结出精准安全管理的主要功能大致包括以下三个方面。

## （一）精准安全管理是精准安全信息获取及应用的关键

安全信息是安全管理的基础和关键。在当前这个信息激增、知识爆炸的时代，安全数据垄断和安全信息不对称等问题在各行各业普遍存在。事实上，信息爆炸时代也可以理解为是信息匮乏时代，同样，正是无用信息充斥、有效的安全信息匮乏，导致企业的安全管理效果较差，安全事故频发。精准安全信息才能在辨识安全风险、捕获安全风险点和解读安全问题等方面发挥关键作用。因此，企业唯有去粗取精，充分获取精准安全信息（即安全情报），才能有效防范化解企业运行过程中出现的安全风险和隐患。

## （二）精准安全管理是安全管理变革向着精准化发展的基础

随着新兴科技在企业安全管理体系中的强化应用，安全管理机制正在逐渐趋于标准化和精准化。最新的数字化技术和智慧技术（如大数据技术和区块链技术等）与先进科技手段（如差分精准定位技术和先进设备等）为精准安全管理提供了重要的技术支撑。在高新技术企业领域，已有核电企业通过分析处理核电站信息系统反馈的安全信息来获得安全情报，并针对要点采取安全措施保障核电站的安全运行。

## （三）精准安全管理力求化解安全结果追求无限性与安全资源有限性之间的矛盾

单从理论而言，人的安全愿望必然追求绝对化，对普通人来讲，绝对安全才是真的安全，这就是安全所具有的无限性属性。然而，在现实世界中，理性是有限理性，资源是有限资源，信息是有限信息，因而用于规避和防范安全风险的各项资源只能是有限的，而且安全资源的利用往往受到各种客观因素的限制，比如：企业总要用有限的资金和资源首先安排生产和销售，注重经济利益，不可能把所有资金或大部分资源提前用于安全预防工作。由于经济利益是企业生存与发展之根本和动力，安全事故是有可能发生的，所以对于企业决策而言，首先保证经济利益的实现，这本质上并不与商业道德相违背。因此，如何解决和化解这个矛盾是企业和社会长期探索的课题。在新时代，须抱有与时俱进的思想，创新安全管理方法和模式，多角度寻求化解二者之间矛盾的方法和手段。精准安全管理注重安全问题与解决方案、安全需求与服务供给、安全目标与执行手段之间的精准匹配，以实现安全资源最大化发挥其效用，力求将安全风险降至人类社会可接受的水平，而不是无限制地制定零安全风险的空头理论。

当前，安全精准管理仍是一个新兴的研究方向。具体到本研究所探讨的高新技术企业领域，重点关注的仍是技术革新的新趋势和新应用，专门的精准安全管理研究仍比较罕见。同时，仅有的少量精准安全管理研究主要集中在表面的理念探讨和简单应用分析层面。如王秉等指出，精准化是智能时代安全科学的主要特征之一；吴林等初步研究了安全信息流视域下的系统安全管理精准化问题；陈华强简单探讨了精准安全管理在铁路安全生产管理及实施危险化学品安全管理中的应用。总之，目前精准安全管理尚处于起步阶段，缺乏学理性和理论性的专门研究，尚未建立精准安全管理的基本理论体系，特别是尚未明晰精准安全管理的基本内涵和基础模型等基本理论问题，严重阻碍了精准安全管理的研究和实践工作。因此，精准安全管理理论研究亟待深入开展，以获得更多的实践数据。

综上可知，从安全信息视角看，精准安全管理是通过收集、分析和处理安全信息获取安全情报，并运用安全情报识别和管控安全风险的活动，它的焦点在于提升安全管理工作的精度、准度和效度。值得注意的是，精准安全管理跳出了传统安全管理模式，拓宽了安全管理的视野和深度。通过精准安全辨识、精准安全预测、精准安全决策与精准安全施策，精准安全管理促进安全风险精准防控模式的形成。再者，当前精准安全管理模型主要由安全监测感知、安全数据存储、安全信息服务与安全情报运用四个部分构成，它可为精准安全管理的后续研究与实际运用提供一定理论依据和方法指导。以上研究成果显示，在我国高新技术企业开展精准安全管理模式实践和试点，具备了较为成熟的基础条件。

## 二、趋势之二：应用 3D 数字技术的生产安全事故再现系统

3D，即三维，是指在平面二维系中加入了一个方向向量构成的空间系。方向向量（direction vector）是一个数学概念，空间直线的方向用一个与该直线平行的非零向量来表示，该向量称为这条直线的一个方向向量。3D 数字技术是基于计算机/网络/数字平台的现代工具基础共享技术，之前主要应用于影院等视觉艺术领域，现在随着数字化和智能化技术的发展，3D 数字技术已被广泛推广应用到各行各业，如企业的安全管理领域。

反复发生的安全事故，不仅造成不可挽回的财产损失和人员伤亡，还会产生恶劣的社会影响，同时暴露出现有事故反思和警示教育未能起到应有效果，更是映射了传统安全管理手段的失效。究其原因，传统的安全技术手段表现出对事故发展细节可视化呈现不够、警示效果跟踪反馈不足、正确作业

流程和应急处置实操体验不强等问题，严重降低了事故警示教育效果。任燕清（2022）重点研究了如何把 3D 数字技术应用到安全管理体系中来。他认为，可以通过 3D 建模构建事故情景模型库，仿真展现事故发生的人、事、物、场景等关键细节，利用恐惧诉求传播策略，即通过呈现威胁信息以激发被培训者恐惧感、进而说服其接受正确的行为建议，起到震撼心灵和提升安全意识的作用，对于规范人员行为和预防事故发生具有重要意义。国外关于事故再现模拟技术领域的研究，始于 20 世纪 60 年代，到 90 年代中期扩展到欧美大部分国家。美国国家道路交通安全局主导设计的汽车碰撞仿真模型（simulation model of automobile collisions，SMAC）软件、高速公路事故再现速度（Calspan Reconstruction of Accident Speed on Highway，CRASH）模拟分析软件，均对汽车碰撞和速度进行了模拟和可视化呈现。奥地利刑事研究所开发的车辆碰撞模拟软件 PC-Crash，通过计算机图形设计和图像处理技术模拟重现了车辆碰撞行为。日本汽车研究所安全研究部开发的车对车碰撞事故模拟软件 J2DACSH，重点仿真再现了车对车碰撞事故。反观我国，相关研究虽然起步相对稍晚，但是关于 3D 技术在安全管理领域的研究和实践发展速度较快，这主要得益于当今全球化和信息科学技术的迅猛发展，以及我国数字技术的领先发展。清华大学研制开发了车身结构变形分析软件，通过交通事故三维现场再现模拟模块进行事故再现模拟。长安大学研发了道路交通事故计算分析再现系统，通过相应模型计算得到车速及车辆事故状态演变，通过三维视图输出车辆碰撞可视化信息。这些事故再现应用系统在一定程度上起到了对事故可视化再现的作用，但关注的领域多集中于交通安全事故，过程相对简单，涉事人员相对较少，对生产安全领域复杂社会技术系统的事故再现还鲜有研究。同时，上述模拟软件存在再现效果不够逼真、模拟演练实操性不强、再现脚本不能灵活编辑等短板，难以满足生产安全事故再现的新需求。

鉴于此，任燕清（2022）提出，可通过 3D 数字技术构建生产安全事故情景三维模型库，基于三维模型库开发事故再现与应急三维模拟演练系统，为使用人员提供实操性强的培训体验工具。同时，基于上述成果，开发事故再现三维仿真培训系列教材，通过在线平台开展在线学习和测试，将枯燥的安全规程和应急知识学习变成生动的虚拟现实体验，以期实现沉浸式的生产安全事故警示教育，进而提升学员安全意识和技能水平。基于 3D 数字技术的生产安全事故再现系统具有以下四个优势。

（1）通过动态参数化建模、三维动态渲染引擎等 3D 数字技术搭建事故情景库、工器具库和人员库等三维模型，能够生动直观再现事故发生、发展过程及相关细节。

（2）通过自由组态平台结合基于脚本驱动的事故再现动态模拟技术，能够支撑使用者根据自身个性化需求编辑模型，降低建模与场景搭建成本，提升系统使用灵活性和实用性。

（3）事故警示教育系列三维培训教材能够生动展现事故警示教育相关内容，通过与线上学习、测试、反馈、评价于一体的事故再现学习平台相结合，为员工在线安全警示教育提供有力支撑。

（4）三维数字化生产安全事故情景再现系统实现了从无到有的突破，创新了传统的事故警示培训方式，并通过三维模拟演练系统提升培训的沉浸感和实操性，为员工安全心理的文化干预提供抓手。

任燕清（2022）在研究中所构建的生产安全事故再现系统，虽然获得了参与人员的积极反馈，但还处于理论创新和初步测试阶段，尚未经过实践证明和科学评估体系证实该系统的培训效果。建议未来的研究可在此基础上深入开展成果转化和应用评估，根据培训评估效果的相关理论，如根据国际公认的 Kickpatrick 提出的四层培训效果评估模型（反应、学习、行为和结果）进行实验验证。

## 三、趋势之三：云企业资源计划

安全管理专家海因里希指出，超过 88% 的事故是由人的不安全行为带来的。高新技术企业中的安全事故从表面上看大多直接由机器引起，但经过深入调查后发现，这些看似由机器带来的伤害事故背后都隐藏着来自人员不安全行为带来的隐患：不合规的操作、未到现场监督、精神疲惫、设备维修部不及时等。

近年来，随着数字技术的发展和广泛应用，企业资源计划模式逐渐走向云企业资源计划阶段，企业中的安全管理也进入了新的发展和研究阶段。为明确云企业资源计划（enterprise resource planning，ERP）中不安全事件的人因失误因素，张冰鉴（2023）构建了基于故障树分析 – 贝叶斯网络（Fault tree analysis-Bayesian network，FTA – BN）的人因失误分析模型，以避免单一研究方法的局限性。首先，对云 ERP 安全审计记录披露的不安全事件进行分类和追因分析，构建云 ERP 不安全事件故障树，并定量分析最小割集、结构重要度；然后，将故障树映射为 BN 结构，利用案例数据进行结构学习和参数学习得到最终的贝叶斯网络；最后，依托贝叶斯网络的敏感性分析辨识关键人因失误因素，凭借预测推理计算发生不安全事件的概率。研究结果表明：云 ERP 安全人因失误因素中工作不到位、培训不足、资源分配不足、管理流程存在问题、职责不清等因素在对应的事件域中应得到重点关注，以保障持续安全。

根据以上分析结果可以总结出不安全事件中关键的人因失误因素。

首先，在基础设施、设备与虚拟化管理中，资源分配不足对安全影响最大。基础设施、硬件设备、虚拟化技术是提供云 ERP 服务的基石，应合理调配资源，做到动中肯綮、人尽其才、物尽其用；同时，制定规程、应用技术实现加固安全基线、监控虚拟池可用性、识别高风险环境等控制措施的常态化，可以减少对其他需求资源的依赖。职责不清最容易导致软件管理中出现问题。管理者应下发岗位说明书确保人员明确各自的角色、责任、权力；建立员工合规责任的定期跟踪、监控、纠正机制，以保持员工对规程和义务的正确认识与遵守；开发安全运作系统的提醒功能，帮助人员明责尽责；此外，升级漏洞识别技术、病毒清除技术、渗透测试技术可缓解人员失误的后果。

其次，培训和教育不足最易导致数据资产管理中出现问题。可通过加强安全教育和技术培训，采取内化措施增强人员对行为准则的遵从；应完善分级、密钥、访问和授权技术，定期传达人员保密协议、资产返还的要求，有效地控制人员对数据进行不正当操纵的风险。

再次，任务复杂最易导致人员管理中出现问题。日益复杂的云 ERP 应用环境，如新增的病毒、漏洞，更开放共享的生态圈带来新的挑战，要求人员有更灵敏的洞察能力、更熟练的操作水平，这可能会带来身心疲劳、压力过重的负面效果。管理者应关注员工的身心状态，建立并维持人员对安全工作的兴趣和服从；实施合理的人岗安排，增强团队的协调性和和谐度；加大投入实现信息安全技术的完善与升级，减轻人员负担。

最后，员工缺席对安全管理也有较大影响，在多项事故检查中都会发现此类事件，这些员工可能是安全人员，可能是主管，可能是一线工作人员，总之人员的失职带来的意外事故给企业带来不可估量的损失。解决这个问题，企业可针对不同岗位形成便于理解与执行的安全工作手册并保证有效的流通，让人员有章可循、有法可依；采用激励的方式来调动人员规范工作的主动性；完善人机系统流程设计，保证员工无法跳过必要的工序。

通过以上分析可知。

（1）基于 FTA – BN 的模型可分析现实中人因失误所致的云 ERP 不安全事件，有实际应用价值。

（2）BN 的敏感性分析可辨识不同事件下各自关键的人因失误因素。工作不到位、资源分配不足、职责不清、培训不足、任务复杂在对应的事件域中最易导致安全问题的发生。该结果可指导管理者采取针对性措施以减少人因失误的可能性。

（3）BN 的预测推理可在假定人因失误出现时，预测出不安全事件发生的概率，得到的结果与审计记录中的实际情况相符；若组织发现不利于安全的人因失误，可在出现严重事故之前采取必要的纠正措施，避免相同不安全事件的重复发生。

（4）云企业资源计划研究还存在一定的局限性，如事件（人因）的选取不是一劳永逸的，需要使用者"因地制宜"，选取最真实恰当的事件（人因）到模型中进行分析；其将人因因素视为同等地位，未来可考虑使用如人为因素分析和分类系统等方法划分因素之间的层级关系之后再进行分析。

# 四、趋势之四：基于深度学习的员工不安全行为识别与应用

研究和识别由人员因素导致的不安全行为，是本研究探讨的重点。随着数字化技术和人工智能的深入发展，结合大数据技术识别员工的不安全行为，已成为新的研究方向。沿着这个新兴研究方向，众多学者提出了不同的视角，丰富了安全领域的研究基础。

为有效识别工作场所一线员工的不安全行为，范冰倩（2023）基于深度学习与计算机视觉技术，提出融合行为和身份识别的不安全行为识别方法。①对更快速的基于区域的卷积神经网络（Faster R-CNN）算法进行优化，引入高效通道注意力（Efficient Channel Attention，ECA）模块提升行为识别的准确性；②将基于人脸超分辨率算法的人脸识别方法与行为识别相结合，提升图像像素水平并准确输出不安全行为执行人员相关信息；③行为识别与人脸识别并发进行，识别结果回流至数据库最终输出工人不安全行为报告；④选取某地铁施工项目的 4 种不安全行为进行识别方法的实证应用。研究表明：该方法可在地铁施工场景下进行有效应用，不安全行为识别和执行人员身份识别的准确率均达 0.85 以上，具有较高的准确度计算机视觉技术的蓬勃发展，能够对体量庞大的语音、图像和视频等非结构化数据进行高效的深度分析，可挖掘场景图像数据中的有效信息，并大量应用于交通、医疗、农业等行业。如佟瑞鹏等基于计算机视觉等 3 种不同方法，融合识别矿工跌倒行为，发现融合后的方法识别效率均高于单类识别方法；YU 等在实验室模拟环境下，通过深度摄像机拍摄，利用图像骨骼的参数变化识别建筑工人的不安全行为，证明了该方法的可行性和有效性；温廷新等基于迁移学习的残差网络模型，识别跌倒与投掷动作，取得了较好的识别效果。

已有研究主要集中于特定场景中某类或单项行为的智能识别，识别能力不够泛化，无法同时实现对多种不安全行为的识别。识别模拟环境多为理想环境，大多未能在实际场景中进行实践应用，且当前研究忽略对违规作业人

员身份的识别，缺少对员工面部特征的识别。基于此，笔者拟结合深度学习和计算机视觉技术，在优化更快速的基于区域的卷积神经网络算法基础上融合人脸超分辨率算法，设计不安全行为识别系统框架，挖掘场景数据信息，为实施靶向干预、控制和减少不安全行为提供依据，并在地铁施工场景下验证其可行性和有效性，为不安全行为识别和事故预防提供新思路和方法。

# 第八章 ESG背景下高新技术企业安全管理的发展与变革

经过半个多世纪的发展，环境、社会和治理（environment, social and governance, ESG）已成为当今世界可持续发展的关键课题。作为针对中观层面的伦理概念，全球范围内ESG体系正在得到不断完善，从ESG实践到ESG投资，从规则制定到可量化的评价体系建设，ESG已呈现出蔚为主流的趋势。进入新时期以来，我国正经历着深刻的社会经济转型，ESG理念与之不谋而合。然而，囿于多种原因，我国企业ESG实践在很多方面仍与国际标准存在差距。

长期以来，企业作为基本社会单元带动经济发展的同时，也对诸多其他方面产生影响，企业社会责任理论的发展和实践也一直都是大家热衷探讨的话题。自20世纪70年代始，欧美国家在经济发展的同时也爆发一连串环境与社会问题，由此企业社会责任（corporate social responsibility, CSR）理念开始兴起，随着时代变迁，现如今CSR理念已发展为ESG理念，拥有更加丰富的内涵和外延。ESG其实并没有一个官方的概念界定，但国际社会上相当多企业、非营利机构、合作组织等均对企业ESG发展划定标准并贯彻落实。同时，由于中国香港、伦敦、新加坡等地对上市企业信息披露的要求各不相同，这也使得全球范围内对ESG相关绩效进行对比分析困难重重。通俗理解ESG就是环境、社会和公司治理，是三个基于价值的评估因素，体现生产经营活动和投资活动对环境和社会的影响，以及反映企业治理水平的高低。这是一个中观层面的伦理概念，旨在约束组织，而非在宏观国家层面或微观个人层面的探讨。与单纯追求企业利润相区别，ESG涵盖环境、社会和公司治理三个维度，因此可以更为全面地评估企业风险管理、可持续发展等综合表现。需要特别指出的是，ESG 分为 ESG 实践和 ESG 投资，本研究主旨在探讨粤港澳大湾区内高新技术企业在 ESG 实践方面的表现，同时也少量涉及一些 ESG 投资内容。

近年来，国际组织和投资机构将 ESG 理念不断深化，设计出全面、系统的评估方法和信息披露标准，形成一套完整体系。ESG 已在逐步引领全球企业发展的潮流，企业已广泛整合 ESG 理念，运用于企业经营。ESG 涉及环境、社会和公司治理多个维度，通过对十几家高新技术企业的调研分析结果，人们可以看到不同行业、不同规模、不同发展阶段甚至不同管理人员的构成都会在运营过程中对 ESG 实践有着不同的侧重。国际上，以苹果、微软、谷歌、星巴克等为代表的全球性企业都有着严格的 ESG 实践标准，其 ESG 实践触角不仅贯穿其企业内部生产经营流程，更渗透到整个供应链和产业链。

想要促进 ESG 理念在我国企业的发展，关键在于高新技术企业的模范带头和驱动作用。高新技术企业的科技特性与 ESG 理念的社会责任特质相契合，有助于缔造一个企业与社会价值共生的长期健康发展体系。

# 第一节　环境、社会和治理（ESG）框架

## 一、ESG 的含义

ESG，即环境（environment）、社会（social）和治理（governance），是一种综合性框架，用于衡量和评估企业在环境、社会和治理方面的绩效和影响。在当今全球社会和商业环境中，ESG 已成为企业和投资者越来越关注的重要议题。本研究将介绍 ESG 的定义，探讨其重要性，并说明它对企业和投资者的影响。根据 Jenkins（2020）的研究，ESG 的定义如下：

环境关注企业对环境的影响，包括资源利用、能源消耗、碳排放、废物管理等，以及应对气候变化、保护生物多样性和环境可持续性的措施。

社会关注企业对社会的影响，包括员工权益、劳工关系、人权、社区参

与、消费者权益、供应链责任等，以及企业对社会的贡献和支持。

治理关注企业的治理结构、决策过程、透明度、监管合规性等，以及企业领导层的责任、独立性和道德标准。

## 二、ESG 框架的重要性

### （一）ESG 框架的重要性

ESG 框架的重要性主要体现在以下几个方面。

#### 1．长期可持续发展

ESG 考虑了企业在环境、社会和公司治理方面的绩效，帮助企业建立长期可持续发展的战略和目标，促使企业在经济、社会和环境方面取得平衡，实现长期价值创造（Bassen，2021）。

#### 2．风险管理

ESG 框架有助于企业识别和管理与环境和社会相关的风险，如气候变化、供应链问题、声誉风险等。通过有效的 ESG 管理，企业可以减少风险，提高抗风险能力，增强企业的竞争力和可持续性（Khan，Serafeim & Yoon，2021）。

#### 3．创新和机会

ESG 视角下，企业被鼓励采取创新的解决方案来应对环境和社会挑战。这为企业带来新的商业机会和市场竞争力，例如可再生能源、清洁技术和社会创新领域的发展。

#### 4．投资者关注

越来越多的投资者将 ESG 作为投资决策的重要因素，他们倾向于投资那些在 ESG 方面表现优秀的企业。ESG 绩效良好的企业更有可能吸引到长期投资，获得更好的估值和投资回报。

#### 5．品牌声誉和社会认可

积极关注 ESG 的企业在社会中获得更高的声誉和认可。ESG 表现优秀的企业能够赢得消费者、员工和社区的支持，增强品牌形象和竞争优势。

ESG 已经成为企业和投资者关注的核心议题，它旨在推动企业在环境、社会和公司治理方面的全面发展和负责任行为。通过关注 ESG，企业可以实现长期可持续发展，有效管理风险，开拓创新机会，获得投资者的青睐，树立良好的品牌声誉。因此，ESG 不仅是企业成功的关键要素，也是构建可持续发展的社会和经济的重要驱动力。

## （二）企业安全管理在 ESG 框架下的重要性

企业安全管理是指企业为确保员工和资产的安全而采取的一系列措施和策略。在 ESG 框架下，企业安全管理的重要性愈发凸显。企业安全管理在 ESG 框架下的重要性主要体现在以下几个方面。

### 1. 人身安全保障

企业安全管理的首要目标是保障员工的人身安全。在 ESG 框架下，企业被要求关注社会责任和员工权益，确保员工工作环境的安全，减少意外事故和职业病发生的风险。根据 Branzei 等（2020）的研究，ESG 框架对人身安全的重视有助于提高员工满意度和忠诚度，增加生产力和创造更有竞争力的企业。

### 2. 资产保护

企业安全管理也包括对资产的保护，包括设备、设施、技术和知识产权等。在 ESG 框架下，企业需要管理和降低环境和社会风险，以减少资产损失和避免负面影响。根据 Khan 等（2021）的研究，ESG 绩效优秀的企业在资产管理和保护方面表现更好，能够有效减少财务损失和声誉风险。

### 3. 业务连续性

有效的企业安全管理有助于确保业务的连续性和稳定性。在 ESG 框架下，企业需要关注供应链的安全性和可持续性，防止供应链中断和业务中止，同时降低企业声誉和品牌形象的风险。根据 Delmas 等（2020）的研究，ESG 绩效优秀的企业更有能力应对突发事件和供应链中断，保持业务的连续性和可持续性。

### 4. 合规性和道德标准

企业安全管理在 ESG 框架下也涉及合规性和道德标准的遵守。企业需要遵守相关的法律法规和标准，保证安全管理的合规性，并展示良好的治理和道德行为。根据 Heras-Saizarbitoria 等（2021）的研究，ESG 框架对合规性和道德标准的强调有助于提高企业的声誉和信任度，为企业创造长期价值。

## 第二节　ESG 视角下高新技术企业的安全管理变革

### 一、ESG 背景下高新技术企业安全管理变革的方向

企业安全管理在 ESG 框架下具有重要性，它涉及员工和资产的安全、业务连续性、合规性和道德标准的遵守。在 ESG 背景下，高新技术企业安全管理面临着变革的需求，要求综合性管理、数据和报告披露、创新技术应用以及利益相关方的参与。通过将安全管理纳入 ESG 框架，企业可以实现全面发展和可持续经营，同时提高投资者和社会的认可度。ESC 背景下高新技术企业安全管理变革方向包括以下几个方面。

#### （一）综合性管理

ESG 框架要求企业将安全管理纳入综合性管理体系中，与环境、社会和公司治理等因素相互关联。企业需要建立跨部门协作的机制，将安全纳入企业战略规划和风险管理中。ESG 框架的综合性要求促使企业将安全管理与其他方面的管理相整合，实现资源的有效利用和风险的综合管理。

#### （二）数据和报告披露

ESG 框架强调透明度和披露，企业需要收集和报告与安全管理相关的数据和指标。这有助于投资者和利益相关方了解企业在安全方面的绩效和影响。

根据 Bassen（2021）的研究，ESG 报告披露的要求推动企业更加关注安全管理的数据收集和报告，提高企业的透明度和信任度。

## （三）创新技术应用

ESG 框架鼓励企业采用创新技术来改进安全管理。例如，人工智能、物联网和大数据分析等技术可以用于风险识别、监测和预警，提高安全管理的效率和准确性。根据 Lund-Thomsen 等（2022）的研究，ESG 框架对创新技术的应用提出了要求，推动企业在安全管理中采用新技术，提升安全管理的能力和水平。

## （四）利益相关方参与

ESG 框架强调利益相关方的参与和沟通。在安全管理中，企业需要与员工、供应商、消费者和社区等利益相关方进行密切合作，共同推动安全管理的改进和创新。根据 Sachs（2021）的研究，ESG 框架的利益相关方导向要求企业与相关利益相关方进行开放和透明的沟通，促进安全管理的合作和共享。

# 二、ESG 框架对高新技术企业安全管理的影响

## （一）环境（E）的影响

在全球范围内，企业安全管理在 ESG 框架中的地位和影响受到越来越多的重视。其中，环境维度作为 ESG 框架的重要组成部分，对企业安全管理产生着深远的影响。环境问题（如气候变化、环境破坏和资源消耗等）不仅直接威胁人员人身安全和企业资产保护，也对企业业务的连续性和可持续性产生重大影响。因此，理解 ESG 视角下环境对企业安全管理的影响，并探讨环境可持续性与企业安全管理之间的关系，对于推动企业实现全面可持续发展至关重要。

### 1. ESG 视角下环境对企业安全管理的影响

（1）环境风险管理。根据 Mullerat（2021）的研究，企业面临的环境风险对企业安全管理产生直接影响。例如，气候变化引发的极端天气事件可能导致物理损失、供应链中断和生产中止，威胁到员工安全和资产保护。

（2）环境合规性。环境合规性是企业安全管理中的重要要素。企业需要遵守环境法规和标准，确保安全管理与环境保护的一致性。不合规行为可能引发法律纠纷、财务损失和声誉风险。

（3）环境技术创新。环境技术创新为企业安全管理带来新的机遇和挑战。通过采用环境友好型技术和工艺，企业能够减少污染物排放、资源消耗和安全风险，实现可持续发展和安全管理的双赢（Bansal & Sharma，2023）。

### 2. 环境可持续性与企业安全管理的关系

环境可持续性是企业安全管理的基础和前提。通过减少环境压力、保护生态系统和推动循环经济，企业能够降低环境风险、提升业务连续性，并为员工和资产的安全提供更好的保障（Klassen & Whybark，2021）。环境可持续性与安全文化密切相关。企业在追求环境可持续性的过程中，需要树立安全优先的价值观和行为规范，建立积极的安全文化，从而促进企业安全管理的改善和持续发展（Neal，Griffin & Hart，2019）。

ESG 视角下的企业安全管理需要充分考虑环境的影响和可持续性要求。环境因素对企业安全管理具有重要影响，涉及环境风险管理、环境合规性和环境技术创新等方面。同时，环境可持续性与企业安全管理关系紧密，环境可持续性的提升有助于改善企业安全管理并塑造积极的安全文化。综合考虑 ESG 视角下的环境因素和可持续性要求，有助于企业实现安全管理的持续发展和全面可持续发展。

## （二）社会（S）的影响

### 1. 企业安全管理是确保员工和资产安全的关键方面

在 ESG 框架中，社会因素对企业安全管理的重要性愈发凸显。社会因素不仅影响企业的声誉和品牌形象，还会直接影响企业与员工、社区和其他利益相关方的关系。因此，理解 ESG 视角下社会因素对企业安全管理的影响具有重要意义。

（1）员工安全。员工的安全和福祉是企业安全管理的核心关注点之一。ESG 视角下，企业需要提供安全的工作环境、培训和防护措施，以确保员工的安全和健康。根据 Boiral（2019）的研究，ESG 框架强调员工安全的重要性，企业应通过制订健全的安全政策和培训计划，以提升员工安全意识和促进员工安全行为。

（2）社区关系。企业与所在社区的关系对企业安全管理至关重要。ESG 视角要求企业与所在社区进行积极的沟通和合作，共同应对安全问题，并确保企业的经营活动不会对社区造成负面影响。根据 Khan 等（2021）的研究，ESG 框架要求企业关注社区利益，通过积极参与社区事务和贡献社区发展，增强与社区的良好关系，为安全管理提供有力支持。

（3）人权。企业安全管理应当遵守和尊重人权原则。ESG 框架强调企业对人权的保护和尊重，包括避免与人权侵犯有关的安全问题。根据 Delmas 等（2020）的研究，ESG 框架的社会维度要求企业关注人权问题，包括遵守国际人权标准和确保员工与利益相关方的人权得到尊重和保护。

（4）社会责任。企业安全管理必须承担社会责任，积极回应社会的期望和需求。ESG 视角要求企业关注社会利益，为社会安全履行相应的社会责任。根据 Linnenluecke 和 Chen（2019）的研究，ESG 视角下的企业安全管理应当与社会责任紧密结合，通过采取积极的安全措施致力于社会安全发展，促进企业与社会共同利益的实现。

### 2. ESG 视角下企业安全管理中社会因素的重要性

（1）增强企业声誉和品牌形象。有效的企业安全管理可以提高企业的声誉和品牌形象，获得利益相关方的认可和信任。根据 Sachs（2021）的研究，ESG 视角下的企业安全管理与社会责任紧密相关，企业可通过保护员工和社区的安全利益，提高声誉和品牌形象。

（2）保障员工和社区利益。注重社会因素有助于保障员工和社区的权益，维护良好的劳资关系和企业社会责任形象。ESG 视角下的企业安全管理应注重员工和社区的利益，通过积极的安全措施和与员工、社区的互动，建立良好的关系。

（3）增强投资者和消费者对企业的信任。ESG 视角下的企业安全管理可以增强投资者和消费者对企业的信任，提高企业的竞争力和可持续发展能力。ESG 框架要求企业关注社会因素，包括安全管理，从而增强投资者和消费者的信任，为企业带来商业优势。

ESG 视角下的企业安全管理必须重视社会因素的影响。员工安全、社区关系、人权和社会责任等社会因素对企业安全管理具有重要作用。在 ESG 框架下，企业应注重社会因素的管理和改善，以保障员工和社区的权益，提高声誉和品牌形象，并赢得投资者和消费者的信任。未来研究可以探索 ESG 视角下企业安全管理中社会因素的具体实践和影响机制，为企业提供更具体的指导和建议。

## （三）治理（G）的影响

在当今全球化和信息化的商业环境中，企业面临着越来越复杂和多样化的安全风险。为了应对这些风险，企业需要建立有效的安全管理体系，保障员工的安全和资产的保护。同时，随着 ESG 议程的兴起，企业越来越意识到安全管理在实现可持续发展和社会责任方面的重要性。ESG 框架涵盖了环境、社会和公司治理三个维度，其中，公司治理在企业安全管理中发挥着重要的作用。

### 1. 公司治理对企业安全管理的重要性

ESG 视角下的企业安全管理需要关注公司治理的影响。公司治理在安全管理中扮演着重要角色，涉及管理结构、责任分配、风险管理、决策过程、透明度和问责制。

（1）管理结构和责任。公司治理涉及企业的管理结构、权力分配和责任制度。在安全管理中，公司治理需要明确安全职责和权力，确保相关部门和人员能够有效履行安全管理的职责。公司治理结构的规范性与安全绩效之间存在显著的正向关系。一个有效的公司治理结构可以为安全管理提供明确的责任和权力，推动安全绩效的提升。

（2）风险管理和决策。公司治理对风险管理和决策过程起着关键作用。在安全管理中，公司治理需要确保风险识别、评估和决策的有效性，以保护员工和资产免受安全风险的影响。公司治理对于企业能否及时识别和应对安全风险具有重要影响。一个良好的公司治理结构可以提供有效的风险管理框架，促进安全管理的决策和执行。

（3）透明度和问责制。公司治理要求企业提供透明的信息披露和建立问责制度。在安全管理中，公司治理需要确保安全信息的披露和透明度，建立有效的问责机制，以追究责任并纠正安全管理中的问题。根据 Khan 等（2021）的研究，透明度和问责制是有效的公司治理实践的关键要素。在安全管理中，透明的信息披露和建立的问责机制可以增加安全管理的可信度和有效性。

## 2. 加强公司治理以提升安全绩效

加强公司治理，可以提升企业安全绩效，实现可持续发展和社会责任的履行。具体可通过加强企业管理者（董事会）指导作用，健全内部控制和流程、设计激励机制等方面来实施。

（1）董事会的作用。董事会在公司治理中扮演着关键角色。加强董事会的监督和指导作用可以提升安全管理的效果。董事会应确保安全管理与企业战略一致，并定期审查和评估安全绩效。根据前人的研究，具有丰富安全管理经验的董事会成员能够为企业提供有价值的安全管理指导。董事会的有效监督和指导可以促进安全绩效的提升。

（2）内部控制和流程。健全的内部控制和流程对于安全管理至关重要。公司治理需要建立有效的内部控制机制和流程，包括风险评估、报告机制、培训和沟通等，以确保安全管理的有效执行。事实上，有效的内部控制和流程可以减少安全管理中的漏洞和失误。公司治理应注重建立和完善内部控制和流程，以提高安全管理的可靠性和效率。

（3）激励机制和绩效评估。公司治理应设计激励机制和绩效评估体系，鼓励员工和管理层在安全管理方面表现出色。通过与安全绩效挂钩的激励机制，可以提高员工和管理层对安全管理的重视程度。根据 Khan 等（2018）的研究，激励机制和绩效评估对于塑造安全文化和促进安全管理的改进至关重要。公司治理应考虑将安全绩效纳入激励机制和绩效评估体系，以提高安全管理的重要性和优先级。

加强公司治理可以提升企业的安全绩效，实现可持续发展和社会责任。进一步的研究和实践应探索如何将 ESG 和公司治理原则与企业安全管理结合起来，为企业安全提供更全面和可持续的解决方案。

## 三、ESG 视角下企业安全管理变革的趋势和驱动因素

在当今全球化和信息化的商业环境中，企业面临着越来越多的安全挑战和风险。随着 ESG 议程的兴起，企业开始将环境、社会和公司治理纳入其战略和运营中，并意识到安全管理在可持续发展和社会责任方面的重要性。ESG 视角下的企业安全管理的变革是为了应对这些挑战和要求，并在保护员工、资产和环境方面取得更好的成果。

### （一）ESG 视角下的企业安全管理变革的趋势

#### 1. 整合可持续发展目标

ESG 视角要求企业在安全管理中整合可持续发展目标，以确保在追求安全的同时也符合环境保护和社会责任要求。企业开始将安全管理与环境保护、员工福利、社区关系等方面相结合，实现可持续的安全管理。相关研究发现，企业在 ESG 框架下更加关注整体安全管理的可持续性，将可持续发展目标纳入其安全战略和目标。

#### 2. 提升透明度和问责制

ESG 视角要求企业提高安全管理的透明度，并建立有效的问责制度。透明度可以通过披露安全数据、信息和绩效来实现，而问责制度则确保责任的追究和纠正措施的实施。提升透明度和建立问责制对于企业安全管理的改进

至关重要。企业应该主动披露安全数据和信息，与利益相关方进行有效的沟通，并建立相应的问责机制。

### 3. 强化利益相关方参与

ESG 视角鼓励企业与利益相关方合作，共同参与安全管理，这包括员工、供应商、客户、社区和政府等各方的参与和合作，共同致力于安全目标的实现。利益相关方的参与对于企业安全管理的有效性和可持续性至关重要。企业应积极倾听和回应利益相关方的需求和关切，与之建立合作伙伴关系，共同推动安全管理的变革。

## （二）ESG 视角下企业安全管理变革的驱动因素

### 1. 法规和合规要求

ESG 视角的兴起与相关的法规和合规要求密切相关。政府和监管机构的法规要求促使企业加强安全管理，确保符合环境、社会和公司治理的要求。调研发现，法规和合规要求是企业进行安全管理变革的重要驱动因素。企业需要遵守相关的法律法规，并采取适当的安全措施来保护员工和资产。

### 2. 投资者和利益相关方的压力

ESG 议程的兴起受到了投资者和利益相关方的广泛关注。投资者越来越关注企业的 ESG 表现，并将其作为投资决策的重要考虑因素。根据 Khan 等（2020）的研究，投资者和利益相关方的压力对于企业安全管理变革的推动起到了重要作用。企业需要满足利益相关方的期望，并回应投资者对 ESG 问题的关注。

### 3. 市场竞争和声誉风险

ESG 视角下的企业安全管理变革还受到市场竞争和声誉风险的影响。企业意识到安全管理对于维护声誉和竞争优势的重要性。Jiang 等（2021）在研究中发现，市场竞争和声誉风险推动了企业加强安全管理的意愿和力度，以确保企业的可持续发展和商业成功。

ESG 视角下的企业安全管理变革是为了适应不断变化的商业环境和社会

要求。整合可持续发展目标、提升透明度和问责制、强化利益相关方参与等方面的改进，可以促进企业安全绩效、降低风险并增强声誉。未来的研究和实践应进一步探索 ESG 视角下的企业安全管理变革的实施策略和成效评估。

## 四、ESG 视角下企业安全管理变革的内容

在当今全球化和信息化的商业环境中，企业面临着越来越多的安全挑战。为了有效管理和应对这些挑战，ESG 视角下的企业安全管理成为关注的焦点。ESG 视角强调企业在环境、社会和公司治理方面的综合责任，将其纳入安全管理实践中，不仅有助于保护员工和资产，还有助于提升企业形象和业绩。

### （一）ESG 视角下的企业安全管理要素

#### 1. 环境保护

ESG 视角下的企业安全管理关注环境保护和可持续经营。企业应关注资源利用效率、废物管理、能源消耗和碳排放等方面的安全管理措施。环境安全管理可以通过减少资源浪费、优化生产过程和推动绿色创新来提高企业的竞争力和可持续发展。

#### 2. 社会责任

ESG 视角下的企业安全管理强调社会责任和员工福利。企业应关注员工安全、劳动条件、社区参与和利益相关者的利益保护等方面的安全管理实践。社会安全管理可以提高员工满意度、增强企业声誉和改善企业与利益相关者的关系。

#### 3. 公司治理

ESG 视角下的企业安全管理与良好的公司治理密切相关。公司治理包括权力分配、责任制度和信息披露等方面的安全管理机制。根据 Mallin（2013）的研究，有效的公司治理可以提供透明度、问责制和风险管理框架，有助于提高企业的安全绩效。

### （二）ESG 理念在高新技术企业安全管理体系的具体应用

#### 1. ESG 数据和指标的应用

越来越多的企业开始使用 ESG 数据和指标来评估和监测安全管理绩效。这些数据和指标包括环境影响、社会影响和公司治理指标，有助于企业了解其安全管理实践的效果。ESG 数据和指标的应用可以帮助企业识别和管理安全风险，以及衡量其安全绩效。

#### 2. ESG 理念与企业战略的整合

越来越多的企业意识到 ESG 视角下的安全管理是可持续发展和竞争优势的关键要素，因此企业将 ESG 纳入其核心业务和战略决策中。企业将 ESG 整合到战略中可以提高企业的绩效和创新能力，促进安全管理的发展。

#### 3. ESG 报告和披露的重要性

越来越多的企业开始主动披露其 ESG 信息和安全管理实践。ESG 报告和信息披露可以增加企业的透明度和信任度，同时满足利益相关者对企业安全管理的需求。根据全球报告倡议（Global Reporting Initiative，GRI）（2019）的研究，ESG 报告和披露可以提高企业的声誉和吸引力，同时增强利益相关者的参与和支持。

ESG 视角下的企业安全管理强调环境保护、社会责任和公司治理的综合性，它不仅有助于提升企业安全绩效，还有利于实现可持续发展和社会价值。未来的发展趋势包括 ESG 数据和指标的应用、ESG 整合到企业战略中以及 ESG 报告和披露的重要性。进一步的研究和实践应注重 ESG 视角下的企业安全管理策略和措施，以推动安全绩效和可持续发展的实现。

## 五、结论

综上所述，ESG 视角下的企业安全管理正成为企业发展和竞争的重要议题。

首先，ESG 视角下的企业安全管理经历了重要的变革和发展。传统的安全管理范畴逐渐扩展至环境保护、社会责任和公司治理等领域。企业越来意识到 ESG 对安全管理的重要性，并开始采取综合性的措施来应对安全挑战。与传统企业相比，高新技术企业具备轻装上阵、与时俱进的变革基因，成为推动 ESG 理念在企业进行实践的先锋部队。ESG 视角下的企业安全管理不仅关注安全绩效，还注重可持续发展和社会价值的实现。

其次，ESG 视角下的企业安全管理强调持续改进和负责任的企业行为。企业需要不断优化安全管理实践，提高安全绩效，并在环境保护、员工福利和利益相关者关系等方面展现责任意识。这种负责任的企业行为有助于建立良好的企业形象，增强企业的声誉和竞争力。

最后，展望未来，从 ESG 视角出发的相关研究将对企业安全管理将继续产生深远的影响。随着 ESG 概念的进一步普及和重要性的提升，企业将更加重视安全管理的 ESG 因素。这意味着企业需要加强对环境影响的管理、社会责任的履行以及公司治理的有效运作。

此外，随着 ESG 数据和指标的不断发展，企业将更加注重数据的收集和分析，以评估和监测安全管理绩效。同时，ESG 被整合到企业战略中的趋势也将持续上升，企业将把 ESG 视角纳入核心业务决策，以实现安全管理与可持续发展的双赢目标。

# 第九章　安全管理学科在高校的发展与创新

　　党的二十大报告将教育、科技、人才进行一体化统筹布局，突出了三者整合协同、共同支撑社会主义现代化强国建设的重要地位与重大意义。而学科与产业作为教育、科技、人才三者辩证统一发展的两类最为重要的载体，二者之间的融合水平体现了一体化配置效率以及一体化发展质量。高等学校的学科组织是从事科技研究、人才培养的主体，是教育、科技、人才一体化发展的培育载体。企业作为产业微观组织将科技第一生产力、人才第一资源转化成社会主义现代化建设第一动力，因此，产业是教育、科技、人才一体化发展的创新载体。在安全管理研究领域，也应顺应企业需求，让学科与产业形成良性互动。因此，关注安全管理学科和专业在高校的发展与创新，对推动企业建立高效的安全管理体系有着极为重要的意义。

## 第一节　安全学科人才培养模式的构建与实践

### 一、构建企业需要的高素质安全人才课程体系

　　一些学者针对安全专业人才培养，开展了一系列的探索和研究。王亮等构建了安全工程人才多维能力培养体系，提出思政教育全程化、培养目标精英化、课程内容前沿化、实验创研自主化、实践训练国际化"五化合一"人才培养体系；佟瑞鹏等以成果导向教育①（outcome-based education，OBE）

---

　　①　OBE 亦称为能力导向教育、目标导向教育或需求导向教育。

理念为框架，提出了以满足社会需求和促进学生全面发展为导向的安全工程人才培养模式；刘晋等强调了安全工程人才培养应从工程教育回归到人的本质；徐超等以学生为中心，以成果为导向，注重持续改进的高水平人才培养思路；景国勋将课堂、教师、创新和实践融为一体，实行多方协同、联合培养和指标单列等模式培养安全人才；还有学者分别围绕不安全行为、双创实践教学平台、创新教育与专业教育融合、专业与地方融合的高校＋模式等展开，这些研究主要围绕矿山、煤炭、化工等行业，专业特色明显，课程涉及专业面广，有很好的借鉴意义。但目前鲜有针对高新技术企业领域安全人才培养的研究。

在前人丰富的研究基础上，刘加华（2022）针对安全专业的人才培养现状，以培养高素质技术技能型安全人才为目标，建立适合行业企业所需的安全课程体系，以学生为中心，建设实训、实践平台，校企、研训、产教协同，实现企业安全人才培养水平的螺旋式上升，以期为高校安全专业建设和人才培养提供参考和借鉴，并具体提出以下实现路径。

## （一）注重产教融合，创新匠师培养机制

在培养专业人才过程中，引入广东省产业教授、企业工匠工作室，有助于发挥产业教授、广东大工匠校企合作责任人和企业能工巧匠"传帮带"作用。通过校企双方共同搭建实训、实践平台，校企、研训、产教协同，实现从传授知识、技能提升、价值塑造到引领创新的四步进阶，将课程内容与企业生产紧密融合，师资互聘，人员互兼，打通学校、企业间的人员双向流通瓶颈和障碍，校企共同完成产教融合项目。通过上述方式，构建匠师培养新机制和安全高水平人才培养新模式。

判断校企合作成功与否的重要标准是教师参与企业项目的深度，教师服务企业能力的强弱是衡量产教融合成效的重要指标。学校与企业开展交流与合作，建立校企合作联盟，共同开发实践和职业培训类课程包；同时，吸收国内外先进的教育理念，鼓励青年教师到著名国内外高校研修，并参与教科研实践，到龙头骨干、高新技术企业和重点研发机构锻炼，合作开发新技术、

新工艺、新产品、新设备，进行科技成果转化。

## （二）引入标准，重构课程体系，突出安全专业特色

将行业最新标准引入课程建设，针对安全专业涵盖内容广、环节多的特点，重构企业适用、行业需要、符合法律法规要求的高水平课程体系；同时，将安全专业课程体系核心模块分为人员操作合规、技术流程安全、机械设备安全和用电用水安全等常规模块，作为专业核心课程，这五个部分也可以单独组合成课程包。鼓励校企合作开设安全实践类课程，设立产业教授工作室和企业工匠（首席技师）工作室，引进企业先进技术，将实践项目与企业生产紧密结合，可为学生创设真实的实践环境。

## （三）鼓励高校之间共享教育教学资源，丰富教学方式

采用虚拟现实（virtual reality，VR）技术和现代化智慧技术，丰富教学手段。将国内外先进教学理念融入课程教学，增强学习的互动性，具体措施包括建设安全生产案例库和应急演练情景库，开展高新技术企业类互动活动、鲁班奖工程赏析；鼓励学生自己动手制作创意实践、虚拟建造城市信息模型（city information modeling，CIM），建设鲁班工作坊、5G智慧安全体验馆，采用虚拟现实/增强现实（augmented Reality，AR）技术及游戏化方式；等等。借助人工智能和机器学习工具让学习过程变得更加个性化，而图形、文本和语音识别技术则可以提高教学效率。如开设职业健康与危险源识别课程，共享合作企业远程信息化服务平台数据，将施工现场与学生的实际体验相结合，借助云技术、安全计算软件等手段进行项目化教学；通过问题探究、项目牵引、过程考核等手段，运用望（观察）、闻（体验）、问（探讨）、做（实践的方法），实现专业课程教学的实时互动，将课堂延伸到社区或项目施工现场；开设工程专利申报实务、小微企业设立与运营等创新创业类课程，鼓励学生参与案例研究，亲身实践，从参与式学习与实验性培训中获取知识，提高实践课程的参与度。

## 二、创新安全管理人才培养的协同模式

为创新人才培养模式，提高人才培养质量，以广东工业大学等开设了安全学科的广东省高校为例，通过文献分析法分析协同培养的必要性，通过调查分析法探讨协同培养存在的问题，通过经验总结法和系统分析法科学建构"四协同"培养模式，研究结果表明：安全管理人才具有紧缺性、特殊性和教育资源的分散性特征。这些特征决定了安全管理人才必须走协同培养之路。现阶段我国安全学科人才培养面临协同力不足的问题，加快培养模式改革势在必行。"四协同"培养模式的核心要素，包括思政课程和课程思政协同培养、多学科交叉专业群协同培养、校－企协同培养和国际协同培养。

### （一）安全管理人才协同培养的必要性

#### 1. 安全管理人才培养的特殊性

目前，我国安全管理人才数量远不能满足企业的现实需求，为更好地支持我国高新技术企业健康发展运行，保障人民群众生命财产安全，亟须加强协同培养安全相关管理人才，弥补我国安全人才匮乏的不足。目前来看，我国专业的安全管理人才主要来源于两个方面：一是来源于安全工程和安全管理类专业的毕业生。全国开办安全工程类专业的高校约 170 家，每年招收安全工程类专业本科人数约 2 万人。这些学生具有扎实的专业基础和良好的成长潜质，加强协同培养有助于帮助他们成长为全面发展的企业安全管理紧缺型人才。二是来源于企业在工作实践中培训的安全管理人才。这些人才长期战斗在生产一线，具丰富的实践经验，了解工作流程和隐患，在安全管理研究领域也颇有心得，在他们的影响下很多企业强化了对安全事务的细化管理和精准管理；不足之处在于他们深耕企业内部业务领域，只为一家企业服务，没有很好地推广应用经验，价值未被充分理解和发挥。综上所述，我国安全管理人才产生渠道较为单一和固定，缺口较大，安全管理人才队伍急需扩充壮大，以满足现代化企业日益增长的需求。

再者，开设了安全专业的高校在原有学科的基础上，进一步发挥学科优

势推进产教融合协同育人，帮助有需求的企业开展安全人才培训，在政府的牵头下建立校企联动机制，提高我国安全人才总量和整体素养。

### 2. 安全管理教育资源的分散性

为创新人才培养模式，提高人才培养质量，本研究针对过去十年来我国高校安全学科人才培养情况开展细致的调研分析，发现人才协同培养尚存在以下问题。

一是课程思政与思政课程协同培养的强度不够。课程思政是近年来高校思政教育改革的一项重大举措，要求在专业课程中更多地注入思政元素。对于安全管理人才的教育而言，推进课程思政本质上是要将安全责任、安全观和安全命运共同体等思政元素融入人才培养方案，着力推动思政课程与课程思政协同培养，大力培养有思想觉悟且专业能力过硬的时代新人。但由于思想观念不统一、思政元素难挖掘、课程内容更新速度慢、课程体系不完整、考核激励机制不够完善等方面的原因，思政教育与专业教育协同培养还存在着"两张皮"现象：专业教师认为思政教育是思政老师的职责，对实施课程思政的积极性不高；思政教师则认为专业教育是专业教师的工作，对开展课程思政的动力不足，难以实现思政课程与课程思政同频共振。

二是多学科交叉协同培养的深度不够。多学科广泛交叉、深度融合已成为现代科学和工程技术发展的大势所趋，单一的专业知识已经不足以支撑工程人才面对变幻莫测的市场环境。安全命运共同体理念要求培养面向未来的多元化、国际化、创新型的安全卓越工程人才，但长期以来，高校安全人才培养陷入注重专业技术的单科型人才培养困局，难以真正实现多学科交叉协同培养。在课程体系设置方面，专业课程的占比普遍偏高，通识教育课程和实践课程的占比普遍偏低，忽视了安全文化和安全意识等人文素质的提升，"重理论轻实践"的问题依旧较为突出。这样不利于激活青年一代学生的学习兴趣，单调的课程设置甚至对招生带来威胁。在阶段性目标和教育内容方面，课程与实践没有做到很好地融合。

三是校企合作协同培养的力度不够。虽然一些高校已经在围绕安全人才培养汇聚了一些交叉学科资源，但更多的是学科专业的机械堆砌与简单叠加，简单增设几门新型课程或前沿课程，难以真正培养出多科学交叉复合型的安全管理特色人才。高校要培养能有效解决复杂工程问题的安全紧缺人才，企业是重要的协助者。只有通过校企协同培养，才能清楚社会需要什么样的人才，才能获得更多的办学资源，不断完善育人平台，为高校发展提供不竭的动力。但以往高校校企协同培养安全人才的力度明显不够，还存在制度缺位和评价错位等方面的问题。在制度方面，还没有建立起完善的校企合作制度，这不利于校企合作的有序推进；在评价方面，学校更看重学生的学业成绩、竞赛获奖、专利发明和论文发表的数量与质量，但企业更加看重学生知识应用、创业实践、跨界整合和解决复杂问题的能力，双方对人才质量标准和评价的差异化使所开展的校企合作仅停留在表层，缺乏应有深度，协同育人难以取得应有效果。现阶段，由于校企合作缺乏天然动力，笔者建议最好由政府牵头，鼓励合适的企业和对口的高校进行深度合作，开发基于结果导向的实践课程教学、提升安全管理人才培养的质量。

四是国际合作协同培养的广度不够。在全球命运共同体理念的驱动下，培养具有国际视野、通晓国际规则、能够参与国际事务和国际竞争的安全领域人才，符合当前全球化和经济一体化的发展趋势。但由于当前我国大多数高校国际化人才培养方案不完善，国际化培养理念不深入，国际化课程设置不足，缺少国际化师资力量，缺乏与国外高水平学者交流的学术平台和机会等，培养出来的安全管理人才距离国际化创新人才标准还有较大差距，在处理相关安全事件时增加了对国际经验，特别是欧美核大国经验的依赖，在自主创新成果和经验上少有成为国际标准的建树，必须扩大对外交流合作，推进国际协同培养，努力培养更多具有宽广国际视野和全球治理能力的现代化安全管理人才。

## （二）基于"四协同"体系构建合作培养安全人才的新模式

基于建构论、协同论和系统论观点从问题、方法、目标三个层面建构安全人才"四协同"培养模式，凸显系统性特色，该模式具可行性、可操作性和可检验性，显现出实践性特色。其核心要素如下。

第一，挖掘思政资源，推进课程思政协同培养。坚持国家总体安全观，坚持立德树人根本任务，以培养有理想有本领有担当的新时代安全管理人才为目标，深入推进"三全育人"综合改革，加大课程思政协同培养力度，修订人才培养方案，将思政元素纳入示范通识课、切入专业特色课和注入社会实践课，融入教育教学全过程，以春风化雨的方式在潜移默化中让学生同时习得正确的三观和专业知识。

　　第二，整合校内资源，推动专业集群协同培养整合全校相关学科专业力量，打破传统学科壁垒，对工程技术、安全工程、辐射防护、资源勘探工程、化学工程、药物加工工程、环境工程、药学、放射医学、软件工程人工智能、智能制造工程和数据科学与大数据技术等专业进行系统整合和重塑，不断完善专业新结构，拓展专业新方向，扩充专业新内涵，打造适应新时代安全紧缺领域人才培养新要求的专业集群。将新工科理念融入课程体系建设，将大数据、人工智能等先进技术深度融入安全特色课程，打造完整的安全领域课程模块，着力构建牢基础、重实践、强交叉、国际化的课程体系。做实安全人才培养的理论与实践教学环节，广泛开展创新创业教育活动，致力于造就基础扎实，知识、技术、能力、人格、素质协调并进，具有创新能力，适应不断变化的技术环境和社会对企业的新要求。

　　第三，整合企业资源，推动校企合作协同培养。聘请校外专家作为安全专业的校外兼职教师，打造一批优质企业导师，负责指导工艺技术并培养学生的综合素质，最大限度地保证培养的学生既有学术高度，又能够解决实际生产遇到的技术难题。通过开设协同创新班，坚持征求企业意见，结合行业标准共同编制人才培养方案；坚持面向生产实际，集合行业专家共同编写企业教材；坚持以企业平台为支撑，推动学生生产实习进企业；坚持更新教学内容，推动企业先进技术、先进管理和先进理念进课堂；坚持毕业论文校企双导师制，推动校企双方协同指导，共同培养创新、拔尖和领军人才。通过考核评价，将学生参与企业创新项目、取得企业创新成果，双师型队伍建设、创新创业教育等纳入校企协同培养业绩考评范围；将与企业联合制定培养目标和培养方案、共同建设课程与开发教程、合作培养培训师资等纳入校企合作平台的业绩考评范围，推动校企合作协同培养改革。

第四，拓展国外资源，推动国际合作协同培养。聘请一批外籍专家担任客座教授，提升师资的国际化水平。通过国外教师开设全英文专业课程，定期举行学术报告交流活动，让学生感受"原汁原味"的国外专业教学。通过设立专项基金，选取一批优秀学生到国外高水平大学学习交流，学习先进的安全管理模式和技术，开阔学生的国际视野，提高学生国际化水平，提升学生参与国际竞争、应对全球变局的综合实力。

纵观我国以及广东省高校关于安全学科的建设和安全管理人才的培养现状，我国高校开展高新技术企业安全领域人才培养的时间短、任务重，现有安全人才还有着巨大缺口，难以满足未来国家高新技术企业安全战略需求，需加快推进安全人才培养模式改革。

综上所述，聚焦四大能力，汇聚四类资源，推进四大协同，创建安全人才"四协同"培养模式，是我国安全人才培养理论体系的进一步丰富和发展。当然，目前高校安全学科在协同培养机制与保障等方面研究还不够充分，在未来需要进行更深入的研究。

## 三、应急管理专业人才培养模式探索

### （一）国内外高校应急管理专业人才培养研究现状

根据钱洪伟（2022）的研究，自 2019 年以来，应急管理专业在我国高等院校遍地开花，迄今已有 30 多家高等院校开设该专业。高校开设应急管理专业主要受到社会需求、政策推动及学科需要等多重因素驱动，具体包括：①突发事件频繁发生，对懂技术、会管理、能指挥的专业化应急管理人才提出现实需求和要求，催生了应急管理专业；②"平安中国"建设工作的推进和维持急需建设大量应急管理专业人才队伍；③教育部专门出台政策并支持高等院校试办应急管理专业在内的应急类专业。然而，由于起步较晚、基础薄弱，我国安全科学与工程学科在应急管理领域的发展还属于弱项，探索设置应急技术与管理本科专业，将进一步丰富完善安全科学与工程学科内涵。

在当前形势下，开展应急管理专业的研究，培养专业的应急技术与管理人才，具有非常重要的现实意义。

应急管理学科在国外的发展较为成熟，如美国各类大学很早就设置了应急技术与管理专业。1983年，北得克萨斯大学设置了全美第一个应急管理本科专业，授予理学学位。有学者统计，截至2020年，美国开设应急类专业的学校有650多所，其中，19%属于文学学位，81%属于理学学位。如今，美国应急类专业已经基本具有成熟的专业人才培养体系，并对西方其他国家应急类专业人才培养产生了较大影响。

我国部分高校开设的应急管理专业属于教育部新近支持的特设专业，还处于发展起步阶段。近年来，国内学者们对应急管理学科的教学和发展展开了研究，如许素睿等深入分析了安全工程、应急技术与管理、职业卫生工程三大专业，构建了"三专一体"综合学科建设模式。应急技术与管理专业作为新兴专业，无论是专业建设标准规范，还是未来发展趋势，都存在着较大的不确定性，还未形成一套成熟的人才培养模式。

本研究根据对应急管理专业国内外研究的梳理总结，基于我国应急技术与管理新兴专业的学科特征及发展现状，针对应急工程技术、应急组织管理专业方向的教学，提出了统筹招生、培养及就业一体化通道，并构建一体化—分流教育人才培养模式，以期为应急技术与管理专业人才的培养提供参考。

## （二）应急管理专业建设路径

应急管理专业和安全工程同属于安全科学与工程学科，传统上侧重生产安全，而近年来应急技术与管理专业更多地涉及四大类突发事件（即自然灾害、事故灾难、公共卫生事件和社会安全事件）。这对于专业化人才培养提出新的要求，即应急人才既要懂现场应急技术，又要懂应急组织管理，要有能力处理突发事件现场统筹工作。按照这个逻辑，应急管理专业是一门实践性很强的综合性交叉专业。该专业目前在国内开设时间不长，尚未有毕业生，对其目前的人才培养模式效果尚难以进行有效评估。但是，以往在应急类专业或方向的人才培养模式等教学改革领域，已经开展了许多有益的探索和积累，如河南理工大学率先设立一套应急管理人才培养体系及配套教材，开创了应急类专业人才培养模式；暨南大学也基于公共管理学科视角探索应急管理系列教材及培养模式。此外，2018 年，太原理工大学等也结合自身矿业行业优势及传统安全工程优势，探索了应急管理专业人才培养模式。总之，由于应急管理专业不同于以往应急类专业，既有的人才培养模式还难以有效支撑应急技术与管理专业的人才培养，亟须进行深入教改理论挖掘和实践探索。

### 1. 创新人才培养模式的设计

考虑国家、社会对应急管理专业的现实需求与学科专业的发展规律，应急管理专业人才培养模式应遵循现实性与可行性相结合、国家和地方需求与学科布局相统一、招生培养及就业一体化匹配等原则，保障专业建设中涉及的人、财、物等要素功能得到有效释放及协调发展。根据以上原则，构建一体化—分流教育人才培养模式。一体化是指综合考虑应急技术与管理专业人才培养从入校到就业的影响因素，主要包括招生、培养及就业、课程体系、专业实验室及实训基地建设、教学科研、匹配教材、师资队伍六大因素。其中，课程体系在人才培养模式中处于核心位置，国家和社会对专业人才的需求是制定培养目标和设置课程体系的前提，课程体系是实现培养目标的重要载体和手段，而课程体系的设置与完善离不开专业实验室及实训基地、教学与科研、专业教材、师资队伍等因素的支持。分流教育主要是指应急技术与管理专业的 2 个专业教学方向（应急工程技术和应急组织管理），一体化—分流教育人才培养模式是应急技术与管理专业人才培养全过程所涉及因素及培养方向的综合表达，在招生、培养及就业、课程体系、专业实验室及实训基地建设、教学科研、匹配教材、师资队伍等内部因素的基础上搭建研究框架。

### 2. 专业招生、培养及就业培养目标的统筹制定

应急管理专业属于新兴专业，这个专业是什么，培养具备什么能力的人才，能胜任什么样的岗位等，涉及专业的招生、培养及就业问题，需要从系统角度综合考虑。结合目前国家产教融合政策、新工科、新文科建设背景以及社会需求，统筹考虑制定培养目标。事实上，应急技术与管理专业不仅仅

涉及单一工程技术问题，从决策科学角度看，更是一个如何平衡工程技术与组织管理二者的系统性问题。为进一步增加对应急技术与管理问题的研究深度，必须结合工科的实践解题与社会科学的说理解题的理论及方法。应急技术与管理专业发生于安全科学与公共管理的交叉，放眼学科未来的发展，应该借鉴综合交叉学科特点，密切结合行业平台来建设，立足一个或多个行业建设的目的，一是为专业的发展奠定未来的应用基础，二是为学生实习、就业提供平台。正是在这个基础上，应特别强调应急技术与管理专业的工程技术与组织管理特征和行业依托，以培养懂技术、会管理、能指挥的专业人才为目标，通过建立专业的招生、培养及就业一体化通道，推动该专业人才培养模式创新。

### 3. 科学合理课程体系的设置

科学合理的课程体系是依据培养目标设置的，是实现培养目标的重要载体和手段。对于该专业的课程设置，一般可考虑课程群形式，目前，设置该专业的高校大多有一定应急领域课程或专业方向的积累。立足这种认识，考虑设置3类课程群，具体为：①应急管理层面的组织管理类型课程；②应急技术层面的各校特色优势工程技术与应急交叉的类型课程；③安全防范类型课程。以河南理工大学为例，该专业的开设主要是依托安全科学与工程、计算机科学与技术及公共管理等学科课程综合交叉，在课程设置上承袭过去传统的应急组织管理优势，开设系列配套课程。对于应急技术类型课程群设置来说，应急技术与管理专业定位属于工科，课程设置需要体现工程技术特色的课程群，该校选择了边建设边发展边完善的专业建设思路，在国家新基建、大数据等信息网络政策背景下，确立了应急技术信息化课程群。此外，灾害事故前端的灾变、致灾机制分析非常关键，该校设置了一些前端的安全防范准备方面的课程。在统筹上述3类课程群时，该校还在每个课程群设置了拓展性的课程，如设置应急职业资格教育类课程，让学生拿到诸如应急救援员类专业资质认证，毕业即可达到就业岗位的能力要求。除了上述几类课程群之外，还添加了一些方法论层面的学科知识，如系统工程方法学，让学生具有整体把握事物的思维等。

### 4. 专业实验室及实训基地的建设

关于专业实验室的建设目前尚无成熟的认识或共识，基于应急科学与工程知识体系理论，应急实验室可以借鉴应急科学基础试验规划设计思路，建设应急仿生、应急识图制图等系列基础实验室，建设以大数据物联网信息化等为支撑的应急决策指挥平台实验室等。当前，建设专业综合能力训练仿真平台或者实训基地已经成为许多办学高校正极力探索的方向。以河南理工大学应急技术与管理专业实习工作为例，该校过去在应急领域开展了较多尝试积累工作，如为服务专业课程的建设需要，该校与诸多计算机信息网络公司陆续签订了人才培养战略合作协议，既可以探索应急技术信息化方向，又为学生开辟了实习实训的基地。实习基地可以与应急领域的行业协会，如与中国应急管理学会等建立联系，依靠这些领域的社会组织建立实习基地。还可以考虑建设虚拟仿真平台，把校外实习建立在校内虚拟仿真平台上，克服资金、人员及场景匮乏等资源束缚。

### 5. 专业教学与科研学术的平衡

应急管理专业的定位，需要考虑在教学与科研两个方面做好平衡。在合理把握好教学与科研关系的基础上，以科研带动教学，在教学中发现科学问题的办学思路，如挂靠在其他学科博士点（硕士点）学科下设置应急技术与管理专业的研究方向，为将来做好应急技术与管理专业的博士点（硕士点）申报做好奠基性工作。积极申请应急技术与管理专业研究的国家级、省市级研究平台。专业教学方向考虑一个专业平台，2个专业方向进行学科方向调整，在招生环节按照文理进行招生，即大学4年课程教育的前2年不分方向，实行上述一个专业同一平台上课，完成基础课程学习，后2年自选方向教学，实行专业分流培养。在方向设置方面，结合行业安全划分为应急工程技术、应急组织管理等，整合师资，形成合力。对于应急工程技术方向教学，可以考虑行业应急问题交给具体行业，把控好应急人才培养目标与手段的办学思路。

### 6. 教材建设的与时俱进与提升

教材的建设代表着一个专业发展的成熟度。各高校可以先从争取校级规划教材做起，努力在这个级别层次出版系列专业教材。教材的建设过程一方面有利于专业发展，扩大影响，另一方面也使教师在教材编撰过程中得到锻炼及加深对专业的理解。积极翻译借鉴国外优秀教材也是推动教材建设的必要之举，河南理工大学、暨南大学、中央党校应急管理培训中心等早期在应急组织管理教材方面做了大量国外资料翻译工作，奠定了应急技术与管理专业发展的教材编制基础。另外，国内相关高校也应立足灾害区域差异实际，开发适合本土文化实际的教材系列。

### 7. 师资队伍的建设

一流的师资，才教得出一流的学生。应积极引进有国外留学、多学科专业背景的教师队伍，同时，积极培养培育本校青年教师成长。此外，还应组建应急技术与管理专业或研究方向科研团队，如结合专业特点，设置应急工程技术、应急组织管理、应急战略政策等科研方向团队，按照边建设、边完善、边研究的原则，丰富拓宽专业内涵。

## （三）应急管理学科发展的趋势和未来展望

### 1. 统筹交叉学科是专业建设的突破口

应急管理学科在西方已经逐渐成为管理科学中的显学研究，在借鉴西方应急管理学科认知的基础上，可将其拓展为具有典型、明显工程技术与组织管理交叉特征的综合性交叉学科。陈昌曙提出，一个学科没有特色就没有地位，没有基础就没有水平，没有应用就没有发展。在符合国家相关专业办学标准的前提下，各高校应结合自身优势，探索符合自身专业特色方向，积极寻求专业持续发展机制。

### 2. 重视专业基础理论研究

应急作为新兴专业，在应急与安全边界、学科史、与其他学科关系等层面，还存在诸多难题，如应急具体指什么，和应急管理有何差异，应急技术与管理如何考虑技术与管理要素；此外，应急如果作为一个学科或专业，其研究对象及目的是什么，能否形成一套学术话语体系，目前对这些问题在理论界与实务界均有各自的理解，短时间难以形成共识，但这些问题决定着学科专业发展的生存和持久生命力。总体来说，这个领域存在较大创新空间，针对此类问题，要用发展的眼光看问题，要秉承包容、开放、服务、生态的理念去挖掘和探索。

### 3. 文理兼容，推进两条学习轨道并行

应急技术与管理专业涵盖工科的实践解题与社会科学的说理解题，即技术与管理两个方面。在同一平台经过 2 年的基础课程学习后，学生对应急技术与管理产生专业性认知，可根据学习情况，以学生意愿为主进行分方向教育。在应急工程技术方向，将云计算、物联网、大数据等技术融入课程群中。在应急组织管理方向，注重案例情景教学等，培养不同地方基层、行业或部门所需要的应急人才。

### 4. 积极探索应急科学战略前沿课题

作为现代应急管理理论与方法新进展的学术探索，融合工程技术、组织管理 2 个维度的应急科学与工程知识体系。该体系包括应急科学、应急技术、应急工程、应急产业、应急管理及应急文化等 6 个分支及 14 个方面，属于应急科学战略前沿课题，为我国应急管理教育提升到应急科学教育层面提出一套本土化知识体系的创新思路，对专业发展起到很好的推动作用，对国家或区域应急管理现代化建设有着积极的智力支撑价值。

综上可知，应急管理专业在我国是一种强调工程技术与组织管理交叉融合的新兴学科，不同于以往应急类专业特点，既有的人才培养模式难以有效支撑应急技术与管理专业的人才培养。分析应急技术与管理专业的建设现状，从培养目标、课程体系、师资队伍等多方面分析构建一体化分流教育人才培养模式的必要性，有助于实现懂技术、会管理、能指挥的专业化应急人才的培养。基于对未来形势的预测，笔者认为当前的研究重点不应只在应急技术与管理专业人才培养影响因素方面的分析，还应重视应急工程技术与应急组织管理等教学方向的特色建设，未来的相关人才培养改革可继续进行深入研究。

# 四、构建应急管理人才培养体系的本科生全程导师制

为提升应急管理人才培养过程中本科生全程导师制（four year undergra-duate supervisions，FYUS）的运行效果，本研究首先以国内几所高校应急管理专业师生为研究对象，在本科师生中开展深度访谈和问卷调查，归纳出应急管理人才培养中 FYUS 面临的三维困境：导学的时空冲突性、教育载体的缺乏性、教育目标的模糊性。其次，基于情境学习理论，构建包含教育共同体、学习情境、移动共同体、合法的边缘性参与四大核心要素的情境学习型FYUS 新模式。最后，从核心执行者、卷入群体、学习方式、培养目标达成四个维度，比较 FYUS 的传统模式与情境学习模式的优劣。

风险社会的来临给我国应急管理体系和能力带来了种种挑战，应急管理人才供给不足便是其中之一。2022 年初，《"十四五"国家应急体系规划》正式发布，提出要加强应急管理学科专业体系建设，鼓励高校开设应急管理相关专业，加强应急管理人才培养。在现实需求与顶层政策的双重推动下，高校体系中应急管理学科建设呈爆发式增长态势。截至目前，我国高校应急管理学科建设已经实现由点到面的跨越。此外，顶层政策对高校应急管理人才的培养提出较高的要求，要求高校培养综合型、创新型、应用型、技能型的应急管理人才。传统的以课堂教学为核心的育人模式核心优势在于理论知识的传授，无法支持应急管理人才在创新意识、应用能力、实践技能等维度中的成长，不足以支撑综合型应急管理人才的培养，也无法满足风险社会对成熟应急管理人才的紧迫需求。

为提升应急管理人才的培养质量，弥补课堂教学模式的不足，很多高校尝试在应急管理人才培养中引入 FYUS。FYUS 是以提高学生的创新精神、学术水平和实践能力为目标，进行全过程、全方位辅导的一种互动式培养制度，该制度不仅要求师生之间有正式的教学互动，还强调师生之间的非正式交流，覆盖学生学业、心理情感、适应社会等多方面，推动了高校人才培养模式改革的深化、学生自主学习能力的提升、一流师资队伍建设及高校教育与社会需求契合度的提升等教学目标的实现。

FYUS 的内核是将最为传统、最有效的教育方式——师徒制引入本科教育过程中。现阶段，在应急管理人才培养过程中，FYUS 的实施方式有三种：一是全人员参与，即院校给每一位本科生配备一名本专业任课教师作为导师；二是全过程导入，即导师制贯穿于学生整个大学生涯；三是全方位介入，即学校要求导师对学生的指导能涉及学生的学术建设、就业引导、生活关怀等方方面面需求。为保证该制度的实施，院校会对导师对学生的指导次数做出详细规定并进行定期监督。引入 FYUS 后，应急管理人才培养发生了三大变化：一是课堂教学中的距离教育转变为贴近的互动式教育；二是粗放式教学转变成精确式引导，导师针对每一位学生的需求进行有针对性的指导，真正做到因材施教；三是知识传授转变为涉及学习过程、职业规划、科研探索、社会实践、品德素养等全方位辅导。基于以上对应急管理人才培养的全面分析可知：FYUS 能够为学生提供更多的课堂外的学习和成长的机会，促进学生综合能力的提升，进而提升应急管理人才的培养质量。

## （一）FYUS 在高校应急管理人才培养中的困境

尽管 FYUS 在应急管理人才培养中发挥了重要作用，但其在实际操作中仍面临着很多制约因素，如导师精力不足、学生主动性差、导师职责界定不清晰等，影响了最终的育人效果。事实上，现有研究对 FYUS 运行困境的探究也缺乏系统性，未能提出应对困境的整体性方案。

鉴于此，许文文（2022）的研究系统性地梳理了 FYUS 运行困境，基于教育学理论，采用实证研究方法，提出了几点解决方案，试图提升应急管理人才培养中 FYUS 的运行效果，以回应风险社会对高水平应急管理人才的需求。

为系统性探究应急管理人才培养中 FYUS 的运行障碍，本研究以 X 高校应急管理专业的师生为研究对象，围绕 FYUS 的运行效果以及难点进行调查。调查方式为：①随机抽取 10 位本科生导师进行深度访谈。②向分布于不同年级学生开展半结构式问卷调查，共发放问卷 210 份，回收有效问卷 175 份。问卷数据显示仅有 41% 的学生表示对目前 FYUS 的运行模式满意或特别满意。

通过进一步分析导师访谈记录文本以及学生问卷开放性问题，分别得到导师与学生眼中对 FYUS 有效运行影响最大的 5 个因素，在此基础上归纳出 FYUS 有效运行的三维困境。

### 1. 导学的时空冲突性

导学的时空冲突性表现为导师与学生之间的时间冲突和空间冲突。导师与学生时间冲突的根源在于：①导师科研、教学和行政任务繁重，而FYUS需要一名导师面对不同年级的多个学生，工作量巨大；②学生本科期间课程较多，自由时间有限。导师与学生之间空间冲突的根源在于：①大学采用多校区运行模式，导师和学生分处于不同校区，导师办公空间与学生学习空间的割裂；②公共危机的出现，导致正常的教学秩序被打破，导师和学生经常被限制在固定的区域，只能进行线上交流。导学的时空冲突性限制了导师和学生面对面交流的次数和时间，直接影响了 FYUS 的育人效果。

### 2. 教育载体的缺乏性

FYUS 教育载体的缺乏性体现在实践机会缺乏和教学活动单一。实践机会缺乏是由于目前各大高校运行的 FYUS 中的导师主要由各专业任课教师担任，而大部分专业任课教师依赖自身资源，无法为学生提供学习实践的机会。教学活动单一是由于缺乏对导师的培训，导师不知如何设计多元的教学活动以提升学生的综合能力。无论是实践机会的缺乏还是教学活动的单一，根源都在于 FYUS 运行过程中，所有的育人工作都依托导师，一旦导师资源或能力不足，那么育人效果就会大打折扣。该问题不仅制约人才培养的整体效果，甚至会造成同一学校同一专业的学生所接受的教育质量不均衡。

### 3. 教育目标的模糊性

教育目标的模糊性是影响 FYUS 运行效果的最关键因素，主要体现在两个方面：一方面，学校顶层政策中对 FYUS 育人目标的规定比较宏观，如促进学生知识、能力、素质全面发展，这造成导师很难把握和落实教育目标，只能根据自己的理解将其细化、分解至行动层级；另一方面，缺乏具体合理的工作方案，考核监督机制不合理，如学校可规定每月师必须指导学生 1 次，每次不少于 1 小时，导师需每次填写指导手册等。此种监督机制的确能够保证导师的工作时长，却很容易使导师以完成量化工作标准为目的，而忽视真正的育人效果。

## （二）突围：情境学习型 FYUS 的新建构

为突破上文所提出的三维困境，借鉴莱夫和温格的情境学习理论，本研究尝试构建一种能够有效运转的新型人才培育模式。

### 1. 情境学习理论

1991 年，莱夫与温格提出情境学习理论，其主要观点为学习是实践共同体中合法的边缘性参与。具体来说，该理论包括三大要素：①学习情境。具体的学习情境——社会生活与社会实践是学习存在和发生的基础，即所有的学习都发生在社会生活与社会实践中。②合法的边缘性参与。合法意味着新手有了进入学习共同体的资格，边缘性意味着学习者或多或少地参与其中，暗示了一种开放的通道。合法的边缘性参与本身就是学习，在这一过程中，学习者的身份沿着旁观者、参与者再到示范者的轨迹前进，从而实现从边缘参与到充分参与的蜕变。③实践共同体。实践共同体是情境学习机制发生的场域，并不意味着一定是共同在场、定义明确、相互认同的团体，而是强调共同体成员共享的事业。

### 2. 基于情境学习型的 FYUS 建构

根据情境学习理论的观点，在 FYUS 这一育人模式中，学生的学习应当是在某一学习情境中，通过合法的边缘性参与，在实践共同体中不断成长的过程。在此视角下，可从构建教育共同体、搭建学习情境、构建移动学习共同体、推进合法的边缘性参与四个方面构建情境学习型 FYUS。

第一，构建以双导师、双部门为核心的教育共同体。教育共同体由双导师（即理论导师、实践导师）和双部门（即院校职能管理部门、应急管理实践部门）共同组成。根据《"十四五"国家应急体系规划》提出的综合型、复合型、创新型、应用型、技能型应急管理人才培养标准，情境学习型 FY-US 应当遵循理论与实践双导向，既为学生配备理论导师，进行知识传递并培育其学术能力，又配备实践导师，提升学生的实践能力和技术应用能力。双部门是全程导师制的保障者，院校管理部门是指学校领导小组、教务处、专业系所等，需要负责制订全程导师制的实施方案、供给相关教学资源等；应急管理实践部门是指消防救援队伍、地震测绘部门、安全监管部门、应急领域内社会组织、应急管理部等政府职能部门等，主要负责为学生提供实践的场所与机会。

第二，搭建应急管理学习情境。根据情境学习理论，学习作为现实世界创造性社会实践活动中完整的一部分，必须在一定情境中才能发生。从此角度出发，搭建合理的学习情境，既可以为 FYUS 提供教育载体，又可以将育人目标细致化，贯穿至各项具体的学习活动中，从而解决目前 FYUS 运行中教育载体缺乏和教育目标模糊的困境。搭建应急管理学习情境需要教育共同体中的各个主体共同努力。不同主体根据自身资源的不同搭建的学习情境也各不相同，如理论导师可以依托自己承担的研究项目搭建一个以培养学生研究能力为目的的学习情境，将学生的学习过程融合在研究项目的执行过程中；来自应急管理类社会组织的实践导师，可以依托其组织中的具体工作为学生们搭建一个旨在培养其应急实践能力的学习场景，学生们完成实践知识的学习。麦克莱伦曾提出学习情境的两种类型：真实场景和真实场景的虚拟代用品。受此启发，应急管理学习情境的搭建可以从三个方面着手：一是为应急管理人才提供真实的实践场景，如学生参与式观察消防演练、学生参与制订社区应急预案、学生对应急救援设备进行实际操作、亲身体验灾后救援工作流程等。二是为应急管理人才提供实践场景的替代品，如借助技术手段，进行远程和数字学习情境的搭建，为学生构建虚拟的实践场景。三是可借助多灾种情境体验教学互动系统、突发事件应急仿真演练实训系统等软件，对突发事件进行仿真模拟。

第三，构建移动学习共同体。构建学习共同体是保障情境学习型 FYUS 有效运转的关键环节。为了应对导学之间的时空冲突问题，必须将移动学习方式引入学习共同体内，也就是说要构建一个移动学习（Moving Learning）共同体。移动学习共同体成员由理论导师、实践导师及其指导的来自不同年级的所有学生共同组成。移动学习共同体的构建需要完成如下工作：首先，依托互联网社交软件，为共同体成员提供一个互动沟通的平台，使得共同体成员之间可以凭借移动互联设备随时随地进行互动沟通和学习。其次，依托实践导师及理论导师所构建的学习情境，为共同体成员制订学习的目标和教育活动计划。再次，进行角色分化，不同年级或者不同成长阶段的学生在共同体中承担的角色不同，承担的工作也不同，在达成学习目标的过程中，角色会随之发生变化。最后，维系共同体的可持续性，即保证移动学习共同体通过学生的代际交替，实现可持续性的运转。当一批学生从大一到大四完成了学习，另一批学生进入学习共同体。

第四，推行合法的边缘性参与。情境学习型 FYUS 中，导师育人与学生学习的核心机制为合法的边缘性参与，即导师通过为学生们提供合法参与的渠道和机会，推动学生们在学习共同体中实现从旁观者、参与者到示范者的成长过程，即催化学生从边缘性的参与向核心参与转变。

综上，FYUS 贯穿于学生从入学到毕业整个大学生涯，在学习共同体中，导师要不断地搭建学习情境，并为学生提供信息、资源和机会，鼓励学生投入时间和精力，要求学生不断地增强参与。此外，导师需要根据学生的学习情况，为其配置不同的学习任务，不断为其设置新目标、新内容，促使学生由最初有限度的参与慢慢向中心参与移动，从而使 FYUS 成为一个动态、开放的体系。结果表明：情境学习型 FYUS 核心执行者及卷入群体更加广泛，学习方式更加多元，培养目标达成效果更好，能够突破传统模式的三维困境，提升应急管理人才培养效果。

# 第二节　课程思政背景下的安全学科建设

为深入贯彻落实习近平总书记关于教育的重要论述和全国教育大会精神，贯彻落实中共中央办公厅、国务院办公厅《关于深化新时代学校思想政治理论课改革创新的若干意见》，把思想政治教育贯穿人才培养体系，全面推进高校课程思政建设，发挥好每门课程的育人作用，提高高校人才培养质量，特制定《高等学校课程思政建设指导纲要》。根据《高等学校课程思政建设指导纲要》，课程思政建设工作要围绕全面提高人才培养能力这一核心点，在全国所有高校、所有学科专业全面推进，促使课程思政的理念形成广泛共识，广大教师开展课程思政建设的意识和能力全面提升，协同推进课程思政建设的体制机制基本健全，高校立德树人成效进一步提高。

课程思政建设内容要紧紧围绕坚定学生理想信念，以爱党、爱国、爱社会主义、爱人民、爱集体为主线，围绕政治认同、家国情怀、文化素养、宪法法治意识、道德修养等重点优化课程思政内容供给，系统进行中国特色社会主义和中国梦教育、社会主义核心价值观教育、法治教育、劳动教育、心理健康教育、中华优秀传统文化教育。

课程思政是对高校思想政治教育规律的正确把握，是落实立德树人根本任务的关键举措。安全学科涉及总体国家安全范畴下的社会安全、生态安全、生物安全与核安全等专业领域，其课程思政建设影响着学生追求真理、科技报国的家国情怀及使命担当，影响甚至决定着国家长治久安与民族复兴。弘扬安全学科特色，推动安全学科课程思政建设，是培养新时代安全人才的必然要求，有助于在安全学科育人过程中推动知识传授、价值塑造与能力培养的有机统一。

《高等学校课程思政建设指导纲要》指出，要推进习近平新时代中国特色社会主义思想进教材、进课堂、进头脑。因此，安全学科课程思政建设要从教材、教学和人才培养各个方面入手，强化春风化雨的思政育人效果。伴随着课程思政建设的不断深化，一方面，从教育学课程论视角出发，学术界在课程思政含义、功能及重要性等方面开展了较多探讨。如研究马克思主义理论与教育学理论在人才培养方面的科学性、以马克思主义实践观与思想政治教育理论为引领开展课程思政协同创新。相关学者通过研究高校思政课程与课程思政的区别与联系、课程思政与学科德育的关系等内容，深入分析并梳理课程思政建设内涵。另一方面，在学科课程思政建设领域，应根据学科特色开展课程思政实践探索，避免简单地贴政治标签。近年来，安全领域课程思政主要针对单一专业课程展开具体研究，如"安全系统工程"与"安全管理学"等，缺少立足于安全学科开展的整体课程思政建设规划与探讨。另外，安全学科作为一门交叉综合学科，少有研究结合安全学科特色开展课程思政实践路径探索。根据最新研究，佟瑞鹏（2022）聚焦于安全学科特色，探讨安全学科课程思政内涵；提出了安全学科构建"两线一格"课程思政育人模式的构想；以中国矿业大学（北京）安全学科为例，检验"两线一格"课程思政育人模式应用效果，为推动高校思政育人工作进程、提升安全学科人才培养质量提供了研究基础，丰富了安全学科课程思政的理论研究和实践经验。

首先要明晰安全学科课程思政内涵。教育部在 2017 年印发的《高校思想政治工作质量提升工程实施纲要》中提到，课程思政旨在梳理各门专业课程所蕴含的思想政治教育元素和所承载的思想政治教育功能，将其融入课堂教学各环节，实现思想政治教育与知识体系教育的有机统一。据此，安全学科从事故预防、风险管理与综合概括等视角综合分析，实现各视角下安全目标的正确认识与结构化知识体系的结构化，应用领域涉及面综合性较强。安全学科课程思政可理解为在安全学科课程教学中渗透思想政治教育，以实现安全学科知识体系教育与思想政治教育的有机统一。

其次，安全学科融入课程思政是否需要注意其学科特殊性。现从宏观的国家安全观视角出发，探讨安全学科课程思政的特殊性和重要性。

## （一）国家安全发展影响社会稳定与人民幸福

安全学科的发展是贯彻总体国家安全观的必然要求，保持国家安全大局稳定需要坚持统筹推进各个领域的安全工作。安全学科重点涉及煤矿、化工、建筑、交通、核电与航空等行业范畴，更是全面涉及所有行业和领域，包括相关领域法规标准规范制定、风险源头治理与事故预防等内容。伴随现代工业的不断发展，生产事故的发生可能造成人员伤亡、环境污染与财产损失。因此，安全学科建设是为人民谋幸福、为民族谋复兴的重要抓手。在此背景下，安全学科课程思政塑造学生在实际工作中维护人民群众安全权益的思想觉悟，可助力增强国家安全态势。

## （二）安全学科研究对象与社会舆论联系密切

安全学科常以事故为研究对象，开展事故的预防管控研究，而重大事故的发生往往影响社会舆论导向。习近平总书记多次将舆论问题与国家安全问题密切联系，将舆论安全作为非传统安全的重要组成部分提升到中心乃至全局的高度。舆论是民意的表征，社会舆论的热点反映着课程思政建设的重点。一个良好的舆论导向有利于维护社会稳定，是民心所向及大势所趋，而负面的舆论则会产生众口铄金、积毁销骨之效。通过安全学科课程思政，引导学生合理面对重大事故发生后的不良舆论并维护良好舆论生态，是安全学科思想政治教育的价值所在。

## （三）公共安全素养与群体意识形态息息相关

一般来说，影响意识形态的课程是思政建设的重要载体。公众安全素养反映其安全文明素质，有助于防范化解各类风险，为打造群体安全意识提供内生性伦理力量。若公共安全事件威胁到国家安全，公共安全素养与公民国家安全意识联系密切。推动公共安全素养培育是建设安全强国的应有义务，安全学科课程思政重在公共安全素养。

# 第十章 国内外企业安全管理比较

## 第一节 国内外企业安全管理模式对比：
## 基于学术视角

据调查，世界范围内的安全事故的整体趋势是从事故数量较多但致死率较低，转变为事故数量较少但致死率较高；我国事故数量和致死率呈现先上升后下降的趋势，并维持在较低水平。美国更关注制度底层（企业及市场）的安全管理，中国和越南更重视制度的顶层（律法与组织）设计，新加坡则对二者均有严格把控（郑文博，2022 年）。

### 一、各国企业安全管理发展现状

我国于 2001 年颁布《职业健康安全管理体系规范》（GB/T28001–2001）与《中华人民共和国安全生产法》（简称《安全生产法》），初步建立起安全管理制度。为了解国内外安全管理及相关研究的现状和问题，本研究将以郑文博（2022）的研究为例（他选取了几个代表性国家对企业安全事故、安全管理制度及相关文献研究，并进行了全面梳理与分析），试探索总结出各国企业安全管理发展不同的特色和各自的优势。

### （一）美国体系——激励、培训和市场调节

美国的企业安全管理有三个显著的优势，首先，具备较完善的咨询服务和激励体系。安全与职业健康标准（Occupational Safety and Health Administration，OSHA）为雇主尤其是小企业雇主，提供免费的安全与健康咨询服务。其次，拥有较成熟的培训体系。OSHA 设立了职业安全与健康培训学院，为联邦和州政府机构官员、雇主、雇员等提供职业安全和健康方面的课程。最后，保险市场对企业安全管理的有效调节。美国企业通过为雇员购买健康和事故保险或成立自保公司来分摊风险，保险费的高低主要取决于国家和行业对企业的评定指标。

## （二）越南体系——咨询、计划和工会

越南的企业安全管理主要依据 2015 年正式发布的《职业安全与健康法》，规定了国家采取保证职业安全健康的具体措施，对事故和疾病受害者的赔偿以及组织（政府、企业以及工会等）和个人在安全健康管理方面的责任和权利。越南的安全管理组织架构与我国比较类似。劳动、荣军和社会事务部负责牵头编制并组织实施职业安全与健康的相关法律，参与编制安全标准和技术法规，统计并监测相关信息数据，组织职业安全与健康政策宣传和培训，开展安全检查和事故调查。建设部则主要负责制定建筑安全技术标准与规范。卫生部更关注职业健康问题，在安全方面的主要职责是参与安全监督检查和教育培训等。地方各级人民委员会制定地方性法规，负责落实地区的职业安全与健康管理。

越南的企业安全管理也有以下三个特征。

（1）自中央政府、地方政府至企业内部，均设有安全与健康咨询机构。国家级和省级人民委员会设立职业安全与健康委员会，企业内部需设立决策咨询机构——职业健康理事会。

（2）越南对安全管理计划的把控更加严格，要求企业制订年度安全计划。越南要求雇主每年收集工会意见，制订并组织实施职业安全与健康计划。

（3）越南工会在安全管理的职能更加广泛。工会有三重角色：①协助政府机构制定职业安全和健康政策，参与国家安全检查和监督；②与雇主合作制订职业安全与健康计划，参与事故调查；③鼓励工人学习安全施工技术及参与安全培训，并代表工人提起诉讼，保障事故受害者赔偿的落实。

### （三）新加坡体系——自我监管与严苛惩罚

新加坡建筑工程安全管理的主要法律是 2006 年出台的《工作场所安全与健康法》。该法律对安全管理中各主体的职责和权利、安全事故调查、处罚和诉讼等内容作出了具体规定。相较之前的《工厂法》，《工作场所安全与健康法》从强制遵循国家指令转向各参建主体的自我监管，并对安全问题及事故处以更高的惩罚。新加坡安全管理的主要部门是人力部门，负责拟定相关法律法规并监督执行，组织安全宣传和教育，开展工伤调查和处理。工作场所安全与健康理事会和工作场所安全与健康劳资政（劳方、资方和政府方）工作委员会，针对如何提升雇主与雇员安全意识以及开展安全培训等为人力部决策提供建议和参考。有关建筑行业的安全标准是由国家发展部的下属单位建设局负责；此外，同为国家发展部下属单位的住房与发展委员会负责规划新加坡房地产业，在承担大量房屋建设任务过程中为规范行业安全管理发挥了带头作用。

新加坡企业安全管理特点为：①具备较全面的企业自我监管机制。新加坡要求每个施工现场必须组建由雇主和雇员代表组成的工作场所安全与健康委员会，依法制定适合自己项目的安全标准，配备安全与健康协调员、评估员和审计员。除企业内部，新加坡的自我监管体系的完善还体现在两个方面：一是达 3000 万新元以上的项目须聘请外部审计员，每半年对安全管理体系进行一次全面检查；二是拥有比较活跃的咨询市场，聘用安全咨询公司辅助企业进行安全管理的现象相当普遍。②新加坡的安全事故处罚制度较严苛。新加坡的处罚不仅针对法人机构，还包括惩罚引发安全事故的责任人，而且处罚的金额较高。

## 二、各国企业安全管理制度体系的对比分析

在制度体系方面，上述国家的制度体系都比较完整，既具备相关法律又涵盖部门规章、行业标准，内容涉及企业安全管理的各个方面。差异在于：一是中国和越南、新加坡制度体系初建于 20 世纪末或 21 世纪初，起步较晚，

而美国相对较早，其相关法律于 1970 年就已颁布。二是属于英美法系的美国与新加坡的法律框架是职业安全与健康管理体系；而属于大陆法系的中国和越南的相关法律则以安全生产法、职业安全与健康管理体系等多种形式体现。

在组织架构方面，4 个国家的安全管理相关政府机构职能均定位清晰，组织功能全面。而不同之处在于，中国主管企业安全管理的政府机构是应急部门，其他 3 个国家均为管理人力资源或劳动就业部门。此外，中国与美国有独立的督查和审查部门，前者侧重于组织协调安全生产检查和督查，后者侧重于对安全管理工作的审查和监察。

在安全管理体系方面，美国模式强调市场调节，注重对企业安全管理能力的激发与引导，以及市场竞争机制对企业安全管理的有效调节。中国和越南则重视国家监管的重要作用，越南尤其关注自上而下（中央政府—地方政府—企业内部）的决策咨询机构的设置，以及工会对工人权利的保障。如果将美国的管理重点界定为专注制度底层（企业及市场）的安全管理，那么中国和越南则更关注制度顶层（律法与组织）设计，而新加坡对制度的底层和顶层的安全管理均有严格的把控。

## 三、国内外企业安全管理维度对比

在安全管理的工作内容和维度方面，国内外企业也有着显著的不同，下面本研究将从安全评价指标、事故的发生和应对机制、企业的安全投入和安全理念等维度进行梳理分析。

### （一）企业安全评价指标或影响因素

大多数国内学者按管理要素划分安全管理评价指标或影响因素，主要包括：①人的因素，主要包含领导层、管理层和操作层的安全素质。②材料因素，主要包括安全防护用品的使用、安全设施的投入比例以及安全防护完善程度。③机具因素，包含设备安装使用、维修与保养以及设备可靠性检查等。④管理（组织）因素，包括安全规章制度、安全检查与督导、安全生产事故报告与处理、安全教育等。⑤环境因素，如自然环境、施工环境和生活环境。

虽然目前国内企业安全管理评价指标类别已基本清晰，但仍缺少被广泛采用的二级指标体系。学者们更多讨论各类指标在风险评估中的权重，较少关注指标之间可能存在的相关性乃至因果关系，在探讨企业安全管理内在规律方面仍有尚未完善的工作。

国外对企业安全评价指标的分类有较大不同，其依据安全管理和操作的主动性与被动性，将评价指标主要分为安全领先指标和安全滞后指标。前者是指在施工前或施工中，组织和项目层面进行主动的安全探查与保护，包含工地安全探查、安全培训、施工前危险分析、药物滥用检查、安全激励计划、工具箱会议等；后者是指在个人和组织层面已经遭受了一定程度的伤害或经济损失后，评估事件的结果，指标包括可记录事故率、损失工作时间事故率、经验修正率等。将其与我国指标体系对比发现，国外采用"领先"和"滞后"的分类方式虽有利于探索指标间联系，却容易遗漏对某些生产要素的必要评估，如国外常用的指标体系中缺少对生产材料和设备的关注。

## （二）安全事故的发生和应对机制

学者们已形成较为完善的理论框架，能够清晰明确地展现安全事故发生的原因、事故发生和应对过程。如 Miitero 等提出建筑工程安全事故原因模型，认为工作和环境的特点、不可预测性、对环境控制决定了工人工作的危险情境；生产压力、工作能力以及对工人的行为控制决定了工人的有效生产。危险情境与有效生产的交集产生了风险，若存在误差和条件变化，造成条件与行动之间的"不匹配"，则可能导致事故发生。叶贵等提出工人不安全行为的发生模型，认为安全事故的发生机制是由外界系统、传递界面和个体系统三层系统构成。其中，外界系统为整个行为机制模型的输入层和输出层；传递界面为外界系统与个体系统之间的过渡，工人在通过感觉和知觉系统选择和处理信息；个体系统即为行为判断选择系统，其不但受个人自身特征的影响，还与后天的安全教育培养有关，最终在内部系统处理后产生行为动机，继而产生指导最终行为的选择，并作用于外界系统。目前还缺少更简洁、更一般化的理论框架，以解释大部分安全事故发生和应对的规律。此外，在建筑工程安全事故发生机制的研究中，出现了一个正在不断发展的研究主题，组织（系统）在安全事故之前、期间或之后调整其功能，从而在预期和意外条件下维持所需操作能力——弹性。弹性强调系统对风险事件的前处理和后处理性的响应，基于弹性的安全管理强调组织应具备一系列持续的能力来应对、适应和实现新的安全状态。

## （三）企业的安全投入

关于企业安全投入相关主题研究相对较少，也许是因为我国企业的安全投入数据并不公开，但安全投入的分类参照科技投入等概念的分类，目前理论界和实践界都已明确。在安全投入的测算、安全投入对安全绩效的贡献等方面，也积累了一些研究成果。

企业的安全投入分为主动性（保证性）安全投入与被动性（损失性）安全投入。前者包含安全设备设施成本、劳动防护用品投入等；后者包括事故处理费、工伤额外赔偿费（直接损失），以及商誉、机会和工效损失等（间接损失或隐性成本）。针对主动性安全投入，Pellicer 等测算得出，西班牙建筑项目安全投入约占总成本的 5%；陈伟等测算出武汉市典型在建项目的安全投入率为 6.95%～7.93%。针对被动性安全投入，张仕廉等认为间接损失是事故直接损失的 2～3 倍，方东平等的调研结果也得到了近似结论。一般来说，死亡事故的间接损失是直接损失的 3 倍。进一步明确了安全投入与安全事故率呈显著负相关，与安全绩效正相关。安全主动性投入越多，项目的安全绩效水平越高。然而，该领域研究的难题在于，如何使企业在安全与成本之间作出合理的权衡。方东平、叶贵等提出了降低安全投入的措施和方法，但随着企业安全管理方式的智能化，其成本问题愈来愈成为提高安全管理绩效的瓶颈，还需要未来研究做更多突破。

## （四）企业的安全理念

学者们从宏观（安全文化）、中观（安全氛围）以及微观（个体认知）三个层面展开讨论。其中，中观层面（即安全氛围）的研究最为广泛。中观层面（即安全氛围）是国内外学者研究的主要"竞技场"，安全氛围是员工对安全的共同看法的总和，是通过教育培训、交流互动等方式形成的对组织安全绩效的共同认知。它是安全文化当前的、表面的特性，且比安全文化更微观，更容易被测量。已有研究采用多种方法测量安全氛围，并在分析安全氛围对安全管理影响机制方面的成果更加丰富。首先，大量研究证实，安全氛围与安全绩效之间存在显著正相关，前者可以作为评估和改善后者的工具。其次，主管与工人之间的有效沟通使工人群体表现出显著的组间差异和组内共识，因此，建立完善的沟通网络，鼓励主管与工人之间的沟通是提高安全绩效的有效手段。最后，个体特征对安全氛围也存在明显关联，年龄较大、已婚或有更多家庭成员，受教育程度越高，安全知识水平越高的员工，对安全氛围有更积极的态度。

此外，学者们对安全文化和个体认知的研究也形成了一定成果。安全文化对安全服从行为存在显著正向作用；个体的责任心、安全风险的感知等心理资本能够形成更多的安全行为。相对于丰富的安全观念测度及作用机制研究，对企业如何提升安全观念的探讨略有不足。例如，基于科学理论构建有效提高安全氛围的措施、跟踪企业实施措施的过程并评价实施后的安全管理效率等。

## 四、结论

（1）世界范围的工作场所安全事故变化的整体趋势为：从事故数量较多但致死率较低，转变为事故数量较少但致死率较高，其中，欧洲及大洋洲、美洲等洲（相对于其他洲）及各洲的发达国家（相对于本洲的其他国家）多倾向于前一种状态，而亚洲、非洲等洲及各洲的发展中国家多倾向于后一种状态。我国于2007年之前事故数量和事故致死率连年递增，但随后二者明显下降，并远低于美洲、欧洲及大洋洲、亚洲等洲及其各洲国家安全事故数量和致死率的平均水平，且不存在世界趋势呈现的事故总量减少但事故等级提高的情况。

（2）中国、美国、越南和新加坡4个国家的制度体系都比较完整，其中属于英美法系的美国与新加坡的职业安全与健康管理体系包含建筑工程安全管理；而属于大陆法系的中国和越南以单独的立法约束高危企业工程安全管理。4 个国家相关的政府职能均定位清晰且功能全面。

（3）国内外安全管理相关学术研究成果丰硕。国内外学者分别建立了"人、材、机、管理、环境"和"安全领先指标、安全滞后指标"两套评价体系，已能够展现安全事故发生机制以及组织弹性的作用，测算出安全投入比例及投入对安全绩效的贡献，得出宏观（安全文化）、中观（安全氛围）以及微观（个体认知）三个层面的安全观念对安全管理的影响机制。

## 第二节　国内外企业安全管理模式比较：基于企业安全员的视角

### 一、我国企业安全员的职业发展现状

首先，当前我国企业的安全管理基本上处于政府主导、企业根据经验管理的粗放型状态，导致企业对安全管理的目的不清楚，更多是为了符合国家的法律法规。其次，由于企业只追求短期经济效益，没有真正从企业长期发展的经济效益考虑安全问题，没有意识到安全是一个企业长期发展的重要一环。最后，当前安全管理主要是在形式上履行部分要求，依靠企业内部机制的驱动来推动安全管理工作尚难达到效果。以上所述三点，较为明确地描述了中国企业安全管理的主要阻碍。

国内企业的安全管理体系建设水平呈现显著的不均衡特征。我国大中型企业，尤其是国营企业，其内部安全管理组织架构相比较而言较为完善，一般会分为三个级次：安全领导机构为安全生产委员会（公司的主要负责人挂帅）、部门级安全领导小组、安全生产委员会成员（部分主要负责人）。其他中小企业、民营企业，主要以配备安全员为主。事实上，大中型企业的三级安全领导机构貌似完善，但由于其负责人和成员主要由企业的管理层兼任，

专职的安全总监、安全员数量极其缺少。①

安全员作为我国企业特有的一个岗位，如今正在成为"钱少事多"的代表。每谈及安全员的职业前景，网络上就充满了消极气氛，"快跑""提桶跑酷"之声不绝于耳。造成这一现象的主要原因，恐怕主要还是源于其"背锅侠"的属性。②

尽管新《安全生产法》第三条确立了全员安全生产责任制，并明确提出"三个必须"原则：安全生产工作实行管行业必须管安全，管业务必须管安全，管生产经营必须管安全，强化落实生产经营单位主体责任与政府监管责任，但是在安全生产方面，仍然存在主体责任不清晰及责任缺失等现象。

这些现象究竟是如何造成的？本研究认为，主要存在以下原因：安全人员职能范围不明确、企业安全意识薄弱、安全部门形同虚设、负责生产的一线工人安全意识较差等等。

综上，我国企业安全组织管理呈现出形式大于内容、缺乏专职安全员以及专职安全员处境恶劣的特征。

## 二、国外企业的安全专家

资料显示，国外的"安全员"往往是安全方面的专家。下面以老牌工业国家英国为例，了解国外安全工作人员的待遇。

在我国，安全专职人员多被称为"安全生产管理人员"，而在英国则被称为安全专家（safety specialists）、安全专业人员（safety professionals）等，很少出现"管理（manager）"一词。因为他们认为，头衔中带有"管理"的人可能会被视为直接负责安全政策的执行，而不是在安全管理中扮演促进、建议、监督的作用。

英国对企业安全的重视由来已久。1972 年，英国政府委托罗本斯勋爵对工作场所的健康和安全状况进行彻查，其后提出的《罗本斯报告》促成了英

---

① 根据杜邦中国集团有限公司的运营总监谢荣军的受访内容整理。
② 根据安徽省应急管理厅《淮南市凤台县"2020.7.5"较大起重伤害事故调查报告》整理。

国 1974 年《工作健康与安全法》颁布，成为英国国内职业健康方面的根本法。《罗本斯报告》认为，冷漠是导致工作事故的最大单一因素，对目前事故和疾病水平采取行动的主要责任在于那些造成危险的人和与危险一起工作的人。安全专职人员的角色应像人事主管、财务主管一样，与生产管理者有着同样的关系，其主要工作应是向生产管理者提供成熟和公正的咨询意见。正是罗本斯的报告，奠定了英国对企业安全人员重视的传统。而根据英国安全专业人员协会（The Institution of Occupational Safety and Health，IOSH）的阐述，安全专职人员的角色作为职业安全健康顾问，是在合理可行的情况下，帮助雇主采取最佳的安全健康做法，而不是仅仅满足法律的最低要求。从英国安全专职人员的职能来看，也可见与我国安全员的工作职责不同，英国是问题导向，以制订和实施解决方案为主，工作的基本流程包括：识别问题—分析问题的因果关系—考虑可选择的解决方案—选择和实施解决方案—评估问题解决的有效性。这充分体现了英国安全专职人员的角色特征，即提供知识解决问题的专家顾问。同时，英国职业安全与健康考试委员会还明确规定：安全专职人员将永远只担任顾问，不会承担健康和安全问题的法律责任；因为这一法律责任将始终由生产管理者承担，不能委托给组织内部或外部的安全顾问。

## 三、国内外企业安全专职人员的区别

笔者根据文献分析和调查研究，发现国内外安全专职人员主要有以下区别。

（1）我国安全专职人员不仅要满足企业的要求，还要满足法律"监管者"的要求；而国外的安全专职人员只需满足雇主的要求，只对雇主负责。

（2）我国安全专职人员与生产管理者的关系是监管与被监管的关系，然而安全部门又没有足够的权力，容易导致生产部门认为安全部门"找茬"，最终被动地进行安全管理。而国外的安全专职人员与生产管理者之间则是建议与被建议的关系，生产部门利用其专业知识，主动进行整改。

通过以上对比，很容易发现差距，也可以发现对标的模块。我国可适当借鉴国外的先进经验，促进安全专职人员从"监管者"向专业的"建议者"

转变，而这首先需要更全面的组织体系变革和更高层面的工作设计来明确安全职业人员的角色和职能。

# 第三节　案例分析与法规学习

## 一、近五年我国企业安全管理工作案例[①]

### 1. 因未签订安全生产管理协议，安全员被追责

> 2019 年 7 月 15 日上午 10 点 50 分左右，某街道辖区，A 机械工程有限公司在使用抓机进行装载作业时，发生一起事故，造成 1 名工人死亡。

**原因分析：**

翻斗车在抓机作业半径内进行停车卸货作业，翻斗车司机高某在翻斗车满载的情况下，将液压缸升到最高处，车辆的重心处于高位，极不稳定；抓机司机王某用抓手调整卡在翻斗车后篓的压块，导致翻斗车受力不均，造成翻斗车侧翻。

高某不具翻斗车驾驶资质，B 起重搬运有限公司与 A 机械工程有限公司在同一作业区域作业，互相可能危及对方安全，但双方未签订安全生产管理协议，明确各自的安全生产管理职责和应当采取的安全措施，也未指定专职安全生产管理人员进行沟通与协调。

**法律责任追究：**

高某，无资质作业，违章作业，在此事故中负有直接和主要责任，涉嫌

---

① 本节案例均由作者根据各省应急管理厅网站相关资料整理。

重大责任事故罪，建议由司法机关追究刑事责任。

王某，未与 A 机械工程有限公司签订安全生产管理协议，未明确各自的安全生产管理职责和应当采取的安全措施，也未指定专职安全生产管理人员进行沟通与协调，对于高某无资质作业问题未查实，放任交叉作业过程中的违章操作行为，对事故发生负有责任。

A 机械工程有限公司，未与 B 起重搬运公司签订安全生产管理协议，未明确各自的安全生产管理职责和应当采取的安全措施，也未指定专职安全生产管理人员进行沟通与协调，放任交叉作业过程中的违章操作行为，对事故发生负有责任。

孙某，B 公司安全员，未认真开展隐患排查治理工作，使存在的隐患未得到有效控制和解决，对事故发生负有一定责任，涉嫌重大责任事故罪，建议由司法机关追究刑事责任。

李某，A 机械工程有限公司的安全生产负责人，未开展隐患排查治理工作，对事故发生负有一定责任，涉嫌重大责任事故罪，建议由司法机关追究刑事责任。

王某，A 机械工程有限公司的安全员，对于翻斗车在抓机半径内作业的问题未掌握未查实，对事故发生负有一定责任，涉嫌重大责任事故罪，建议由司法机关追究刑事责任。

### 2. 安全生产管理人员未进行经常性检查，被追责

2015 年 11 月 29 日 17 时 40 分许，位于山东某市的 F 不锈钢有限公司（以下简称 F 公司）发生重大煤气中毒事故，造成 10 人死亡，7 人受伤，直接经济损失 990.7 万元。

**原因分析：**

1 号排水器存在安全缺陷，未按规定设置水封检查管头，不能检查水封水位；煤气输送工艺存在安全缺陷，转炉煤气未经煤气柜系统稳压、缓冲和混匀成分，造成煤气管网压力频繁波动，导致煤气冷凝水通过落水管大量降

落,有效水封水位持续下降,直至水封被煤气压力瞬间击穿,管道内煤气通过排水器溢流管口大量泄漏。

经现场勘查和询问取证发现,事故1号排水器,没有按照《工业企业煤气安全规程》(GB6222—2005)要求设置水封检查管头,不能检查排水器的水封水位。而该排水器自投用以来,一直没有检查水封水位,没有进行人工补水,也没有进行检维修和清污。调查还发现,B集团部署的每月炼钢车间专项安全检查没有落实到位,11月份没有开展专项安全检查。日常巡检没有相应的标准规定,未将排水器内水位变化列入巡检内容,未能发现1号排水器内水位下降的问题和隐患,没有及时补水,致使水封最终被击穿。

**法律责任追究:**

王某,F公司法人代表、总经理,因涉嫌重大责任事故罪被公安机关刑事拘留。

李某,F公司转炉车间负责人,因涉嫌重大责任事故罪被公安机关刑事拘留。

张某,F公司转炉车间专职安全员,因涉嫌重大责任事故罪被公安机关刑事拘留。

**3. 车间副主任未教育督促从业人员执行安全操作规程并告知作业危害,被追责**

2018年3月1日12时20分,某市A建筑机电安装工程有限公司(以下简称A公司)在其承包的B公司苯加氢车间酸性污水暂存罐管道改造作业过程中发生爆燃引发火灾事故,造成4人死亡,1人受伤,直接经济损失约537.25万元。

**原因分析:**

作业人员拆除酸性污水暂存罐罐顶备用口盲板后,未采取封闭措施,因工具碰撞产生火花,导致酸性污水从备用口逸出和罐内的爆炸性气体爆燃发生着火。

经调查发现，2018 年 3 月 1 日 7 时 30 分左右，A 公司 4 名作业人员雷某（现场作业临时负责人）等负责现场作业，B 公司苯加氢车间副主任魏某、车间安全员董某负责现场监护。11 时 15 分左右，魏某安排董某伟进行现场监护，并交代现场人员 11 时 30 分吃饭，13 时继续作业，随后和董某离开了作业现场。现场作业人员将备用口盲板拆下后拿到地面实施电焊机打孔作业，但未对备用口采取封堵等处置措施，导致酸性污水暂存罐内爆炸性气体逸出。11 时 30 分左右，现场所有人员离开作业现场到 B 公司食堂吃饭。12 时左右 A 公司雷某等 4 人吃完饭后回到作业现场。12 时 20 分左右，雷某等 4 人在酸性污水暂存罐顶收拾工具的过程中，由于工具碰撞产生火花，引起从备用口逸出和罐内的爆炸性气体爆燃并发生着火。

**法律责任追究：**

魏某，B 公司苯加氢车间副主任，作为施工现场具体负责人，作业现场安全交底不到位、不规范；未对 B 公司的安全作业规程、施工方案和应急预案进行审查；未对作业过程进行全过程监督，对事故发生负有主要责任，涉嫌重大责任事故罪，建议移交司法机关追究刑事责任。

### 4. 新工艺、新技术、新材料或者使用新设备前未采取有效安全防护措施或进行安全教育培训，公司负责人被追责

> 2020 年 3 月 30 日 22 时 10 分，A 公司一炼钢电炉碳粉罐发生中毒窒息事故，造成 2 人死亡。

**原因分析：**

2 名作业人员在进入车槽罐作业前，未采取通风措施和氧含量检测，导致 2 人在进入罐体后因缺氧发生窒息。

经调查发现，2020 年 3 月 25 日，A 公司氮气改造工程竣工投入使用，公司特种车辆调度室碳粉准备作业使用的压缩气体由压缩空气更换为氮气。3

月 30 日 12 时许，碳粉准备作业乙班 3 名作业人员进场作业。司机王某负责驾驶碳粉槽罐车从仓库将碳粉运往炼钢电炉旁的碳粉准备作业场所，操作工张某和李某负责在碳粉准备作业场所用氮气将槽罐车内的碳粉压充入炼钢电炉碳粉罐内，2 名作业人员在未采取通风措施和氧含量检测的情况下，进入罐体作业。调查显示，该单位氮气改造工程投入使用前，未组织辨识使用氮气进行充碳作业环节的安全风险，未专门组织对碳粉作业人员进行安全生产教育和培训，未详细告知作业人员存在的危险因素以及事故防范和应急处置措施，且未根据新工艺及时修订完善碳粉作业岗位的安全操作规程。

**法律责任追究：**

唐某，A 公司特种车辆调度室总调度、公司碳粉准备作业负责人，在采用氮气新工艺进行充碳作业前，未按照规定组织编制新的安全操作规程，也未进行专门培训和考核，仍然安排碳粉准备作业人员照常上岗作业，对本起事故的发生负有直接责任。由公安机关对其立案侦查，追究刑事责任。

**5. 未采取可靠的安全措施处理危险物品，安全和环保处经理被逮捕**

> 2019 年 3 月 31 日 7 时 12 分左右，位于 M 市开发区的 K 金属有限公司数控机床（简称 CNC）加工车间北墙外堆放镁合金废屑的集装箱发生爆燃事故，造成 7 人死亡、1 人重伤、4 人轻伤，直接经济损失4186 万元。

**原因分析：**

这次事故的破坏源来自位于 CNC 加工车间北墙外 13 米处 3 个集装箱中的一个，该集装箱用于放置镁合金废屑。3 个集装箱于 2014 年由 K 公司放置在该处，并于 2015 年起擅自用于存放镁合金废屑（此前镁合金废屑被放置在厂区外围空地上的铁皮棚内），K 公司每天产生镁合金废屑约 350 千克，事故前最近一次清理镁合金废屑的时间为 2019 年 3 月 21 日，爆炸发生时，已累计堆放 10 天，推算总量约 3.5 吨。企业管理人员对镁合金废屑的危险性认识不足，在中介公司提交安评、环评报告后，均未认真阅读相关报告，未采取科学的安全管理措施；企业违规稀释切削液提升水含量配比，使得镁合金废屑含水量增大，同时未在存放镁合金废屑之前有效控制废屑含水量；公司定期清运镁合金废屑的管理措施未得到有效落实。

**法律责任追究：**

陈某，K 公司法定代表人，负责公司全面工作，对事故的发生负有主要领导责任，涉嫌重大责任事故罪，建议移送司法机关追究刑事责任。

潘某，K 公司总经理，负责公司日常管理，涉嫌重大责任事故罪，建议司法机关追究其刑事责任，现已被检察机关批准逮捕。

廖某，K 公司安全和环保处经理，负责公司的安全生产及环保工作，涉嫌重大责任事故罪，建议司法机关追究其刑事责任，现已被批准逮捕。

### 6. 企业主要负责人和安全生产管理人员未按照规定参加培训考核，被追责

2018 年 10 月 19 日上午 7 时 53 分许，A 电冶厂发生一起矿热炉炉内爆炸喷炉导致作业人员灼烫伤亡事故，造成 2 人现场当场死亡、3 人重度灼烫伤送医院经抢救、医治无效先后死亡。

**原因分析：**

工人违规在炉台集中冒险作业，在未设置任何出料作业安全防护措施的情况下，造成人员伤亡，加之该矿热炉出料炉门正对配电室出入口，事发之时多名人员滞留于炉台，导致伤亡扩大。

经查企业相关资料发现，2018 年 3 月，A 电冶厂副总经理刘某辞职，电冶厂印发《关于安全生产领导小组人员变动及其职责的通知》对企业安全生产领导小组进行调整，调整后简某任组长，黄某任副组长，并明确黄某为副总经理级别的专职安全管理人员。2018 年 9 月，电冶厂安排简某、黄某、田

某 3 人报名参加安全培训，简某未参加培训考核，田某经考核不合格，黄某经培训考核取得金属冶炼企业安全管理人员安全培训合格证，同月，黄某参加复训并经考核合格，而简某和田某在事发时仍未取得金属冶炼企业安全管理人员安全培训合格证。进一步调查显示，该企业于 2017 年 10 月 10 日发生一起矿热炉喷炉灼烫事故，造成 1 人灼烫伤，灼烫伤面积达 35%，但并未吸取一般事故教训并落实事故整改措施建议，仍然不重视生产工艺管理。企业存在未落实安全生产主体责任、生产工艺管理失控，未开展生产工艺安全风险辨识评估、现场安全生产管理不严、管理人员违章指挥从业人员冒险作业等多项违法违规行为。

**法律责任追究：**

黄某，A 电冶厂专职安全管理人员（副总经理级别），分管企业安全生产工作。黄某安全生产意识不强，不制止、不纠正并参与违章指挥违章冒险指导等行为，对本起事故发生负有直接责任和直接领导责任。黄某涉嫌犯重大责任事故罪，鉴于其已在事故中死亡，建议不再追究其法律责任，依法注销其安全生产培训合格证书。

简某，A 电冶厂总经理（实际控制人），负责企业全面工作，是企业安全生产第一责任人。简某履行企业主要负责人安全生产工作职责不到位，未接受安全培训考核，未取得企业主要负责人安全培训合格证，未具备与本单位所从事的生产活动相应的安全生产知识和管理能力；不重视企业生产工艺安全管理，未组织对企业生产工艺进行风险辨识评估，未组织制定企业生产工艺安全操作规程，未深入排查治理企业存在的生产安全事故隐患，对本起事故发生负有主要领导责任。

邹某，A 电冶厂法定代表人。邹某不具备《中华人民共和国安全生产法》第二十四条规定的安全生产知识和管理能力，虽未直接参与电冶厂的企业管理，但未履行电冶厂法定代表人的安全生产第一责任人法定职责，对本起事故发生负有领导责任。

## 7. 未在有较大危险因素的生产经营场所和有关设施、设备上设置明显的安全警示标志，公司主要负责人被追责

2017 年 8 月 19 日 9 时许，A 水泥有限公司原料车间在检修过程中发生一起较大一氧化碳中毒事故，造成 5 人死亡，直接经济损失约 699 万元。

**原因分析：**

A 水泥有限公司 2 号烧成系统烘窑在作业过程中，产生大量烟气，作业人员孔某不清楚有限空间作业规程，未按照有限空间"先通风、再检测、后作业"原则，违章进入原料粉磨系统选粉机内，吸入烟气导致中毒事故发生，谢某等 4 人在未采取进入有限空间安全措施和无任何劳动防护的情况下，盲目违章施救导致事故扩大。

经调查发现，事发地点为有限空间。经查企业相关制度和资料发现，该公司未建立有限空间作业安全责任制度，未有效开展有限空间辨识并建立管理台账，未制订有限空间作业方案，未开展过相关教育培训。在原料粉磨系统选粉机现场检查时发现，企业未按要求设置有限空间安全警示标志。

**法律责任追究：**

王某，A 水泥有限公司生产部经理，未组织制订有限空间作业方案，未有效组织开展本部门有限空间安全生产教育培训，安全巡检落实不到位，未及时督促消除原料粉磨系统阀门存在的事故隐患。

罗某，A 水泥有限公司董事长、法定代表人，未全面履行主要负责人安全生产管理职责，组织制定、督促落实公司安全生产责任制和规章制度不到位，未明确部门和岗位安全生产职责，未建立有限空间作业安全生产责任制度。督促、检查公司安全生产工作不力，对公司安全生产管理工作中存在的事故隐患和问题失察。

张某，A 水泥有限公司厂长，未全面履行主要负责人安全生产管理职责，

组织制定、督促落实公司安全生产责任制和规章制度不到位，未明确部门和岗位安全生产职责，未建立有限空间作业安全生产责任制度，未及时组织修订事故应急预案并制订有限空间事故应急预案和现场处置方案，未定期组织开展有限空间专项应急演练。督促、检查公司安全生产工作不力，对公司安全生产管理工作中存在的安全隐患和问题失察。

**8. 生产经营单位主要负责人未组织制定安全生产规章制度和操作规程，被追责**

2018年11月12日9时30分左右，济南H碳素有限公司老厂区成型车间发生一起导热油泄漏引发的沥青池爆燃事故，造成6人死亡，5人受伤，直接经济损失为1145万元。

**原因分析：**

该起事故的直接原因是导热油泄漏进入7号沥青池，高温导热油和沥青在密闭的沥青池内混合，挥发的气体组分与沥青池上部空间空气形成爆炸性混合气体，现场作业人员违章动火作业，使用手持式切割机切透盖板产生火花遇到沥青池上部气相空间爆炸性混合气体引起爆炸，引发沥青池内导热油（经检验确定，导热油的闪点为66℃）、沥青燃烧并形成火灾。

调查还发现H碳素有限公司没有按照《有机热载体安全技术条例》（GB24747-2009）要求建立导热油使用、管理、检验检测、及时更换等管理制度。现场人员在处理导热油泄漏时，未辨识维修过程中可能存在的危险有害因素，未制订安全可靠的维修方案和现场处置方案，没有严格执行动火作业管理制度，现场管理人员违章指挥，操作人员违章动火作业。

**法律责任追究：**

陈某，H碳素有限公司副总经理，分管公司安全生产工作，安全生产意识薄弱，违章指挥、违反操作规程作业，对事故发生负有直接、主要领导责任。鉴于其已在事故中死亡，免于追究其责任。

王某，H碳素有限公司成型车间主任，安全生产意识薄弱，违章指挥、违反操作规程作业，对事故发生负有直接、主要领导责任。鉴于其已在事故中死亡，免于追究其责任。

李某，H 碳素有限公司成型车间生产班长，安全生产意识薄弱，违章作业，对事故发生负有重要责任。鉴于其已在事故中死亡，免于追究其责任。

王某，H 碳素有限公司董事长、实际控制人，安全生产意识薄弱，未依法履行本单位安全生产主要负责人职责，未严格落实企业安全生产主体责任。

宋某，H 碳素有限公司法定代表人、副总经理，安全生产意识薄弱，没有建立、健全本单位安全生产责任制；没有组织制订并实施本单位安全生产教育和培训计划；没有督促检查本单位的安全生产工作，及时消除生产安全事故隐患。

### 9. 安全科科长因对新员工安全培训不到位被追责

**案例一：**

2020 年 3 月 3 日 11 时 10 分左右，山东 D 化工股份有限公司（以下简称 D 公司）发生爆炸事故，造成 1 人死亡，1 人重伤，直接经济损失约 260 万元。2020 年 3 月 3 日 7 时 55 分左右，D 公司化工车间主任张某未按照法律法规规定填写动火作业票证并经公司批准，就安排张某和云某对罐区北侧 4 个储罐进行加装铭牌支架焊接作业。11 时 09 分 41 秒，事故储罐发生爆炸，致罐体整体飞起数米后落至防火堤东南角，并起火燃烧，事故导致张某当场死亡，云某重伤。

**原因分析：**

企业复工前将配套的罐区内生产设施恢复正常，管道内残余的八碳烯与罐内空气形成爆炸性混合气体。企业违章指挥，电焊工张某入厂时间短，在不熟悉工作环境的情况下，对事故储罐进行加装化学品铭牌支架焊接作业时，违章作业，持续焊接导致事故储罐罐壁局部高温，引起罐内爆炸性混合气体发生爆炸，是造成本次事故发生的直接原因。

**法律责任追究：**

唐某，D 公司化工安全科科长，履行安全生产管理职责不到位，对新入厂职工安全教育培训不到位，对事故发生负有责任，被追刑事责任。

**案例二：**

> 2019年10月31日16时05分许，江苏某工业园区L铝业有限公司熔铸车间在铝棒铸造过程中发生一起爆炸事故，造成4人死亡，2人重伤，直接经济损失约817.1万元。近期，苏州市应急管理局公布了该起事故的调查报告。

**原因分析：**

在浇铸过程中，工人为加快铸造进度擅自调快铸造底座下降速度、调小了结晶器冷却水流量，结晶器中的铝液尚未结晶就被拉出，导致铝棒拉漏，铝液大量泄漏至冷却水井中，冷却水瞬间汽化，体积急剧膨胀产生爆炸。

**法律责任追究：**

L铝业有限公司安全员孙某，负责公司安全生产具体管理工作。孙某疏于安全生产管理工作，未组织、参与公司安全管理制度及安全操作规程的制定、完善，疏于日常安全教育培训工作，对事故的发生负有责任，建议司法机关依法追究其刑事责任。

## 10. 未建立生产安全事故应急救援预案或组织应急演练，安生生产管理人员被追责

> 2018年5月26日9时30分许，东莞市某地的一鞋材有限公司发生一起气体中毒事故，造成4人死亡、5人受伤，直接经济损失约为621.54万元。

**原因分析：**

工人姚某违反鞋材公司制定的有限空间作业现场安全管理制度、有限空

间作业审批制度、安全操作规程，违背"先通风、再检测、后作业"原则，在未佩戴劳动防护用品、无监护人员的情况下，进入含有硫化氢气体的皮浆池，导致事故发生。事故发生后，安全生产管理人员和主要负责人未及时实施本单位的有限空间作业应急救援预案，且在未做好自身防护、佩戴必要的呼吸器具和救援器材的情况下盲目施救，造成了事故伤亡扩大。

根据调查发现事故单位未按要求定期开展有限空间作业应急救援演练，现场负责人、监护人员、作业人员和应急救援人员均未掌握应急预案内容，不具备相应的应急处置能力。事故发生后，主要安全生产管理人员黄某、邓某、吕某未在第一时间实施本单位的有限空间应急救援预案，且在未做好自身防护、佩戴必要的呼吸器具和救援器材的情况下盲目施救，造成自身死亡。同时，邓某、李某先后要求不了解有限空间作业危害、有限空间作业应急预案内容、不具备相应应急处置能力的码纸工唐某等人展开应急救援，最终导致多人受伤。

**法律责任追究：**

李某，该公司法人代表、安全生产负责人，对事故发生负有责任，由司法机关对其进行立案调查。

姚某，二车间湿抄班乙班代理班长，对事故发生负有责任，鉴于其在事故中死亡，不对其作出处理。

黄某，二车间湿抄班甲班班长、生产安全管理人员，对事故发生负有责任，鉴于其在事故中死亡，不对其作出处理。

邓某，该公司生产负责人、安全生产管理人员，对事故发生负有责任，鉴于其在事故中死亡，不对其作出处理。

吕某，安全生产管理人员，对事故发生负有责任，鉴于其在事故中死亡，不对其作出处理。

以上案例清楚地显示了在企业安全事故爆发之后的处理和追责过程中，企业安全管理人员常常会被追责，甚至被追诉刑事责任。作为一名光荣的安全员，其肩负保卫生产过程中工作人员人身健康和安全的光荣使命，同时也要保护好自身安全，在做好本职工作的前提下，事先要了解政府主管部门对安全事故处理的裁定方式。

## 二、刑法判案依据分析

接下来，本研究通过一个具有代表性的案例引出刑法中的两个判刑依据条款。

> 2015年9月26日下午，某小区建筑工地施工现场，指挥员张某往塔吊所吊灰罐内装好灰后，将灰罐挂好，然后通知塔吊司机魏某吊起向11号楼运送。当塔吊由南向北转动至地下车库施工现场上方时，灰罐突然坠落，砸在正在给地下车库拧钢筋的被害人刘某身上，刘某当场死亡。

**原因分析：**

事发前，项目负责人康某没有到现场对工地设备设施进行安全检查；指挥员张某知道出事的塔吊吊钩上没有保险装置，也知道没有保险装置会造成严重后果，但他认为不会出事，没有汇报上级，也没有对操作员提出安全隐患警告，仍然通知塔吊正常作业；操作员魏某一接手塔吊就发现吊钩没有安全保险装置，但觉得不会出事，没有报告老板，照常作业。三人的不作为使灰罐在坠落时没有保险装置缓冲，导致刘某当场死亡。

**法律责任追究：**

事发后，工地安全员康某以重大劳动安全事故罪被判处有期徒刑六个月，缓刑一年；塔吊司机魏某、指挥员张某以重大责任事故罪被判处有期徒刑六个月，缓刑一年。

该案中有两个罪名，安全员犯的是重大劳动安全事故罪，塔吊司机魏某、指挥员张某犯的是重大责任事故罪。两个罪名有何不同呢？首先来看重大责任事故罪。《中华人民共和国刑法》（以下简称《刑法》）第一百三十五条规定：安全生产设施或者安全生产条件不符合国家规定，因而发生重大伤亡事故或者造成其他严重后果的，对直接负责的主管人员和其他直接责任人员，处三年以下有期徒刑或者拘役；情节特别恶劣的，处三年以上七年以下有期徒刑。再看重大责任事故罪，《刑法》第一百三十四条规定：在生产、作业中违反有关安全管理的规定，因而发生重大伤亡事故或者造成其他严重后果的，处三年以下有期徒刑或者拘役；情节特别恶劣的，处三年以上七年以下有期徒刑。

两个罪名有以下区别：

（1）犯罪客观行为不同。犯重大劳动安全事故罪，是因为没有履行法定职责消除事故隐患、安全设施不符合规定，是一种不作为犯罪；犯重大责任事故罪是因为违章作业、不服从管理、强令冒险作业等，是一种个人犯罪。

（2）适用对象不同。重大劳动安全事故罪更多地适用于直接负责劳动安全的管理者（根据安全全员化管理原则，这里不仅仅是指安全员，是指负有安全管理责任的所有相关管理者），而重大责任事故罪更多地适用于受管理的一线操作工或直接指挥者。

一般安全事故发生后被判刑都是依据上面两条（两条都有可能成为判刑依据，要看具体事故原因）。

因此，安全员想要规避此类时间，只能是通过认真履职来免责，证明自身已履职的主要方式是填写、保存好安全资料。

一般安全事故调查组进驻后的第一件事就是查封安全资料，安全资料最大的作用就是记录现场实际的安全管理行为。所以没有事故发生时，安全资料不受重视，但一旦发生安全事故，安全资料就是安全管理人员的"护身符"。

以上法院对企业安全管理人员进行判决的主要依据是现行法律，如《安全生产法》。法律规定的企业安全管理人员的职责具体都有哪些呢？

## 三、《安全生产法》相关法规的学习与实践

安全管理在企业是个特殊的岗位，了解法律规定的岗位职责，有助于安全人员更好更全面地尽职履责，提高自我保护的效果。

根据《安全生产法》① 中关于安全管理人员职责的规定，生产经营单位的安全生产管理机构以及安全生产管理人员履行下列职责：

（一）组织或者参与拟订本单位安全生产规章制度、操作规程和生产安全事故应急救援预案。

（二）组织或者参与本单位安全生产教育和培训，如实记录安全生产教育和培训情况。

（三）督促落实本单位重大危险源的安全管理措施。

（四）组织或者参与本单位应急救援演练。

（五）检查本单位的安全生产状况，及时排查生产安全事故隐患，提出改进安全生产管理的建议。

（六）制止和纠正违章指挥、强令冒险作业、违反操作规程的行为。

（七）督促落实本单位安全生产整改措施。

另外，还可以参考下高危行业的安全管理办法，高危行业更加重视企业和员工的安全问题，各项政策和规定较为完善，具有一定的借鉴意义。如《建筑施工企业安全生产管理机构设置及专职安全生产管理人员配备办法》中规定安全管理人员的职责为：

（一）负责施工现场安全生产日常检查并做好检查记录。

（二）现场监督危险性较大工程安全专项施工方案实施情况。

（三）对作业人员违规违章行为有权予以纠正或查处。

（四）对施工现场存在的安全隐患有权责令立即整改。

（五）对于发现的重大安全隐患，有权向企业安全生产管理机构报告。

---

① 引自《中华人民共和国安全生产法》，2002 年 11 月 1 日首次实施，2021 年 6 月 10 日最新修订实施。

（六）依法报告生产安全事故情况。

根据《安全生产法》规定的安全管理人员应付职责，需提醒安全管理人员重点关注以下方面：

### 1. 注重规范填写安全日志

很多安全员不重视安全日志的记录，或者只是简要记录了当日施工人数和施工区域，这些记录因要素不全成为无效安全日志，一旦出现安全事故，不能起到保护作用。

安全日志记录着安全员一天的安全管理活动，是安全事故发生后最重要的证明性文件。安全日志应详细记录当日发现的安全隐患，安全隐患是否已整改（即使已经整改，也能证明安全员对该类隐患进行了检查与管理，若该类隐患再次出现并导致事故，能够证明安全员已经合规履职）；若安全隐患未整改，应如实列出隐患整改人姓名，并列明要求整改完毕的时间期限（若该时出现安全事故，安全员隐患排查责任已完成，隐患整改是由其他责任人员负责，安全员仅负责监督落实）。如出现安全隐患事务在安全员权力以外，难以推进落实隐患管理的状况，必须在安全日志中记录。如未落实的整改一再重复出现，应汇报项目经理或上级领导，注意留存邮件记录、聊天截图等证明性文件，这是最好的履职表现。这时，安全责任已转变到拥有实际调拨权的实际决策人那里。其他的安全管理活动，例如：人员教育培训、应急预案演练、安全检查等应也在安全日志中记录（与安全资料其他内容相互补充印证，孤证不可作为证据）。

### 2. 做好人员教育培训，如实记录教育培训情况

新员工入职一般要进行三级安全教育培训，三级安全教育是指新入职员工的公司级安全教育、部门级安全教育、班组级安全教育，有时也被称为人员入场三级安全教育。三级安全教育必须做完全程，公司级安全教育不归安全员工作范畴，安全员需要做好项目（部门）级和班组级（个人职责内）安全教育。接受教育培训的员工必须本人亲笔签字：所有教育培训的签字必须本人签字，切莫代签，否则一律无效。一旦安全事故发生，补签已是不可能。安全人员应严格履责，切莫怕麻烦，切莫给自己埋下隐患。除了入职（进

场）时要对员工进行安全教育以外，还须做好经常性安全教育的资料收集、季节性安全教育、变换工种安全教育、节假日安全教育等，把控好每一个安全教育节点的间隔时间。

安全技术交底（分部分项、环境变化后等）。在进行安全交底时切莫对照旧制笼统照抄，一定要跟现场实际相符合，否则在事故定责过程中不能起法律效用，没有意义。建议宁多勿少，或者在交底最后留有一处空白备注，方便完整描述现场的实际状况。

安全考核试卷。必须由本人作答。批改和考核要实事求是，不能舞弊造假，无论什么情况，考核内容和结果的签名必须由责任人本人亲笔签署。

班前活动记录。安排或监督班组长填写。

签订安全协议。在调研过程中，本研究发现很多单位有安全手册，其中的安全注意事项罗列的比较详细。然而，大多数单位在安全手册的首页设置职工签字页，员工只在首页签字，没有翻看安全规定的细则，管理者也只收集带有签字的首页存档。因此，员工没有领会安全管理的精神，没有牢记安全规章制度，安全效果无法保障。

### 3. 监督现场安全措施的落实

安全措施不仅指安全设备和安全防护，同时也是指安全专项方案中的安全措施。安全管理部门须提前编制安全专项方案，要求技术人员参与编制（保存好日志记录）。如管理人员在检查过程中发现安全措施未被落实，必须汇报记录并尽快如实上报给上一级决策部门或主管。

### 4. 安全检查，安全隐患的核查

每日安全巡视和定期安全检查、专项检查是必不可少的任务环节，应严格要求安全人员履职。检查出的隐患，要立即下发整改通知单，必须当面让涉事者本人签收。如在指定时间内未作出整改，还要汇报上一级主管部门，落实奖罚措施。未整改的隐患发送联系单，同事因工作缘故不便立即签字的，可以使用微信或者邮箱发送，并留存好发送记录或截图。防微杜渐，减少小隐患的发生，避免大事故的发生，是安全员的终极职责。

### 5. 对现场人员违章的处理

如果安全人员在现场发现人员违规，绝不姑息，但要注意保留证据。可用录音、录像等方式留存证据，以备追责的时候方便律师取证。

### 6. 应急管理

安全管理人员必须了解本企业的应急预案，以及应急情况下的分工任务表，建议随身携带。分工表须由责任人签字生效，每位任务相关人必须切实了解和熟悉安全应急预案的内容和规定，清楚地知道什么情况下谁应负责怎么做。定期举行应急演练，每个安全活动须有签到考核。

归根结底，只有履职才能免责，只有留存安全资料才能证明人员履职，所以安全资料是风险规避最重要的手段。

在我国现行法律和企业安全管理体制下，安全管理人员做好安全管理本职工作的前提下，了解和学习国内相关法律和规定，了解行业现状，以便更好地全面履职，帮助企业和员工提高安全效能的同时规避可能存在的法律风险。

## 四、企业安全管理工作的重要环节：安全交底和技术交底

### （一）安全交底

安全交底通常是指施工单位分管安全管理的技术人员向项目部所有人员针对本工程的特点就安全方面的所有问题进行交流；然后，项目部安全负责人员按技术交底的程序，逐级向下传达，直至每一个作业人员都对安全相关事宜全部了解为止。

### （二）技术交底

技术交底通常是指设计人员将设计意图及需要注意的问题与施工单位技术人员进行交流；然后，施工单位技术人员按照这个形式逐级向下进行技术交底工作，直到每一个施工人员都在技术层面上知道该工程的具体注意事项

为止。

技术交底的主要目的是让参加某一项工程施工的所有人员知道工程概况、施工计划、安全措施等，做到人人心中有数。

### 1. 技术交底的内容

（1）工程名称、时间、地点、规格、作用等说明。

（2）具体施工计划（工期、配备的施工机械、安装工艺过程、技术要求、技术力量、人员配备、对使用的工器具的要求等）。

（3）安全保障要求（防火、防坠落、消防设施的配备、安全帽、安全带等）。

### 2. 技术交底的形式

（1）书面交底。通过书面交底内容向下级人员交底，双方在交底书上签字，逐级落实，责任到人，有据可查，效果较好，是最常用的交底方式。

（2）会议交底。召开会议传达交底内容，可通过多工种的讨论、协商对技术交底内容进行补充完善，提前规避技术问题。

（3）样板/模型交底。实行样板引路，制作满足各项要求的样板予以参考，常用于要求较高的项目，或制作模型加深实际操作人员的理解。

（4）挂牌交底。在标牌上写明交底相关要求，挂在施工场所，适用于内容及人员固定的分项工程。

### 3. 技术交底的原则

（1）突出指导性、针对性、可行性及可操作性，提出具体的足够细化的操作及控制要求。

（2）与相应的施工技术方案保持一致，满足质量验收规范与技术标准。

（3）使用标准化的技术用语和专业术语，使用国际制计量单位，并使用统一的计量单位，不能混用；确保语言通俗易懂，必要时辅助插图或模型等措施。

（4）确保与某部分工程的全部有关人员都接受交底，形成相应记录。

（5）技术交底记录应妥善保存，一份交作业队组，一份交底人自存，一份交由资料员，作为竣工技术文件的一部分。

（6）以施工图纸、施工技术方案、施工组织设计、相关规范和技术标准、施工技术操作规程、安全法规及相关标准。

## （三）安全技术交底执行主体

超过一定规模的危险性较大的部分工程必须先由公司技术负责人向项目技术负责人交底；然后再由项目技术负责人向施工员、班组长交底；最后由班组长向操作工人交底。一般的方案只需有后二级交底即可。

## （四）安全交底与技术交底的区别

（1）安全交底。依据相关规定，安全交底应由项目技术负责人进行，而非安全管理人员。安全员只监督交底工作的执行情况，最多是参与交底工作，但是不能代替交底工作的负责人签字。安全交底内容侧重点在施工过程中应注意的安全问题及要求。

（2）技术交底。一般由施工技术部来完成，侧重的内容是工人了解施工中的构造物，其符合什么规范等问题。技术交底的时候，相关安全员也会提及安全方面的内容。也就是说，技术交底是较大的范畴，包括安全交底在内。

技术交底是使施工人员对工程特点、技术质量要求、施工方法与措施和安全等方面有较详细了解的必要措施，以便于科学地组织施工，安全文明生产。

## （五）各级交底制度

（1）第一级为项目施工技术总体交底，由项目总工对工程总体情况向各部门负责人、分项工程负责人及全体管理人员进行全面技术交底。

（2）第二级技术交底为总工程师或工程部长在分部工程施工前，向各分项工程为单元向分项工程技术负责人和技术人员进行交底。

（3）第三级技术交底是分项工程技术负责人或现场工程师/技术负责人向技术员、工长或操作人员进行技术交底。

以上三级交底中，如涉及采用新材料、新工艺、新技术的内容，或是易出现质量通病的工程，以及整体项目中的重大工程、重要分项工程，应由总工程师亲自交底。

### 1. 一级交底必备内容

（1）工程概况、工期要求。

（2）施工现场调查情况。

（3）实施性施工组织设计，施工顺序，关键线路、主要节点进度，阶段性控制目标。

（4）施工方案及施工方法，技术标准及质量安全要求；重要工程及采用新技术新材料等的分部分项工程。

（5）工序交叉配合要求、各部门的配合要求。

（6）主要材料、设备、劳动力安排及资金需求。

（7）项目质量计划、成本目标。

（8）设计变更内容。

### 2. 二级交底必备内容

（1）施工详图和构件加工图，材料试验参数及配合比。

（2）现场测量控制网、监控量测方法和要求。

（3）重大施工方案措施、关键工序、特殊工序施工方案及具体要求。

（4）施工进度要求和相关施工工序配合要求。

（5）重大危险源应急救援措施。

（6）不利季节施工应采取的技术措施，正常情况下的半成品及成品保护措施。

（7）本工程所采用的技术标准、规范、规程的名称，施工质量标准和实现创优目标的具体措施，质量检查项目及其要求。

（8）主要材料规格性能、试验要求，施工机械设备及劳动力的配备。

（9）安全文明施工及环境保护要求。

### 3. 三级交底必备内容

（1）施工图纸细部讲解，采用的施工工艺、操作方法及注意事项。

（2）分项工程质量标准、交接程序及验收方式，成品保护注意事项。

（3）易出现质量通病的工序及相应技术措施、预防办法。

（4）工期要求及保证措施。

（5）设计变更情况。

（6）降低成本措施。

（7）现场安全文明施工要求。

（8）现场应急救援措施、紧急逃生措施等。

### 4. 各级交底记录管理

（1）项目各级技术交底均应按要求做好记录，检查交底人与被交底人的相关手续是否齐全，并保留详细的交底文件。

（2）由工程部保存工程部技术交底记录文件及项目部工程总体交底记录文件，并建立技术交底台账。

（3）项目其他部门的交底文件和记录由各专业部门自行保存，根据存档要求定期交由工程部统一归档。

（4）班组技术交底文件记录由班组技术员负责保存，根据存档要求定期交由工程部统一归档。

（5）工程部应将项目各级技术交底记录和文件统一整理，并纳入竣工资料。

## （六）特种行业安全技术交底示例：施工现场

具体来说，在施工现场常用4类安全技术交底，具体内容如下。

### 1. 一般施工安全常识交底

（1）从业人员在作业过程中，应严格遵守本单位的安全生产规章制度和操作规程，服从管理，正确佩戴和使用劳动防护用品。

（2）高处和临边作业应设护栏，铺设安全网。

（3）施工前应首先查明地下有无深坑、墓穴、地下管线，高低压线及周围构建物情况，并制订相应措施，以免对其造成破坏。

（4）对新工人实行上岗前的安全三级教育，经工地负责人认可，并经考试合格双方签字后，方可进入操作岗位。

（5）夜间作业必须有充分照明，如遇雷暴雨和六级以上强风时，须停止作业、切断电源。

（6）电工、焊工、起重工、登高作业工、铲车、吊车司机等各特种作业工必须持证上岗。

（7）严禁患病人员和不满18岁的未成年人参加施工，严禁穿拖鞋、高跟鞋、易滑的鞋及赤脚、赤膊、敞怀和酒后参加作业。

（8）应经常检查脚手架的接头处是否牢固，检查安全防护设置是否齐全。

（9）酒后及患有高血压、心脏病、癫痫的人员，严禁参加高空作业。

## 2. 施工临时用电安全交底

（1）现场生产用电设备须派专人管理，无关人员严禁乱动电气设备，操作人员上岗时应对设备进行认真细致的检查，下班时应关闭现场电气闸刀。

（2）配电箱须安装漏电保护开关，做到一机一闸一保护，所有机械电气设备均要有效保护接地或接零。固定式配电箱及开关箱的底面离地面垂直高度不小于1.3米，移动式配电箱及开关箱底面与地面垂直距离大于0.6米，应有防雨措施，并装门加锁。

（3）施工主线应采用"三相五线制"，现场线路必须按规定摆设整齐，不准乱拖在地面上，以防碾压；主线埋设在地下时，应树立标志。

（4）在高压线下严禁施工，桩架边缘与高压线的最少安全允许施工距离：10千伏以下高压线，框架与高压线之间距离为6米，35～110千伏高压线，框架与高压线之间距离为8米；220千伏高压线的安全距离为10米；350～500千伏高压线的安全距离为15米。施工时须采取相应的防护措施。

（5）电工接线时不能带电操作，拆修时应在合闸处挂上"严禁合闸"的警告牌，并派专人看管。

（6）施工所用电缆线必须认真检查，确认安全后方可使用；所有带电设备移动前须切断电源。

（7）焊机必须采用接零和漏电保护，以保证操作人员安全；对于接焊导线及焊钳接导线处，都应可靠地绝缘。

（8）操作前应检查所有工具、电焊机、电源开关及线路是否良好，金属外壳应有安全可靠接地或接零，进出线应有完整的防护罩，进出线端应用铜接头焊牢。

（9）夜间施工灯光要充足，不准把灯具挂在竖起的钢筋上或其他金属构件上，临时电线要架空，确保符合安全用电要求。

（10）施工场内的一切电源电线的安装和拆除，必须由持证电工专管，电器必须严格接地、接零和使用漏电保护器。

### 3．施工机械操作安全交底

（1）对机械设备、电气设备做到定期和不定期的检查保养。发现隐患及时更换和修理，定期检查七天一次。定期保养，一月一次，并有检查及保养记录。

（2）用于电焊机、对焊机、切割机等的存放必须设有防雨棚，且有良好的接地装置。

（3）不允许在高湿度（相对湿度超过90%），高温度（40℃以上）以及有害工业气体，易燃、易爆物品附近等场所使用焊机。焊工必须持证上岗。

（4）野外作业时，焊机应放在避雨、通风良好的地方。启动新焊机和长期停用的焊机时，应对焊机性能进行检查，初次使用焊机的绝缘电阻不应低于0.5兆欧。

（5）各种机械必须按照操作规程操作，不得随意改动机器的部件或功能。阅读并且遵守写有警告和危险标牌提示的内容。不得在疲惫或生病的状态下操作机器。作业时要保证良好的能见度。

### 4．基坑开挖安全技术交底

（1）开挖基坑时，如对邻近建（构）筑物或临时设施有影响时，应采取安全防护，加强位移观测。

（2）挖土中发现管道、电缆及其他埋设物应及时报告，不得擅自处理。

（3）挖土时要注意土壁的稳定性，发现有裂缝及坍塌可能时，人员应立即离开并及时处理。

（4）人工挖土，前后操作人员间距离不应小于 2 ~ 3 米，堆土要在 1 米以外，并且高度不得超过 1.5 米。

（5）每日或雨后必须检查土壁及支撑稳定情况，在确保安全的情况下继续工作，并且不得将土和其他物件堆在支撑上，不得在支撑下行走或站立。

（6）机械不得在输电线路下工作，应在输电线路一侧工作，不论在任何情况下，机械的任何部位与架空输电线路的最近距离应符合安全操作规程要求。

（7）机械应停在坚实的地基上，如基础过差，应采取走道板等加固措施，不得将挖掘机履带与挖空的基坑平行 2 米处停、驶。运土汽车不宜靠近基坑平行行驶，防止塌方翻车。

（8）电缆两侧 1 米范围内应采用人工挖掘。

（9）配合拉铲的清坡、清底工人，不准在机械回转半径内工作。

（10）从作业车上卸土时应在车子停稳定后进行。禁止铲斗从作业车驾驶室上空越过。

# 参 考 文 献

[1] 陈笃升，王重鸣. 组织变革背景下员工角色超载的影响作用：一个有调
　　 节的中介模型 [J]. 浙江大学学报（人文社会科学版），2015，45
　　 (3)：143 – 157.

[2] 陈华强. 精准管理在铁路安全生产管理中的运用 [J]. 铁道运营技术，
　　 2020，26 (1)：10 – 12.

[3] 陈伟，周曼，叶家军，等. 建筑工程安全施工费费率测算的 PSO – BP
　　 模型研究 [J]. 中国安全科学学报，2016，26 (5)：146 – 151.

[4] 陈维政，刘云，吴继红. 双向视角的员工组织关系探索：I – P/S模型的
　　 实证研究 [J]. 中国工业经济，2005 (1)：107 – 114.

[5] 程慧. 基于高新技术企业的安全管理研究：消极情绪、角色超载与员工
　　 安全行为 [J]. 科技管理研究，2021，41 (3)：6.

[6] 丁传波，关柯，李恩辕. 施工企业安全评价研究 [J]. 建筑技术，
　　 2004，35 (3)：214.

[7] 范冰倩，董秉聿，王彪，等. 基于深度学习的地铁施工作业人员不安全
　　 行为识别与应用 [J]. 中国安全科学学报，2023，33 (1)：41 – 47.

[8] 方东平，黄新宇，李晓东，等. 建筑业安全事故经济损失研究 [J]. 建
　　 筑经济，2000，121 (3)：13 – 16.

[9] 冯涛. 基于情绪与建筑工人不安全绩效影响关系的安全管理策略研究
　　 [D]. 西安：西安建筑科技大学，2017.

[10] 胡少培. 建筑企业安全投入与安全绩效作用机理及决策研究：安全绩
　　　 效视角 [D]. 天津：天津财经大学，2015.

[11] 杰弗里·迈尔斯. 管理与组织研究必读的 40 个理论 [M]. 徐世勇，

李超平，等，译. 北京：北京大学出版社，2017.

[12] 李红亮. 顾客参与和员工工作满意关系研究：基于角色理论的视角 [D]. 武汉：武汉大学，2010.

[13] 刘加华. 建筑安全专业人才培养模式的构建与实践 [J]. 中国安全科学学报，2022（7）：14−19.

[14] 李晴蕾，王怀勇. 组织中的角色超载 [J]. 心理科学进展，2018，26（11）：2046−2056.

[15] 刘素霞，梅强，沈斌，等. 安全绩效研究综述 [J]. 中国安全科学学报，2020，20（5）：131−139.

[16] 罗筑华，刘艺，刘永. 我国核安全人才"四协同"培养模式研究 [J]. 中国安全科学学报，2022（7）：1−6.

[17] 米加宁，章昌平，李大宇，等. 第四研究范式：大数据驱动的社会科学研究转型 [J]. 学海，2018（2）：11−27.

[18] 钱洪伟，王明月，郭晶，等. 我国应急技术与管理专业人才培养模式探索与挑战 [J]. 中国安全科学学报，2022，32（11）：9−13.

[19] 任燕清，陈志刚，王浩杰，等. 应用3D数字技术的生产安全事故再现系统 [J]. 中国安全科学学报，2022，32（9）：68−75.

[20] 宋清辉. 从"十三五"规划看工业制造业前景 [J]. 中国工业评论，2015（12）：12−17.

[21] 佟瑞鹏，王露露，尘兴邦，等. 高校安全学科"两线一格"课程思政育人模式探析 [J]. 中国安全科学学报，2022，32（10）：1−7.

[22] 王秉，云妙婷，刘琼. 安全信息视域下精准安全管理的内涵与模型 [J]. 中国安全科学学报，2022，32（12）：32−37.

[23] 吴大明. 全球每年工伤事故与职业病损失 [J]. 劳动保护，2017（10）：101.

[24] 吴林，吴超，廖秀萍，等. 安全信息流视域下系统安全管理精准化研究 [J]. 科技管理研究，2020，40（7）：216−222.

[25] 续婷妮，栗继祖. 矿工职业倦怠与安全绩效的影响机理模型 [J]. 矿

业安全与环保，2018，45（6）：120 – 124.

［26］许文文，张牧辛. 应急管理人才培养中本科生全程导师制的新建构：基于情境学习理论视角［J］. 中国安全科学学报，2022（7）：28 – 33.

［27］徐云飞，席猛，赵曙明. 员工 – 组织关系研究述评与展望［J］. 管理学报，2017，14（3）：466 – 474.

［28］郁建兴，高翔，王诗宗，等. 数字时代的公共管理研究范式革命［J］. 管理世界，2023，39（1）：12.

［29］张冰鉴，苏秦，刘海龙. 基于 FTA – BN 的云 ERP 不安全事件的人因失误分析［J］. 中国安全科学学报，2023，33（2）：38 – 47.

［30］张双文. 变革型领导者对组织气候和绩效的影响研究［J］. 科技进步与对策，2003，20（12）：27 – 29.

［31］张仕廉，赵隽. 建筑企业隐性安全成本分析及管理效率评价［J］. 中国安全科学学报，2014，24（4）：130 – 135.

［32］郑文博. 国内外建筑工程安全管理主要成就：基于安全事故、安全管理制度及相关文献的研究［J］. 中国安全科学学报，2022，32（10）：8 – 17.

［33］朱爱武. 员工 – 组织社会交换与员工绩效：组织认同与组织信任的中介作用［D］. 澳门：澳门科技大学，2012.

［34］ADIL M，RASHID I. Role stress as a barrier to service quality in Indian banks SEM approach［J］. International journal of services sciences，2013，5（1）：40 – 57.

［35］ADEBAYO S O，OGUNSINA S O. Influence of supervisory behaviour and job stress on job satisfaction and turnover intention of police personnel in Ekiti State［J］. Journal of management and strategy，2022，2（3）：13 – 20.

［36］AHMAD A. Work-family conflict among junior physicians：It's mediating role in the relationship between role overload and emotional exhaustion［J］. Journal of social sciences，2010，6（2）：265 – 271.

［37］AKGUNDUZ Y. The influence of self-esteem and role stress on job performance in hotel businesses [J]. International journal of contemporary hospitality management, 2015, 27 (6): 1082 – 1099.

[38] ALBERT A, HALLOWELL M R, KLEINER B M. Enhancing construction hazard recognition and communication with energy-based cognitive mnemonics and safety meeting maturity model: Multiple baseline study [J]. Journal of construction engineering and management, 2013, 140 (2): 1 – 12.

[39] ALTEREN B. Implementation and evaluation of the safety element, method at four mining sites [J]. Safety science, 1999, 31 (3): 231 – 264.

[40] AMPONSAH-TAWAIH K, APPIAH M A. Work pressure and safety behaviors among health workers in Ghana: The moderating role of management commitment to safety [J]. Safety and health at work, 2016, 7 (4): 340 – 346.

[41] ANDREWS M C, KACMAR K M. Easing employee strain: The interactive effects of empowerment and justice on the role overload-strain relationship [J]. Journal of behavioral and applied management, 2014, 15 (2): 43 – 58.

[42] AREZES P M, MIGUEL A S. Risk perception and safety behaviour: A study in an occupational environment [J]. Safety science, 2008, 46 (6): 900 – 907.

[43] ARGYRIS C, DITZ G W. Understanding organizational behavior [J]. American journal of sociology, 1960, 26 (1): 457 – 458.

[44] AVEN T, RENN O. On risk defined as an event where the outcome is uncertain [J]. Journal of risk research, 2009, 12: 1 – 11.

[45] AVEN T. The risk concept-historical and recent development trends [J]. Reliability engineering and system safety, 2012, 99: 33 – 44.

[46] BRONKHORST B. Behaving safely under pressure: The effects of job demands, resources, and safety climate on employee physical and psychosocial safety behavior [J]. Journal of safety research, 2015, 55: 63 – 72.

[47] BAHN S. Workplace hazard identification and management: The case of an

underground mining operation [J]. Safety Science, 2013, 57: 129 – 137.

[48] BAKKER A B, DEMEROUTI E. Job demands resources theory: Taking stock and looking forward [J]. Journal of occupational health psychology, 2017, 22 (3): 273 – 285.

[49] BALDUCCI C, SCHAUFELI W B, FRACCAROLI F. The job demands resources model and counterproductive work behaviour: The role of job-related affect [J]. European journal of work and organizational psychology, 2011, 20: 467 – 496.

[50] BARKAN R, ZOHAR D, EREV I. Accidents and decision making under uncertainty: A comparison of four models [J]. Organizational behavior and human decision processes, 1998, 74: 118 – 144.

[51] BARLING J, FRONE M R. If only my leader would just do something! passive leadership undermines employee well-being through role stressors and psychological resource depletion [J]. Stress and health, 2016, 33 (3): 211 – 222.

[52] BARNARD C I. The functions of the executive [M]. Cambridge, MA: Harvard university press, 1938.

[53] BARNETT R C, BARUCH G K. Women's involvement in multiple roles and psychological distress [J]. Journal of personality and social psychology, 1983, 49 (1): 135 – 145.

[54] BERG S T S, GRIMSTAD A, SKERLAVAJ M, et al. Social and economic leader-member exchange and employee creative behavior: The role of employee willingness to take risks and emotional carrying capacity [J]. European management journal, 2017, 35 (5): 676 – 687.

[55] BECK U. Risk society: Towards a new modernity [M]. London: Sage publications, 1992.

[56] BEUS J M, PAYNE S C, BERGMAN M E, et al. Safety climate and injuries: An examination of theoretical and empirical relationships [J]. Journal of

applied psychology, 2010, 95: 713 –727.

[57] BIAN X, SUN Y, ZUO Z, et al. Transactional leadership and employee safety behavior: Impact of safety climate and psychological empowerment [J]. Social behavior and personality an international journal, 2019, 47 (6): 1 – 9.

[58] BIDDLE B J. Role theory: Expectations, identities, and behaviors [M]. New York: Academic press, 1979.

[59] BLACK K J, Munc A, Sinclair R R, et al. Stigma at work: The psychological costs and benefits of the pressure to work safely [J]. Journal of safety research, 2019, 70: 181 –191.

[60] BLAU P. Exchange and power in social life [M]. New York: Wiley, 1964.

[61] BOLINO M C, TURNLEY W H. The personal costs of citizenship behavior: The relationship between individual initiative and role overload, job stress, and work-family conflict [J]. Journal of applied psychology, 2005, 90 (4): 740 –748.

[62] BOWLING N A, ALARCON G M, BRAGG C B, et al. A meta-analytic examination of the potential correlates and consequences of workload [J]. Work and stress, 2015, 29 (2): 95 –113.

[63] BREWER N T, CHAPMAN G B, GIBBONS F X, et al. Meta-analysis of the relationship between risk perception and health behaviorogy: The example of vaccination [J]. Health psychology, 2007, 26 (2): 136 –145.

[64] BRISLIN R W. Translation and content analysis of oral and written material [M]. Boston, MA: Allyn and bacon, 1981.

[65] BROCAL F, GONZÁLEZ C, SEBASTIÁN M. Technique to identify and characterize new and emerging risks: A new tool for application in manufacturing processes [J]. Safety science, 2018, 109: 144 –156.

[66] BROCAL F, PALTRINIERI N, GONZÁLEZ-GAYA C, et al. Approach to the selection of strategies for emerging risk management considering uncertainty as

the main decision variable in occupational contexts [J]. Safety science, 2021, 134: 1 –11.

[67] BROWN M, BENSON J. Managing to overload work overload and performance appraisal processes [J]. GROUP & organization manage, 2005, 30: 99 –124.

[68] BROWN S P, JONES E, LEIGH T W. The attenuating effect of role overload on relationships linking self-efficacy and goal level to work performance [J]. Journal of applied psychology, 2005, 90 (5): 972.

[69] BUCH R, KUVAAS B, DYSVIK A, et al. If and when social and economic leader-member exchange relationships predict follower work effort: The moderating role of work motivation [J]. Leadership and organization development journal, 2014, 35 (8): 725 –739.

[70] BUCH R, ROBERT B. Leader member exchange as a moderator of the relationship between employee-organization exchange and affective commitment [J]. The international journal of human resource management, 2015, 26 (1): 59 –79.

[71] BUGAJSKA J, ZO NIERCZYK-ZREDA D, JEDRYKA-GÓRAL A. The role of psychosocial work factors in the development of musculoskeletal disorders in workers [J]. Medycyna pracy, 2011, 62 (6): 653 –658.

[72] BURKE M J, SOCKBESON C E S. Safety training [M]. New York: John Wiley and Sons Incorporated, 2015.

[73] BURKE M J, SALVADOR R, SMITH-CROWE K, et al. The dread factor: How workplace hazards and training influence learning and performance [J]. Journal of applied psychology, 2011, 96: 46 –70.

[74] BURKE M J, SARPY S A, TESLUK P E, et al. General safety performance: A test of a grounded theoretical model [J]. Personnel psychology, 2002, 55 (2): 429 –457.

[75] CARTER G, SMITH S. Safety hazard identification on construction projects

[J]. Journal of construction engineering and management, 2006, 132 (2): 197 – 205.

[76] CASEY T W, RISEBOROUGH K M, KRAUSS A D. Do you see what I see effects of national culture on employees' safety-related perceptions and behavior [J]. Accident analysis and prevention, 2015, 78: 173 – 184.

[77] CARVER C S, SCHEIER M F. On the self-regulation of behavior [M]. London: Cambridge university press, 2001.

[78] CHAPELA J G. Split or straight? evidence of the effects of work schedules on workers, well-being, time use, and productivity [J]. Series, 2015, 6 (2): 153 – 177.

[79] CHEN C C. New trends in reward allocation preferences: A Sino-US comparison [J]. Academy of management journal, 1995, 38 (2): 408 – 428.

[80] CHEN L, ZHANG Z D, JIA W T. When and why leaders' helping behavior promotes employees' thriving: Exploring the role of voice behavior and perceived leader's role overload [J]. Frontiers in psychology, 2020, 11: 55 – 92.

[81] CHEN Z X, TSUI A S, FARTH J L. Loyalty to supervisor versus organizational commitment: Relationships to employee performance in China [J]. Journal of occupational and organizational psychology, 2002, 75 (3): 339 – 356.

[82] CHÊNEVERT D, VANDENBERGHE C, DOUCET O, et al. Passive leadership, role stressors, and affective organizational commitment: A time-lagged study among health care employees [J]. European review of applied psychology, 2013, 63 (5): 277 – 286.

[83] CHEUNG C M, ZHANG R P, CUI Q, et al. The antecedents of safety leadership: The job demands-resources model [J]. Safety science, 2021, 133: 1 – 13.

[84] CHRISTIAN M S, BRADLEY J C, WALLACE J C, et al. Workplace

safety: A meta-analysis of the roles of person and situation factors [J]. Journal of applied psychology, 2009, 94 (5): 1103.

[85] CIGULAROV K P, LANCASTER P G, CHEN P Y, et al. Measurement equivalence of a safety climate measure among Hispanic and White Non-Hispanic construction workers [J]. Safety science, 2012, 54: 58 – 68.

[86] CLARKE S. An integrative model of safety climate: Linking psychological climate to individual safety outcomes using meta-analysis [J]. Journal of occupational and organizational psychology, 2010, 83: 553 – 578.

[87] CLARKE S. Safety leadership: A meta-analytic review of transformational and transactional leadership styles as antecedents of safety behaviours [J]. Journal of occupational and organizational psychology, 2013, 86 (1): 22 – 49.

[88] COLBERT B A. The complex resource-based view: Implications for theory and practice in strategic human resource management [J]. Academy of management review, 2004, 29: 341 – 358.

[89] COLLINS C J, CLARK K D. Strategic human resource practices, top management team social networks, and firm performance: The role of human resource practices in creating organizational competitive advantage [J]. Academy of management journal, 2003, 46: 740 – 751.

[90] COOPER M D, PHILLIPS R A. Exploratory analysis of the safety climate and safety behavior relationship [J]. Journal of safety research, 2004, 35 (5): 497 – 512.

[91] COVERMEN S. Role overload, role conflict, and stress: Addressing consequences of multiple role demands [J]. Social forces, 1989, 67 (4): 965 – 982.

[92] COX L A. What's wrong with risk matrices? [J]. Risk anal, 2008, 28 (2): 497 – 512.

[93] COX S, CHEYNE A J T. Assessing safety culture in offshore environments [J]. Safety science, 2000, 34: 111 – 129.

[94] COX S, COX T. Safety, systems and people [M]. Oxford: Butter worth-heinemann, 1996.

[95] COYLE-SHAPIRO J, SHORE L M. The employee organization relationship: Where do we go from here? [J] Human resource management review, 2007, 17: 166 – 179.

[96] CUMMINS R. Job stress and the buffering effect of supervisory support [J]. Group and organisation studies, 1990, 15 (1): 92 – 104.

[97] CUNHA R C, COOPER C L. Does privatization affect corporate culture and employee well-being? [J] Journal of management psychology, 2002, 17 (1): 21 – 49.

[98] CURCHRUTO M, GRIFFIN M A, KANDOAL R. Multilevel safety climate in the UK rail industry: A cross validation of the Zohar and Luria MSC scale [J]. Safety science, 2018, 110: 183 – 194.

[99] CURRAN T M, PROTTAS D J. Role stressors, engagement and work behaviors: A study of higher education professional staff [J]. Journal of higher education policy and management, 2017, 39 (6): 642 – 657.

[100] DASGUPTA P. Effect of role ambiguity, conflict and overload in private hospitals' nurses' burnout and mediation through self-efficacy [J]. Journal of health management, 2012, 14 (4): 513 – 534.

[101] DASKIN M. Linking polychronicity to hotel frontline employees' job outcomes [J]. EuroMed journal of business, 2016, 11 (2): 162 – 180.

[102] DEJOY D M. Behavior change versus culture change: Divergent approaches to managing workplace safety [J]. Safety science, 2005, 43: 105 – 299.

[103] DEJOY D M, WILSON M G, VANDENBERG R J, et al. Assessing the impact of healthy work organization intervention [J]. Journal of occupational and organizational psychology, 2011, 83 (1): 139 – 165.

[104] DEMEROUTI E, BAKKER A B, NACHREINER F, et al. The job demands-resources model of burnout [J]. Journal of applied psychology,

2001, 86: 499 – 512.

[105] DIDLA S, MEARNS K, FLIN R. Safety citizenship behaviour: A proactive approach to risk management [J]. Journal of risk research, 2009, 12: 475 – 483.

[106] DING D Z, WARNER M. China's labour-management system reforms: Breaking the three old irons (1978 – 1999) [J]. Asia pacific journal of management, 2001, 18 (3): 315 – 334.

[107] DOLLARD M F, BAKKER A B. Psychosocial safety climate as a precursor to conducive work environments, psychological health problems, and employee engagement [J]. Journal of occupational and organizational psychology, 2011, 83 (3): 579 – 599.

[108] DOUGLAS M. Risk acceptability according to the social sciences [M]. New York: Russell sage foundation, 1986.

[109] DUXBURY L, HIGGINS C. Work-life conflict in Canada in the new millennium: A status report [J]. The sydney papers, 2003, 15 (1): 78 – 97.

[110] DUXBURY L, HIGGINS C, HALINSKI M. Identifying the antecedents of work-role overload in police organizations [J]. Criminal justice and behavior, 2015, 42 (4): 361 – 381.

[111] EATOUGH E M, CHANG C H, MILOSLAVIC S A, et al. Relationships of role stressors with organizational citizenship behavior: A meta-analysis [J]. Journal of applied psychology, 2011, 96 (3): 619 – 632.

[112] EBRAHIMI Z F, CHONG C W, RAD R H. TQM practices and employees' role stressors [J]. International journal of quality and reliability management, 2014, 31 (2): 166 – 183.

[113] EBRAHIMI Z F, WEI C C, RAD R H. The impact of the conceptual total quality management model on role stressors [J]. Total quality management and business excellence, 2015, 26 (7 – 8): 762 – 777.

［114］ EDWARDS J E, SCOTT J C, RAJU N S. The human resources program-evaluation handbook ［M］. LosAngeles, California: Sage publications, 2003.

［115］ FAN Y. A classification of Chinese culture ［J］. Cross cultural management, 2000, 7: 3 – 10.

［116］ FINE G A, ELSBACH K D. Experiment and ethnography in social psychological theory building: Tactics for integrating qualitative field data with quantitative lab data ［J］. Journal of experimental social psychology, 2000, 36（1）: 1 – 76.

［117］ FISHER D M. A multilevel cross-cultural examination of role overload and organizational commitment: Investigating the interactive effects of context ［J］. Journal of applied psychology, 2014, 99（4）: 723 – 736.

［118］ FORTUNATO B R, HALLOWELL M R, BEHM M, et al. Identification of safety risks for high-performance sustainable construction projects ［J］. Journal of construction engineering and management, 2011, 138（4）: 499 – 508.

［119］ FLIN R, MEARNS K, CONNOR P O, et al. Measuring safety climate: Identifying the common features ［J］. Safety science, 2000, 34: 177 – 192.

［120］ FRANCISCO J G, MARIO M C. Understanding risky behaviours in nuclear facilities: The impact of role stressors ［J］. Safety science, 2018, 104: 135 – 143.

［121］ FRIEDMAN L S, ALMBERG K S, COHEN R A. Injuries associated with long working hours among employees in the US mining industry: Risk factors and adverse? outcomes ［J］. Occupational and environment medicine, 2019, 76: 389 – 395.

［122］ GAKOVIC A, TETRICK L E. Perceived organizational support and work status: A comparison of the employment relationships of part-time and full-time employees attending university classes ［J］. Journal of organizational behavior, 2003, 24（5）: 649 – 666.

[123] GANSTER D C, ROSEN C C. Work stress and employee health: A multidisciplinary review [J]. Journal of management, 2013, 39 (5): 1085 – 1122.

[124] GRACIA F J, MARTÍNEZ-CÓRCOLES M. Understanding risky behaviours in nuclear facilities: The impact of role stressors [J]. Safety science, 2018, 104: 135 – 143.

[125] GRANT-VALLO NEA E J, ENSHER E A. An examination of work and personal life conflict, organizational support, and employee health among international expatriates [J]. International journal of intercultural relations, 2001, 25 (3): 261 – 278.

[126] GRIFFIN M A, HU X. How leaders differentially motivate safety compliance and safety participation: The role of monitoring, inspiring, and learning [J]. Safety Science, 2013, 60: 196 – 202.

[127] GRIFFIN M A, NEAL A. Perceptions of safety at work: A framework for linking safety climate to safety performance, knowledge, and motivation [J]. Journal of occupation health psychology, 2000 (5): 347 – 358.

[128] GUGLIELMINO P J, CARROLL A B. The hierarchy of management skills: Future professional development for mid-level managers [J]. Management decision, 1979, 17 (4): 341 – 345.

[129] GURBUZ S, TURUNC O, CELIK M. The impact of perceived organizational support on work family conflict: Does role overload have a mediating role? [J] Economic and industrial democracy, 2013, 34 (1): 145 – 160.

[130] GYEKYE S A. Workers' perceptions of workplace safety: An African perspective [J]. International journal of occupational safety and ergonomics, 2006, 12: 31 – 42.

[131] HALLOWELL M R, GAMBATESE J A. Construction safety risk mitigation [J]. Journal of construction engineering and management, 2009, 135 (12): 1316 – 1323.

[132] HAQ Z, IQBAL Z, RAHMAN A. Job stress among community health workers: A multi-method study from Pakistan [J]. Journal of mental health systems, 2008, 2 (1): 15.

[133] HAYES A F. An index and test of linear moderated mediation [J]. Multivariate behavioral research, 2015, 50: 1 –22.

[134] HAYES B E. Measuring perceptions of workplace safety: Development and validation of the workplace [J]. Journal of safety research, 1998, 29 (3): 145 –161.

[135] HAVARNEANU C E, MÂIREANC, POPUşOS S A. Workplace stress as predictor of risky driving behavior among taxi drivers [J]. Safety science, 2019, 111: 264 –270.

[136] HE C, JIA G, MCCABE B, et al. Impact of psychological capital on construction worker safety behavior: Communication competence as a mediator [J]. Journal of safety research, 2019, 71: 231 –241.

[137] HECHT L M. Role conflict and role overload: Different concepts, different consequences [J]. Sociological inquiry, 2001, 71 (1): 111 –121.

[138] HEINRICH H W. Industrial accident prevention [M]. New York: McGraw-Hill, 1931.

[139] HOBFOLL S E. The influence of culture, community, and the nested-self in the stress process: Advancing conservation of resources theory [J]. Journal of applied psychology, 2001, 50 (3): 337 –421.

[140] HOFMANN D A, BURKE M J, ZOHAR D. 100 Years of occupational safety research: From basic protections and work analysis to a multilevel view of workplace safety and risk [J]. Journal of applied psychology, 2017, 102 (3): 375 –388.

[141] HOFMANN D A, MORGESON F P. Safety-related behavior as a social exchange: The role of perceived organizational support and leader-member exchange [J]. Journal of applied psychology, 1999, 84: 286 –296.

[142] HOFMANN D A, STETZER A. A cross-level investigation of factors influencing unsafe behaviors and accidents [J]. Personnel psychology, 1999, 49: 307 – 339.

[143] HOM P W, TSUI A S, WU J B, et al. Explaining employment relationships with social exchange and job embeddedness [J]. Journal of applied psychology, 2009, 94: 277 – 297.

[144] HSIEH A T, YEN C H, CHIN K C. Participative customers as partial employees and service provider workload [J]. International journal of service industry management, 2001, 15 (2): 187 – 199.

[145] HUANG Y H, CHEN J C, DEARMOND S, et al. Roles of safety climate and shift work on perceived injury risk: A multi-level analysis [J]. Accident analysis and prevention prev, 2007, 39 (6): 1088 – 1096.

[146] HUFFMAN A H, PAYNE S C, KOEHLY L M, et al. Examining time demands and work family conflict on psychological distress [J]. Military behavioral health, 2001, 2 (1): 26 – 32.

[147] HULL C L. Moore and Callahan's law and learning theory: A psychologist's impressions [J]. The yale law journal, 2001, 53: 330.

[148] HUNG J Y, FISHER R, GAPP R, et al. Work-related stress impacts on the commitment of urban transit drivers [J]. Journal of management and organization, 2001, 18 (2): 220 – 230.

[149] IDRIS M K. Over time effects of role stress on psychological strain among Malaysian public university academics [J]. Internation journal of business and social science, 2011 (2): 154 – 161.

[150] LLIESCU D. Vocational fit and counterproductive work behaviors: A self-regulation perspective [J]. Journal of applied psychology, 2015, 100 (1): 21 – 39.

[151] IVERSEN H, RUNDMO T. Personality, risky driving and accident involvement among Norwegian drivers [J]. Personality and individual

differences, 2002, 33 (8): 1251 – 1263.

[152] JACK J, BAROUD I. The impact of role variables on is personnel work attitudes and intentions [J]. Managment information systems, 1985, 9 (4): 341 – 356.

[153] JAMAL M. Burnout among Canadian and Chinese employees: A cross-cultural study [J]. European management review, 2005, 2 (3): 224 – 230.

[154] JAMAL M. Relationship of job stress and type-A behavior to employees, job satisfaction, organization commitment, psychosomatic health problems and turnover motivation [J]. Journal of human relations, 2011, 43 (4): 727 – 738.

[155] JANI A. Escalation of commitment in troubled IT projects: Influence of project risk factors and self-efficacy on the perception of risk and the commitment to a failing project [J]. International journal of project management, 2011, 29: 934 – 945.

[156] JEELANI I, ALBERT A, GAMBATESE J A. Why do construction hazards remain unrecognized at the work interface? [J]. Journal of construction engineering and management, 2011, 143 (3): 1 – 10.

[157] JESUS M, DE LA GARZA, HANCHER D E. Analysis of safety indication in construction [J]. Journal of construction engineering and management, 1998, 124 (3): 312 – 314.

[158] JHA S, BALAJI M S, YAVAS U, et al. Effects of frontline employee role overload on customer responses and sales performance [J]. European journal of marketing, 2011, 51 (2): 282 – 303.

[159] JI M, YOU X, LAN J, et al. The impact of risk tolerance, risk perception and hazardous attitude on safety operation among airline pilots in China [J]. Safety science, 2011, 49: 1412 – 1420.

[160] JIAN G W. Revisiting the association of LMX quality with perceived role stressors [J]. Communication research, 2012, 41 (1): 52 – 73.

［161］JIANG L F, LI Y J, LI R. Leader-member exchange and safety citizenship behavior: The mediating role of coworker trust ［J］. Work-a journal of prevention assessment and rehabilitation, 2011, 56 （3）: 387 – 395.

［162］JIANG Z, HU X, WANG Z, et al. Knowledge hiding as a barrier to thriving: The mediating role of psychological safety and moderating role of organizational cynicism ［J］. Journal of organizational behavior, 2019, 40: 800 – 818.

［163］JONES E, CHONKO L, RANGARAJAN D, et al. The role of overload on job attitudes, turnover intentions, and salesperson performance ［J］. Journal of business research, 2011, 60 （7）: 663 – 671.

［164］JOU R C, KUO C W, TANG M L. A study of job stress and turnover tendency among air traffic controllers: The mediating effects of job satisfaction ［J］. Transport reviews, 2013, 57: 95 – 104.

［165］JULIE L, NIK C, ISABELLE H. Jobs and safety: A social exchange perspective in explaining safety, citizenship behaviors and safety violations ［J］. Safety science, 2018, 110: 291 – 299.

［166］KAHN R L, WOLOFE D M, QUINN R P, et al. Organizational stress: Studies in role conflict and ambiguity ［M］. Oxford, England: John Wiley, 1964.

［167］KAHN R L, BYOSIERE P. Stress in organizations ［M］ //DUNNETTE M D, HOUGH L M. Handbook of industrial and organizational psychology. Palo Alto, CA: Consulting psychologists press, 1992: 571 – 650.

［168］KARATEPE O M. The effects of work overload and work-family conflict on job embeddedness and job performance ［J］. International journal of contemporary hospitality management, 2013, 25 （4）: 614 – 634.

［169］KELLOWAY E K, MULLEN J, FRANCIS L. Divergent effects of transformational and passive leadership on employee safety ［J］. Occupational health psychology, 2006, 11 （1）: 76 – 86.

[170] KIM K S, PARK Y S. The effects of safety climate on safety behavior and accidents [J]. Korean journal of industrial and organizational psyohology, 2002, 15 (1): 19 - 39.

[171] KLOUTSINIOTIS P V, MIHAIL D M. Is it worth it? linking perceived high-performance work systems and emotional exhaustion: The mediating role of job demands and job resources [J]. European management journal, 2019, 38 (4): 565 - 579.

[172] KOTTER J P. The psychological contract: Managing the joining-up process [J]. California management review, 1973, 15 (3): 91 - 99.

[173] KOUABENAN D R, NGUEUTSA R, MBAYE S. Safety climate, perceived risk, and in-volvement in safety management [J]. Safety science, 2015, 77: 72 - 79.

[174] KUNTZ J R C, NÄSWALL K, BOCKETT A. Keep calm and carry on? An investigation of teacher burnout in a post-disaster context [J]. New zealand journal of psychology, 2013, 42 (20): 67 - 68.

[175] KUVAAS B, BUCH R, DYSVIK A, et al. Economic and social leader-member exchange relationships and follower performance [J]. The leadership quarterly, 2012, 23 (5): 756 - 765.

[176] LARSSON S, POUSETTE A, TÖRNER M. Psychological climate and safety in the construction industry-mediated influence on safety behaviour [J]. Safety science, 2008, 46 (3): 405 - 412.

[177] LATTRICH K K, BÜTTGEN M. Project leaders' control resources and role overload as predictors of project success: Developing the job demands resources model [J]. Business research, 2020, 13: 767 - 788.

[178] LAVE J, WENGER E. Situated learning: Legitimate peripheral participation. Cambridge United Kingdom: Cambridge University Press, 1991.

[179] LAWRENCE B. The relationship of span of control to sales representatives, experienced role conflict and role ambiguity [J]. Academy of management

journal, 2011, 25 (2): 452 – 456.

[180] LEHTIRANTA L. Risk perceptions and approaches in multi-organizations: A research review 2000 – 2012 [J]. International journal project management, 2014, 32: 640 – 653.

[181] LEPINE J A, PODSAKOFF N P, MARCIE A. A meta-analytic test of the challenge stressor-hindrance stressor framework: An explanation for inconsistent relationships among stressors and performance [J]. Academy of management journal, 2011, 48 (5): 764 – 775.

[182] LEUNG M Y, CHAN I Y S, YU J. Preventing construction worker injury incidents through the management of personal stress and organizational stressors [J]. Accident analysis and prevention, 2012, 48 (1): 156 – 166.

[183] LEVINSON H. Men, management, and mental health [J]. American journal of public health and the nations health, 1962, 23 (11): 108.

[184] LI Y, WU X, LUO X, et al. Impact of safety attitude on the safety behavior of coal miners in China [J]. Sustainability, 2019, 11: 6382.

[185] LINGARD H. Occupational health and safety in the construction industry [J]. ConstructIon management and economics, 2013, 31 (6): 505 – 514.

[186] LINGARD H, COOKE T, BLISMAS N. Do perceptions of supervisors' safety responses mediate the relationship between perceptions of the organizational safety climate and incident rates in the construction supply chain [J]. Journal constructions engineering and management, 2012, 138 (2): 234 – 241.

[187] LOI R, MAO Y, NGO H Y. Linking leader-member exchange and employee work outcomes: The mediating role of organizational social and economic exchange [J]. Management and organization review, 2009, 5: 340.

[188] LU C S, KUO S Y. The effect of job stress on self-reported safety behavior

in container terminal operations: The moderating role of emotional intelligence [J]. Transportation research part F, 2016, 37: 10 –26.

[189] LU C S, WENG H K, LEE C W. Leader-member exchange, safety climate and employees' safety organizational citizenship behaviors in container terminal operators [J]. Maritime business review, 2017, 2 (4): 331 –348.

[190] LU C S, YANG C S. Safety leadership and safety behaviour in container terminal operations [J]. Safety science, 2010, 48 (2): 123 –134.

[191] LU S, YAN H. A comparative study of the measurements of perceived risk among contractors in China [J]. International journal of project management, 2012, 31: 307 –312.

[192] MÄKIKANGAS A, KINNUNEN U. Psychosocial work stressors and well-being: Self-esteem and optimism as moderators in a one-year longitudinal sample [J]. Personality and individual differences, 2003, 35 (3): 537 –557.

[193] MAN S, CHAN A H, WONG H. Risk-taking behaviors of Hong Kong construction workers a thematic study [J]. Safety science, 2017, 98: 25 –36.

[194] MANU P, ANKRAH N, PROVERBS D, et al. An approach for determining the extent of contribution of construction project features to accident causation [J]. Safety science, 2010, 48 (6): 687 –692.

[195] MACEWEN K E, BARLING J, KELLOWAY E K. Effects of short-term role overload on marital interactions [J]. Work and stress, 1992, 6 (2): 117 –126.

[196] MASTERSON S S, STAMPER C L. Perceived organizational membership: An aggregate framework representing the employee-organization relationship [J]. Journal of organizational behavior, 2003, 24 (5): 473 –490.

[197] MATTHEWS R A, WINKEL D E, WAYNE J H. A longitudinal examination of role overload and work-family conflict: The mediating role of interdomain transitions [J]. Journal of organizational behavior, 2014, 35 (1): 72 –91.

[198] MCCABE B, LOUGHLIN C, MUNTEANU R, et al. Individual safety and health outcomes in the construction industry [J]. Canadian journal of civil engineering, 2008, 35: 1455 – 1467.

[199] MENG X, CHAN H S, LUI K H, et al. Effects of individual and organizational factors on Safety Consciousness and safety citizenship behavior of construction workers: A comparative study between Hong Kong and Mainland China [J]. Safety science, 2021, 135: 105 – 116.

[200] MEYERS M C. The neglected role of talent proactivity: Integrating proactive behavior into talent-management theorizing [J]. Human resource management review, 2002, 30 (2): 105 – 112.

[201] MELIÁ J L, MEARNS K, SILVA S A, et al. Safety climate responses and the perceived risk of accidents in the construction industry [J]. Safety science, 2008, 46 (6): 949 – 958.

[202] MICIC T. Risk reality vs risk perception [J]. Journal of risk research, 2016, 19: 1261 – 1274.

[203] MILBERG W, WINKLER D. Economic and social upgrading in global production networks: Problems of theory and measurement [J]. International labour review, 2011, 150: 3 – 4.

[204] MILLER D J, GIACOBBE-MILLER J K, ZHANG W J. A comparative study of Chinese and U. S. distributive justice values, goals, and allocative behaviors [J]. Advances in international comparative management, 1998, 12: 185 – 206.

[205] MISHRA S. Discussion on conflict management with special emphasis on role conflict scope in future study [J]. International journal of advanced research, 2015, 3 (10): 772 – 777.

[206] MOHAMED S, ALI T H, TAM WYV. National culture and safe work behaviour of construction workers in Pakistan [J]. Safety science, 2009, 47 (1): 29 – 35.

[207] MOHAMAD N I, ISMAIL A, MOHAMAD N M, et al. Dual safety behavior at work [J]. Journal of safety research, 2016, 35 (3): 275 –285.

[208] NAHRGANG J D, MORGESON F P, HOFMANN D A. Safety at work: A meta-analytic investigation of the link between job demands, job resources, burnout, engagement, and safety outcomes [J]. Journal of applied psychology, 2011, 96 (1): 71 –94.

[209] NEAL A, GRIFFIN M A. A study of the lagged relationships among safety climate, safety motivation, safety behaviour, and accidents at the individual and group levels [J]. Journal of applied psychology, 2006, 91 (4): 946 –953.

[210] NEAL A, GRIFFI M A, Hart P M. The impact of organizational climate on safety climate and individual behavior [J]. Safety science, 2000, 34: 99 – 109.

[211] NEE V, CAO Y. Market transition and the firm: Institutional change and income inequality in urban China [J]. Management and organization review, 2005, 1 (1): 23 –56.

[212] NIELSEN M B, MEARNS K, MATTHIESEN S B, et al. Using the Job Demands Resources model to investigate risk perception, safety climate and job satisfaction in safety critical organizations [J]. Scandinavian journal of psychology, 2011, 52 (5): 465 –475.

[213] NOBLET A, MAHAREE-LAWLER S, RODWELL J. Using job strain and organizational justice models to predict multiple forms of employee performance behaviors among Australian policing personnel [J]. The international journal of human resource management, 2012, 23 (14): 3009 –3026.

[214] OAH S, NA R, MOON K. The influence of safety climate, safety leadership, workload, and accident experiences on risk perception: A study of Korean manufacturing workers [J]. Safety and health at work, 2018, 9: 427 –433.

[215] OLIVER A, CHEYNE A, TOMAS J, et al. The effects of organizational and

individual factors on occupational accidents [J]. Journal of occupa tional and organization psychology, 2008, 75 (4): 473 −488.

[216] RTQVIST D, WINCENT J. Prominent consequences of role stress: A meta-analytic review [J]. International journal of stress management, 2006, 13 (4): 399 −422.

[217] PAN W, SUN L-Y, LAM L W. Employee organization exchange and employee creativity: A motivational perspective [J]. International journal of human resource management, 2017 (7): 1 −23.

[218] PANDIT B, ALBERT A, PATIL Y, et al. Impact of safety climate on hazard recognition and safety risk perception [J]. Safety science, 2019, 113: 44 −53.

[219] PARKER S K. "That is my job": How employees role orientation affects their job performance [J]. Human relations, 2006, 60 (3): 403 −434.

[220] PARKER S K, COLLINS C G. Taking stock: Integrating and differentiating multiple proactive behaviors [J]. Journal of management, 2010, 36 (3): 633 −662.

[221] PEIRÓ J M, RODRÍGUEZ I. Work stress, leadership and organizational health [J]. Papeles del psicólogo, 2008, 29: 68 −81.

[222] PERLMAN A, SACKS R, BARAK R. Hazard recognition and risk perception in construction [J]. Safety science, 2014, 64: 22 −31.

[223] PARMELEE P A, LASZLO M C, TAYLOR J A. Perceived barriers to effective job performance among nursing assistants in long-term care [J]. Journal of the American medical directors association, 2009, 10 (8): 559 −567.

[224] PETERSEN D. Techniques of safety management [M]. New York: McGram-Hill, 1971.

[225] PETERSON M F. Role conflict, ambiguity, and overload: A 21-nation study [J]. Academy of management journal, 1995, 38 (2): 429 −452.

[226] PODSAKOFF P M, MACKENZIE S B, LEE J Y, et al. Common method biases in behavioral research: A critical review of the literature and recommended remedies [J]. Journal of applied psychology, 2003, 88: 879 –903.

[227] PREACHER K J, HAYES A F. Asymptotic and resampling strategies for assessing and comparing indirect effects in multiple mediator models [J]. Behavior research methods, 2008, 40 (3): 879 –891.

[228] PROBST T M, BRUBAKER T L, BARSOTTI A. Organizational injury rate underreporting: The moderating effect of organizational safety climate [J]. Journal of applied psychology, 2008, 93 (5): 1147.

[229] PUROHIT B, VASAVA P. Role stress among auxiliary nurses midwives in Gujarat, India [J]. BMC health services research, 2017, 17 (1): 69.

[230] QUINLAN M, BOHLE P, LAMM F. Managing occupational health and safety: A multidisciplinary approach [M]. South Yarra: Palgrave Macmillan, 2010.

[231] REASON J, PARKER D, LAWTON R. Organizational controls and safety: The varieties of rule-related behaviour [J]. Journal of occupational and organizational psychology, 1998, 71: 289 –304.

[232] REHMAN M A U, HAQ I U, JAM F A, et al. Psychological contract breach and burnout, mediating role of job stress and feeling of violation [J]. European journal of science, 2010, 17 (2): 232 –237.

[233] REILLY M D. Working wives and convenience consumption [J]. Journal of consumer research, 1982, 8 (4): 407 –418.

[234] ROSA E A. Metatheoretical foundations for post-normal risk [J]. Journal of risk research, 1998, 1: 15 –44.

[235] RICE P L. Stress and health [M]. California: Brooks/Cole press, 1992.

[236] RICHTER A N, SWALL K, CUYPER N D, et al. Coping with job insecurity: Exploring effects on perceived health and organizational attitudes [J]. Career development international, 2013, 18 (5):

484 – 502.

[237] RIZZO J R, HOUSE R J, LIRTZMAN S I. Role conflict and ambiguity in complex organizations [J]. Administrative science quarterly, 1970, 15 (2): 150 – 163.

[238] RIZWAN M, TARIQ M A, HUSSAIN S. Antecedents of job stress and its impact on job satisfaction [J]. Asian journal of empirical research, 2013, 3 (2): 175 – 190.

[239] ROBBINS S P. Organizational behavior [M]. New jersey: Prentice-hall international press, 2001.

[240] RUBIN M, GIACOMINI A, ALLEN R, et al. Identifying safety culture and safety climate variables that predict reported risk-taking among Australian coal miners: An exploratory longitudinal study [J]. Safety science, 2020, 123: 104564.

[241] ROUSSEAU D. New hire perceptions of their own and their employer's obligations: A study of psychological contracts [J]. Journal of organizational behavior, 1990, 11 (5): 335 – 514.

[242] ROUSSEAU D M. Psychological contracts in organizations [M]. Thousand Oaks, CA: Sage, 1995.

[243] ROWLINSON S, LAU E. Trust relations in the construction industry [J]. International journal of management projects in business, 2010, 3 (4): 693 – 704.

[244] ROZENFELD O, SACKS R, ROSENFELD Y, et al. Construction job safety analysis [J]. Safety science, 2010, 48 (4), 491 – 498.

[245] RUNDMO T. Associations between affect and risk perception [J]. Journal of risk research, 2010, 5: 119 – 135.

[246] SABATELLI R M. The social psychology of groups [J]. Journal of marriage and family, 2000, 62 (3): 853 – 855.

[247] SAMPSON J M, DEARMOND S, CHEN P Y. Role of safety stressors and

social support on safety performance [J]. Safety science, 2014, 64 (3): 137 –145.

[248] SANG UK H, FARZANEH S, SANG HYUN L, et al. Toward an understanding of the impact production pressure on safety performance in construction operations [J]. Accident analysis and prevention, 2014, 68: 106 –116.

[249] SAWHNEY G. Examining attitudes, norms, and control toward safety behaviors as mediators in the leadership-safety motivation relationship [D]. Doctor of philosophy (PhD), Norfolk: Old Dominion University, 2016.

[250] SCHAUFELI W B, BAKKER A B. Job demands, job resources, and their relationship with burnout and engagement: A multi-sample study [J]. Journal of organiza-tional behavior, 2004, 25 (3): 293 –315.

[251] SCHNEIDER B, EHRHART M G, MACEY W H. Organizational climate and culture [J]. Annual review of psychology, 2013, 64: 361 –388.

[252] SCOTT W R. Institutions and organizations: Ideas, interests, and identities [J]. Lecture notes in computer science, 2014, 3368 (2): 148 –158.

[253] SELYE H. Endocrine reactions during stress [J]. Anesthesia and analgesia, 1956, 35 (3): 182 –193.

[254] SEO H C, LEE Y S, KIM J J, et al. Analyzing safety behaviors of temporary construction workers using structural equation modeling [J]. Safety science, 2015, 77: 160 –168.

[255] SCHAUFELI W B, TARIS T W. A critical review of the job demands-resources model: Implications for improving work and health [J]. Bridging occupational organizational and public health, 2014 (4): 43 –68.

[256] SHEIN H. Organizational psychology [M]. New Hersey: Prentice-Hall, 1980.

[257] SHIN S K. Relationship between burnout and role stressors experienced by professions at centers for independent living in the United States [J]. The

journal of the Korea contents association, 2015, 15 (1): 366 – 378.

[258] SHORE L M, TETRICK L E, LYNCH P, et al. Social and economic exchange, construct development and validation [J]. Journal of applied social psychology, 2006, 36: 837 – 867.

[259] SHORE L M, TETRICK L E, TAYLOR M S, et al. The employee-organization relationship, a timely concept in a period of transition [M]. England: Emerald group publishing limited, 2011.

[260] SHORE L M, BOMMER W H, RAO A N, et al. Social and economic exchange in the employee-organization relationship: The moderating role of reciprocation wariness [J]. Journal of managerial psychology, 2009, 24 (8): 701 – 721.

[261] SIU O, PHILLIPS D R, LEUNG T. Safety climate and safety performance among construction workers in Hong Kong: The role of psychological strains as mediators [J]. Accident analysis and prevention, 2004, 36 (3): 359 – 366.

[262] SLOVIC P. Trust, emotion, sex, politics, and science: Surveying the risk-assessment battlefield [J]. Risk analysis, 1999, 19 (4): 689 – 701.

[263] SLOVIC P. Understanding perceived risk [J]. Environment, 2016, 58: 25 – 29.

[264] SLOVIC P, FINUCANE L M, PETERS E, et al. Risk as analysis and risk as feelings: Some thoughts about affect, reason, risk, and rationality [J]. Risk analysis, 2004, 24: 311 – 322.

[265] SLOVIC P, FISCHHOFF B, LICHTENSTEIN S. Rating the risks [J]. Environment, 1997, 21: 14 – 20.

[266] SMIT N W H, DE BEER L T, PIENAAR J. Work stressors, job insecurity, union support, job satisfaction and safety outcomes within the iron ore mining environment [J]. Journal of human resource management, 2016, 14 (1): 719.

[267] SONG L J, TSUI A S, LAW K S. Unpacking employee responses to

organizational exchange mechanisms: The role of social and economic exchange perceptions [J]. Journal of management, 2009, 35: 56 – 93.

[268] SOLBERG E, WONG S. Crafting one's job to take charge of role overload: When proactivity requires adaptability across levels [J]. The leadership quarterly, 2016, 27 (5): 713 – 725.

[269] SPARROWE R T, LIDEN R C. Process and structure in leader-member exchange [J]. Acade my of management review, 1997, 22 (2): 522 – 552.

[270] SPECTOR P E, DWYER D J, JEX S M. The relationship of job stressors to affective, health, and performance outcomes: A comparison of multiple data sources [J]. Journal of applied psychology, 1998, 73: 11 – 19.

[271] SURANA S J, SINGH A K. The impact of role stressors and work overload on job burnout [J]. International journal of intelligent enterprise, 2013, 2 (1): 64 – 83.

[272] SMITH T D, ELDRIDGE F, DEJOY D M. Safety-specific transformational and passive leadership influences on fire-fighter safety climate perceptions and safety outcomes [J]. Safety science, 2016, 86: 92 – 97.

[273] TAYLOR S E. Health psychology [M]. Boston: McGraw-Hill press, 1999.

[274] TAŞTAN S B. Predicting psychological strain with job demands and organizational injustice through the implications of job demand-control model and fairness theory [J]. Postmodern openings, 2014, 5 (4): 111 – 143.

[275] TAYLOR W D, SNYDER L A. The influence of risk perception on safety: A laboratory study [J]. Safety science, 2017, 95: 116 – 124.

[276] TEN BRUMMELHUIS L L, BAKKER A B. A resource perspective on the work home interface: The work home resources model [J]. American psychologist, 2021, 67 (7): 545 – 556.

[277] TORDERA N. The moderator effect of psychological climate on the relationship between leader-member exchange (LMX) quality and role overload [J].

European journal of work and organizational psychology, 2008, 17 (1): 25 – 29.

[278] TOMÁS J M, MELIA J L, OLIVER A. A cross-validation of a structural equation model of accidents: Organizational and psychological variables as predictors of work safety [J]. Work stress, 1999, 13 (1): 49 – 58.

[279] TSAUR S H, TANG Y Y. Job stress and well-being of female employees in hospitality: The role of regulatory leisure coping styles [J]. International journal of hospitality management, 2012, 31 (4): 1038 – 1044.

[280] TSUI A S, PEARCE J L, PORTER L W. Choice of employee-organization relation ship: Influence of external and internal organizational factors [J]. Research in personnel and human resources management, 1995, 13 (1): 117 – 151.

[281] TSUI A S, PEARCE J L, PORTER L W, et al. Alternative approaches to the employee-organization relationship: Does investment in employees pay off [J]. Academy of management journal, 1997, 40 (5): 1089 – 1121.

[282] TSUI A S, WANG H, XIN K R. Organizational culture in China: An analysis of culture dimensions and culture types [J]. Management and organization review, 2006, 2 (3): 345 – 376.

[283] TWUMASI E, GYENSARE M A. Antecedents of employee job stress: Evidence from the insurance industry in Ghana [J]. Management science letters, 2016, 6 (9): 609 – 616.

[284] TUBRE T C, COLLINS J M, JACKSON, et al. Revisited: A meta-analysis of the relationships between role ambiguity, role conflict, and job performance [J]. Journal of management, 1985, 26: 155 – 169.

[285] UGWU F O, AMAZUE L O, ONYEDIRE N G, et al. Work-family life balance in a Nigerian banking sector setting [J]. Cogent psychology, 2017, 4 (1): 129 – 142.

[286] WALLACE J C, EDWARDS B D, ARNOLD T, et al. Work stressors,

role-based performance, and the moderating influence of organizational support [J]. Journal of applied psychology, 2009, 94: 254 –262.

[287] WALLACE J C, POPP E, MONDORE S. Safety climate as a mediator between foundation climates and occupational accidents: A group-level investigation [J]. Journal of applied psychology, 2006, 91: 681 –688.

[288] WANG D, WANG X, XIA N. How safety-related stress affects workers' safety behavior: The moderating role of psychological capital [J]. Safety science, 2018, 103: 247 –259.

[289] WANG J, YUAN H. Factors affecting contractors' risk attitudes in construction projects: Case study from China [J]. International Journal of project management, 2011, 29: 209 –219.

[290] WANG M, SUN J, DU H, et al. Relations between safety climate, awareness, and behavior in the chinese construction industry: A hierarchical linear investigation [J]. Advances in civil engineering, 2018 (5), 1 –8.

[291] WANG S, WANG J, LIN S, et al. Public perceptions and acceptance of nuclear energy in China: The role of public knowledge, perceived benefit, perceived risk and public engagement [J]. Energy policy, 2019, 126 (3): 352 –360.

[292] WANG B, WU C, KANG L, et al. Work safety in China's Thirteenth Five-Year plan period (2016 –2020): Current status, new challenges and future tasks [J]. Safety science, 2018, 104: 164 –178.

[293] WELLS J A. Objective job conditions, social support and perceived stress among blue collar workers [J]. Journal of occupational behaviour, 1982, 3 (1): 79 –94.

[294] WEYMAN A K, CLARKE D D. Investigating the influence of organizational role on the perception of risk in deep coal mines [J]. Journal of applied psychology, 2003, 88: 404 –412.

[295] WONG Y T, WONG C S, NGO H Y, et al. Different responses to job

insecurity of Chinese workers in joint ventures and state-owned enterprises [J]. Human relations, 2005, 58 (11): 1391 – 1418.

[296] WU H, SUN W, WANG L. Factors associated with occupational stress among Chinese female emergency nurses [J]. Engineering management journal, 2012, 29 (7): 554 – 558.

[297] WU T C. The validity and reliability of safety leadership scale in universities of Taiwan [J]. International journal of techology engineering education, 2005 (2): 27 – 42.

[298] WU X, LI Y, YAO Y, et al. Development of construction workers job stress scale to study and the relationship between job stress and safety behavior: An empirical study in Beijing [J]. International journal of environmental research and public health, 2018, 15: 2409.

[299] XIA N, WANG X, GRIFFIN M A, et al. Do we see how they perceive risk an integrated analysis of risk perception and its effect on workplace safety behavior [J]. Accident analysis and prevention, 2017, 106: 234 – 242.

[300] XIA N, XIE Q, HU X, et al. A dual perspective on risk perception and its effect on safety behavior: A moderated mediation model of safety motivation, and supervisor's and coworkers' safety climate [J]. Accident analysis and prevention, 2017, 134 (1): 1 – 12.

[301] XIA Y, SCHYNS B, ZHANG L. Why and when job stressors impact voice behaviour: An ego depletion perspective [J]. Journal of business research, 2020, 109: 200 – 209.

[302] YOUNG K M, COOPER C L. Occupational stress in the ambulance service: A diagnostic study [J]. Health manpower management, 1997, 234: 140 – 147.

[303] YOUSEF D A. Job satisfaction as a mediator of the relationship between job stressors and affective, continuance, and normative commitment: A path analytical approach [J]. International journal of stress management,

2002, 9 (2): 99 – 112.

[304] YUAN Z, LI Y, TETRICK L E. Job hindrances, job resources, and safety perfor-mance: The mediating role of job engagement [J]. Applied ergonomics, 2015, 51: 163 – 171.

[305] ZACHARATOS A, BARLING J, IVERSON R D. High-performance work systems and occupational safety [J]. Journal of applied psychology, 2005, 90: 77 – 93.

[306] ZANKO M P. Occupational health and safety management in organizations: A review [J]. International journal of management reviews, 2012, 14 (3): 328 – 344.

[307] ZHOU Q, FANG D, MOHAMED S. Safety climate improvement: Case study in a Chinese construction company [J]. Journal of construction engineering and management, 2011, 137: 86 – 95.

[308] ZOHAR D. Thirty years of safety climate research: Reflections and future directions [J]. Accident, analysis and prevention, 2011, 42 (5): 1517 – 1522.

[309] ZOHAR D, HOFMANN D A. Organizational culture and climate [J]. The Oxford handbook of organizational psychology, 2012, 1: 643 – 666.

[310] ZOU P X, SUNINDIJO R Y. Strategic safety management in construction and engineering [M]. Hoboken, NJ: John Wiley and Sons, 2015.

# 附　录

## 附录一：　员工－组织经济交换关系量表

**附表 1-1　员工-组织经济交换关系量表**

| 英文问卷原文 | 中文问卷原文 |
|---|---|
| 1. My relationship with my organization is strictly an economic one—I work and they pay me | 1. 我跟组织的关系是一种完全的经济关系——我工作，他们付钱 |
| 2. I do not care what my organization does for me in the long run, only what it does right now | 2. 我不关心从长远看组织为我做了什么，只关心它现在做了什么 |
| 3. I only want to do more for my organization when I see that they will do more for me | 3. 只有当我看到组织为我做了更多时，我才会想为组织做更多 |
| 4. I watch very carefully what I get from my organization, relative to what I contribute | 4. 相对于我对组织的贡献，我更关注自己从组织中得到了什么 |
| 5. All I really expect from my organization is that I be paid for my work effort | 5. 我对组织真正的期望是它为我的工作给予报酬 |
| 6. The most accurate way to describe my work situation is to say that I give a fair day's work for a fair day's pay | 6. 描述我的工作情况最准确的方式是，得到多少报酬，我就会付出多少努力 |
| 7. My relationship with "my organization" is impersonal—I have little emotional involvement at work | 7. 我与组织的关系是淡漠的——我在工作中很少有情感投入 |
| 8. I do what "my organization" requires, simply because they pay me | 8. 我按组织的要求做事，只是因为他们付钱给我 |

资料来源：L. M. Shore, L. E. Tetrick, P. Lynch, et al., "Social and economic exchange: construct development and validation", *Journal of Applied Social Psychology*, 2006, Vol. 36, No. 4, pp. 837 - 86.

# 附录二：工作压力量表

附表 2 - 1　工作压力量表

| 英文问卷原文 | 中文问卷原文 |
| --- | --- |
| 1. Production is given higher priority than safety<br>2. We are often in such a hurry that safety is temporarily overlooked<br>3. I take short cuts when I need to get the job done in a timely manner<br>4. We often do not have time to do things safely<br>5. It is difficult to do a job while following all of the safety rules<br>6. Short cuts and risk taking are common due to the heavy workload<br>7. There is a lot of pressure to complete jobs quickly | 1. 生产比安全更重要<br>2. 我们常常因为太匆忙，暂时忽略了安全<br>3. 当我需要及时完成工作时，我会"抄近路"<br>4. 我们经常没时间安全地做事情<br>5. 在遵守所有安全规则的情况下进行工作是很难的<br>6. 由于工作量大，使用快捷方式和冒险是很常见的<br>7. 快速完成工作的压力很大 |

资料来源：D. C. Seo, "An explicative model of unsafe work behavior" *Safety Science*, 2005, Vol. 43, No. 3, pp. 187 –211.

# 附录三： 安全风险感知量表

附表 3 - 1　安全风险感知量表

| 英文问卷原文 | 中文问卷原文 |
| --- | --- |
| 1. I am always worried about being injured on the job in this workplace<br>2. In my workplace the chances of being involved in an accident are quite large<br>3. I am sure it is only a matter of time before I am involved in an accident<br>4. I am clear about what my responsibilities are for health and safety | 1. 在这个工作场所，我总是担心在工作中受伤<br>2. 在我工作的地方，发生事故的可能性很大<br>3. 我相信我卷入一场事故只是时间问题<br>4. 我很清楚我对自己的健康和安全的责任 |

资料来源：S. J. Cox, A. J. T. Cheyne, "Assessing safety culture in offshore environments", *Safety Science*, 2000, Vol. 34, No. 1 - 3, pp. 111 - 129.

# 附录四：角色超载量表

附表 4 - 1　角色超载量表

| 英文问卷原文 | 中文问卷原文 |
|---|---|
| 1. The amount of work you do interferes with how well the work gets done<br><br>2. You do not have enough help and resources to get the job done well<br><br>3. You do not have enough time to get the job done well<br><br>4. You have to try to satisfy too many different people | 1. 工作量大，干扰到把工作很好地完成<br><br>2. 得不到足够的帮助和资源把工作做好<br><br>3. 没有足够的时间把工作做好<br><br>4. 不得不努力地去满足太多不同人的要求 |

资料来源：S. P. Brown, E. Jones, T. W. Leigh, "The attenuating effect of role overload on relationships linking self-efficacy and goal level to work performance", *Journal of Applied Psychology*, 2005, Vol. 90, No. 5, p. 972.

# 附录五： 安全合规量表

**附表 5 – 1　安全合规量表**

| 英文问卷原文 | 中文问卷原文 |
| --- | --- |
| 1. The subordinate carries out his work in a safe manner<br><br>2. The subordinate uses all the necessary safety equipment to do his job<br><br>3. The subordinate uses the correct safety procedures for carrying out his job<br><br>4. The subordinate ensures the highest levels of safety when he carries out his job | 1. 该下属以安全的方式进行工作<br><br>2. 该下属使用所有必要的安全设备来完成他的工作<br><br>3. 该下属使用正确的安全程序来执行他的工作<br><br>4. 该下属在工作时确保最高程度的安全 |

资料来源： A. Neal, Griffin, M. A. Griffin, "A study of the lagged relationships among safety climate, safety motivation, safety behavior, and accidents at the individual and group levels", *Journal of Applied Psychology*, 2006, Vol. 91, No1. 4, pp. 946 – 953.

# 附录六: 安全参与量表

附表 6 - 1  安全参与量表

| 英文问卷原文 | 中文问卷原文 |
| --- | --- |
| 1. When colleagues are working in dangerous conditions, the subordinate will help them<br>2. The subordinate mades extra efforts to improve workplace safety<br>3. The subordinate volunteers to perform tasks or activities that contribute to improving workplace safety | 1. 当同事在危险的环境下工作时，下属会帮助他们<br>2. 下属付出额外的努力来改善工作场所的安全<br>3. 下属自愿执行有助于改善工作场所安全的任务或活动 |

资料来源: A. Neal, Griffin, M. A. Griffin, "A study of the lagged relationships among safety climate, safety motivation, safety behavior, and accidents at the individual and group levels", *Journal of Applied Psychology*, 2006, Vol. 91, Nol. 4, pp. 946 - 953.

## 附录七：科技部　财政部　税务总局关于修订印发《高新技术企业认定管理办法》的通知①

国科发火〔2016〕32 号

各省、自治区、直辖市及计划单列市科技厅（委、局）、财政厅（局）、国家税务总局、地方税务局：

根据《中华人民共和国企业所得税法》及其实施条例有关规定，为加大对科技型企业特别是中小企业的政策扶持，有力推动大众创业、万众创新，培育创造新技术、新业态和提供新供给的生力军，促进经济升级发展，科技部、财政部、国家税务总局对《高新技术企业认定管理办法》进行了修订完善。经国务院批准，现将新修订的《高新技术企业认定管理办法》印发给你们，请遵照执行。

科技部
财政部
税务总局
2016 年 1 月 29 日

## 高新技术企业认定管理办法

### 第一章　总　则

**第一条**　为扶持和鼓励高新技术企业发展，根据《中华人民共和国企业所得税法》（以下称《企业所得税法》）、《中华人民共和国企业所得税法实施条例》（以下称《实施条例》）有关规定，特制定本办法。

---

① 《高新技术企业认定管理办法》，见中华人民共和国科学技术部网站（https://www. most. gov. cn/xxgk/xinxifenlei/fdzdgknr/fgzc/gfxwj/gfxwj2016/201602/t20160205_123998. html），引用日期：2023 年 4 月 10 日。

**第二条** 本办法所称的高新技术企业是指：在《国家重点支持的高新技术领域》内，持续进行研究开发与技术成果转化，形成企业核心自主知识产权，并以此为基础开展经营活动，在中国境内（不包括港、澳、台地区）注册的居民企业。

**第三条** 高新技术企业认定管理工作应遵循突出企业主体、鼓励技术创新、实施动态管理、坚持公平公正的原则。

**第四条** 依据本办法认定的高新技术企业，可依照《企业所得税法》及其《实施条例》《中华人民共和国税收征收管理法》（以下称《税收征管法》）及《中华人民共和国税收征收管理法实施细则》（以下称《实施细则》）等有关规定，申报享受税收优惠政策。

**第五条** 科技部、财政部、税务总局负责全国高新技术企业认定工作的指导、管理和监督。

## 第二章　组织与实施

**第六条** 科技部、财政部、税务总局组成全国高新技术企业认定管理工作领导小组（以下称"领导小组"），其主要职责为：

（一）确定全国高新技术企业认定管理工作方向，审议高新技术企业认定管理工作报告；

（二）协调、解决认定管理及相关政策落实中的重大问题；

（三）裁决高新技术企业认定管理事项中的重大争议，监督、检查各地区认定管理工作，对发现的问题指导整改。

**第七条** 领导小组下设办公室，由科技部、财政部、税务总局相关人员组成，办公室设在科技部，其主要职责为：

（一）提交高新技术企业认定管理工作报告，研究提出政策完善建议；

（二）指导各地区高新技术企业认定管理工作，组织开展对高新技术企业认定管理工作的监督检查，对发现的问题提出整改处理建议；

（三）负责各地区高新技术企业认定工作的备案管理，公布认定的高新技术企业名单，核发高新技术企业证书编号；

（四）建设并管理"高新技术企业认定管理工作网"；

（五）完成领导小组交办的其他工作。

**第八条**　各省、自治区、直辖市、计划单列市科技行政管理部门同本级财政、税务部门组成本地区高新技术企业认定管理机构（以下称"认定机构"）。认定机构下设办公室，由省级、计划单列市科技、财政、税务部门相关人员组成，办公室设在省级、计划单列市科技行政主管部门。认定机构主要职责为：

（一）负责本行政区域内的高新技术企业认定工作，每年向领导小组办公室提交本地区高新技术企业认定管理工作报告；

（二）负责将认定后的高新技术企业按要求报领导小组办公室备案，对通过备案的企业颁发高新技术企业证书；

（三）负责遴选参与认定工作的评审专家（包括技术专家和财务专家），并加强监督管理；

（四）负责对已认定企业进行监督检查，受理、核实并处理复核申请及有关举报等事项，落实领导小组及其办公室提出的整改建议；

（五）完成领导小组办公室交办的其他工作。

**第九条**　通过认定的高新技术企业，其资格自颁发证书之日起有效期为3年。

**第十条**　企业获得高新技术企业资格后，自高新技术企业证书颁发之日所在年度起享受税收优惠，可依照本办法第四条的规定到主管税务机关办理税收优惠手续。

### 第三章　认定条件与程序

**第十一条**　认定为高新技术企业须同时满足以下条件：

（一）企业申请认定时须注册成立1年以上。

（二）企业通过自主研发、受让、受赠、并购等方式，获得对其主要产品（服务）在技术上发挥核心支持作用的知识产权的所有权。

（三）对企业主要产品（服务）发挥核心支持作用的技术属于《国家重点支持的高新技术领域》规定的范围。

（四）企业从事研发和相关技术创新活动的科技人员占企业当年职工总

数的比例不低于10%。

（五）企业近3个会计年度（实际经营期不满3年的按实际经营时间计算，下同）的研究开发费用总额占同期销售收入总额的比例符合如下要求：

1. 最近1年销售收入小于5,000万元（含）的企业，比例不低于5%。

2. 最近1年销售收入在5,000万元至2亿元（含）的企业，比例不低于4%。

3. 最近1年销售收入在2亿元以上的企业，比例不低于3%。

其中，企业在中国境内发生的研究开发费用总额占全部研究开发费用总额的比例不低于60%。

（六）近1年高新技术产品（服务）收入占企业同期总收入的比例不低于60%。

（七）企业创新能力评价应达到相应要求。

（八）企业申请认定前1年内未发生重大安全、重大质量事故或严重环境违法行为。

**第十二条** 高新技术企业认定程序如下：

（一）企业申请

企业对照本办法进行自我评价。认为符合认定条件的在"高新技术企业认定管理工作网"注册登记，向认定机构提出认定申请。申请时提交下列材料：

1. 高新技术企业认定申请书；

2. 证明企业依法成立的相关注册登记证件；

3. 知识产权相关材料、科研项目立项证明、科技成果转化、研究开发的组织管理等相关材料；

4. 企业高新技术产品（服务）的关键技术和技术指标、生产批文、认证认可和相关资质证书、产品质量检验报告等相关材料；

5. 企业职工和科技人员情况说明材料；

6. 经具有资质的中介机构出具的企业近3个会计年度研究开发费用和近1个会计年度高新技术产品（服务）收入专项审计或鉴证报告，并附研究开发活动说明材料；

7. 经具有资质的中介机构鉴证的企业近 3 个会计年度的财务会计报告（包括会计报表、会计报表附注和财务情况说明书）；

8. 近 3 个会计年度企业所得税年度纳税申报表。

（二）专家评审

认定机构应在符合评审要求的专家中，随机抽取组成专家组。专家组对企业申报材料进行评审，提出评审意见。

（三）审查认定

认定机构结合专家组评审意见，对申请企业进行综合审查，提出认定意见并报领导小组办公室。认定企业由领导小组办公室在"高新技术企业认定管理工作网"公示 10 个工作日，无异议的，予以备案，并在"高新技术企业认定管理工作网"公告，由认定机构向企业颁发统一印制的"高新技术企业证书"；有异议的，由认定机构进行核实处理。

**第十三条**　企业获得高新技术企业资格后，应每年 5 月底前在"高新技术企业认定管理工作网"填报上 1 年度知识产权、科技人员、研发费用、经营收入等年度发展情况报表。

**第十四条**　对于涉密企业，按照国家有关保密工作规定，在确保涉密信息安全的前提下，按认定工作程序组织认定。

### 第四章　监督管理

**第十五条**　科技部、财政部、税务总局建立随机抽查和重点检查机制，加强对各地高新技术企业认定管理工作的监督检查。对存在问题的认定机构提出整改意见并限期改正，问题严重的给予通报批评，逾期不改的暂停其认定管理工作。

**第十六条**　对已认定的高新技术企业，有关部门在日常管理过程中发现其不符合认定条件的，应提请认定机构复核。复核后确认不符合认定条件的，由认定机构取消其高新技术企业资格，并通知税务机关追缴其不符合认定条件年度起已享受的税收优惠。

**第十七条**　高新技术企业发生更名或与认定条件有关的重大变化（如分

立、合并、重组以及经营业务发生变化等）应在 3 个月内向认定机构报告。经认定机构审核符合认定条件的，其高新技术企业资格不变，对于企业更名的，重新核发认定证书，编号与有效期不变；不符合认定条件的，自更名或条件变化年度起取消其高新技术企业资格。

第十八条　跨认定机构管理区域整体迁移的高新技术企业，在其高新技术企业资格有效期内完成迁移的，其资格继续有效；跨认定机构管理区域部分搬迁的，由迁入地认定机构按照本办法重新认定。

第十九条　已认定的高新技术企业有下列行为之一的，由认定机构取消其高新技术企业资格：

（一）在申请认定过程中存在严重弄虚作假行为的；

（二）发生重大安全、重大质量事故或有严重环境违法行为的；

（三）未按期报告与认定条件有关重大变化情况，或累计两年未填报年度发展情况报表的。

对被取消高新技术企业资格的企业，由认定机构通知税务机关按《税收征管法》及有关规定，追缴其自发生上述行为之日所属年度起已享受的高新技术企业税收优惠。

第二十条　参与高新技术企业认定工作的各类机构和人员对所承担的有关工作负有诚信、合规、保密义务。违反高新技术企业认定工作相关要求和纪律的，给予相应处理。

## 第五章　附　　则

第二十一条　科技部、财政部、税务总局根据本办法另行制定《高新技术企业认定管理工作指引》。

第二十二条　本办法由科技部、财政部、税务总局负责解释。

第二十三条　本办法自 2016 年 1 月 1 日起实施。原《高新技术企业认定管理办法》（国科发火〔2008〕172 号）同时废止。